成都东部新区

成都东部新区三岔街道办事处◎组织编写

一区人文历史概况

刘承鑫　张明聪◎主编

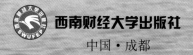
西南财经大学出版社
中国·成都

图书在版编目(CIP)数据

成都东部新区三岔人文历史概况/刘承鑫,张明聪
主编.--成都:西南财经大学出版社,2024.10.
ISBN 978-7-5504-6455-1

Ⅰ. K297.14

中国国家版本馆 CIP 数据核字第 2024J5W320 号

成都东部新区三岔人文历史概况

CHENGDU DONGBU XINQU SANCHA RENWEN LISHI GAIKUANG

刘承鑫　张明聪　主编

策划编辑:李晓嵩　李　佳
责任编辑:李晓嵩
责任校对:冯　雪
封面设计:墨创文化
封面题字:刘承鑫
责任印制:朱曼丽

出版发行	西南财经大学出版社(四川省成都市光华村街 55 号)
网　　址	http://cbs. swufe. edu. cn
电子邮件	bookcj@ swufe. edu. cn
邮政编码	610074
电　　话	028-87353785
照　　排	四川胜翔数码印务设计有限公司
印　　刷	成都市金雅迪彩色印刷有限公司
成品尺寸	170 mm×240 mm
印　　张	18
彩　　插	8 页
字　　数	247 千字
版　　次	2025 年 4 月第 1 版
印　　次	2025 年 4 月第 1 次印刷
书　　号	ISBN 978-7-5504-6455-1
定　　价	49. 80 元

古婆闰县城示意图

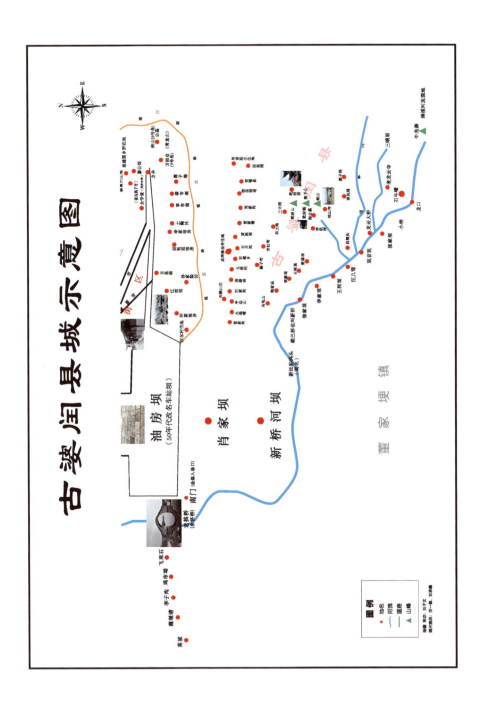

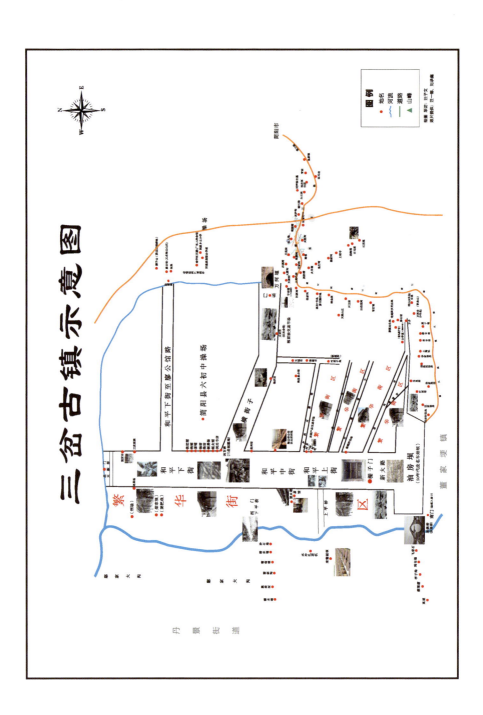

三岔古镇示意图

成都东部新区三岔古镇全景示意图

《成都东部新区三岔人文历史概况》编委会

主　任： 杨炳志

副主任： 李福章　李波　王一光　毛德琼　付晓玲

委　员： 张朝亮　万华　张许　秦国　程骥

编撰责任单位： 成都东部新区美德社会工作服务中心

　　　　　　　　成都东部新区三岔街道机关退休干部职工党支部

主　编： 刘承鑫　张明聪

编　委： 彭家贵　毛家容　施俊峰　汪一德　汪子文

序一

弘扬乡土文化 赓续家国情怀

中华文明源远流长，人文历史浩如烟海。成都东部新区三岔片区，也与全国其他地区一样，拥有绵延不断的千年人文历史，传统文化底蕴深厚。

毛泽东指出："一定的文化（当作观念形态的文化）是一定社会的政治和经济的反映。"这一论断创新性地运用马克思主义的唯物史观，把科学的文化理论上升到了党的思想路线的高度；对"民惟邦本，本固邦宁"这一中华优秀传统文化的核心理念进行继承和发展，提出了"全心全意为人民服务"这一党的根本宗旨，并制定了党的群众路线。

自中国特色社会主义进入新时代以来，为指引全国人民在新时代建设好具有中国特色的社会主义，习近平总书记明确指出："宣传阐释中国特色，要讲清楚每个国家和民族的历史传统、文化积淀、基本国情不同，其发展道路必然有着自己的特色；讲清楚中华文化积淀着中华民族最深沉的精神追求，是中华民族生生不息、发展壮大的丰厚滋养；讲清楚中华优秀传统文化是中华民族的突出优势，是我们最深厚的文化软实力；讲清楚中国特色社会主义植根于中华文化沃土、反映中国人民意愿、适应中国和时代发展进步要求，有着深厚历史渊源和广泛现实基础。"①

习近平总书记还指出："城市建设，要让居民望得见山、看得见水、记得住乡愁。'记得住乡愁'，就要保护弘扬中华优秀传统文化，延续城市历史文脉，保留中华文化基因。要保护好前人留下的文化遗产，包括文物

---

① 习近平. 胸怀大局把握大势着眼大事 把宣传工作做更好［EB/OL］.（2023-08-20）［2024-07-30］. https://jhsjk.people.cn/article/22634049.

古迹，历史文化名城、名镇、名村，历史街区、历史建筑、工业遗产，以及非物质文化遗产。"① "我们要深入挖掘、继承、创新优秀传统乡土文化。要让有形的乡村文化留得住，充分挖掘具有农耕特质、民族特色、地域特点的物质文化遗产，加大对古镇、古村落、古建筑、民族村寨、文化古迹、农业遗迹的保护力度。要让活态的乡土文化传下去，深入挖掘民间艺术、戏曲曲艺、手工技艺、民族服饰、民俗活动等非物质文化遗产。要把保护传承和开发利用有机结合起来，把我国农耕文明优秀遗产和现代文明要素结合起来，赋予新的时代内涵，让中华优秀传统文化生生不息，让我国历史悠久的农耕文明在新时代展现其魅力和风采。"②

成都东进，旨在建设成渝地区双城经济圈和成都东部新区未来新城。历史文化悠久的三岔片区，正位于新城核心区。三岔古镇有着 300 多年历史和"小成都"之称，由于修建三岔湖，如今这座古镇的遗址被湖水深深淹没。在湖南岸，有着 1 700 多年历史的乾封古镇及婆闰县城遗迹依然留存；在新城规划区以西，龙泉山脉中段，则蕴藏着丰富多彩的三国文化等历史宝藏。勤劳朴实的三岔人民在这片土地上繁衍生息，留下了灿烂的人文历史和农耕文化遗产。遵照党中央关于建设新时代新城的指示，要求挖掘、保护、传承历史文化，以支持新城建设和发展，三岔街道党工委、街道办事处积极组织收集相关资料，编写了《成都东部新区三岔人文历史概况》，将古老的三岔历史风貌、灿烂的物质文化和精神文化生活遗产，生动地呈现给新城规划者、建设者和广大读者，让人们了解三岔、建设三岔、铭记三岔。在新时代，三岔的建设发展将紧随党的二十大所擘画的新时代蓝图，胜利前进。致力于让新区人民过上幸福美满的生活，满足人民日益增长的物质文化和精神文化需求。

是为序。

2024 年 7 月

---

① 习近平. 坚定文化自信，建设社会主义文化强国 [EB/OL]. (2019-06-15) [2024-07-30]. https：//jhsk. people. cn/article/31154163.

② 习近平. 文化遗产保护传承　弘扬中华优秀传统文化 [EB/OL]. (2024-04-15) [2024-07-30]. https：//jhsk. people. cn/article/40216491.

序二

魅力三岔 邹鲁遗风

中国文化源远流长，中华文明博大精深。中华民族一万年的文化史，五千年的文明史长盛不衰，这是坚持中华文明不断传承、发展的结果，也是民族复兴的重要精神支柱。

宋人王象之《舆地纪胜》中的"平泉县"条目记载："在州①西南五十里，《元和郡县志》云，'本汉犍为郡之牛鞞县地，自晋为夷獠所居，后魏恭帝二年置婆闰县（治所今三岔湖南）属益州（今成都）武康郡，隋开皇四年罢郡，以县入益州……唐武德三年隶简州'。《隋志》云，'西魏置婆闰县，开皇十八年改名平泉'。"（龙泉山以东，简阳沱江河以西，今东部新区所辖全部地区。）

他在记录完婆闰县与平泉县的变迁沿革后，接着说，平泉县"土地肥美，有山林蔬食果实之饶。颇慕文学人多，工巧绫锦雕镂之妙，侔于上国②。揆以气候，较以土宜，虽自成都，俱不如也，郡治之古③，不被兵火，土厚水深，民和俗阜，有邹鲁之风，山峙而不险，川流而且平，丝枲稻粱，克肖中土，邻于会府④而有江山之胜。处于高仰而有鱼稻之饶，民事狱讼，比之旁郡，十无一二。凡隐于吏者乐趣焉，人目之为西州道院⑤……简州四出状元，《图经》云，'王归璞、许将、张孝祥、许奕'"

---

① 州，即简州。

② 此处意指这一地区达到了极高的成就和标准。

③ 婆闰县、平泉县自公元550年至公元1283年，历经734年，从南朝至元朝，跨越了十三个朝代。

④ 邻于会府，即相邻于成都府和简州府。

⑤ 西州道院，是一个具有重大历史、艺术、科学价值的文化遗址。该遗址历史悠久、曲折多变、峰回路转、波澜壮阔，每一处都引人入胜、充满魅力。

（《舆地纪胜》卷第一百四十五）。其中，王归璞、许奕二人分别出自平泉县、婆闰县。

成都东部新区，作为"入蜀最宜游"的西州道院之地，坐落于四川盆地中部丘陵地带。这里自然地理条件优越，宜农宜耕，加之民风淳朴，人民勤劳奋发，精耕细作的农耕文化使得这一地区物产丰富，盛产水稻、棉花、玉米、小麦、油菜、豆类等作物。其中，玉成九里埂花生，三岔、草池、董家埂的棉花更是享誉省内外。四季水果丰富。以生猪、山羊、家禽为主的畜牧业也极为发达，尤其是麻羊、生猪，誉满全国。这里农耕文化丰富灿烂，曾引起国务院前副总理回良玉亲临三岔视察。

20世纪70年代初，简阳人民启动了一项功在当代、利在千秋的水利工程——"东灌"工程建设。为此，三岔地区让出近3万亩土地，搬迁约2.4万名农民。简阳动员了10万名民工，历经10年时间，采用传统的施工方法，土法上马，凭借人力和原始工具进行挖掘和运送，兴建"东灌"工程（也称都江堰东风渠六期扩灌水利工程）。这一工程打通了龙泉山，人工建起了三岔湖、龙泉湖和翠屏湖及配套渠系，被誉为中国西部的"红旗渠"工程。工程规划建设可灌溉土地面积达126万余亩，为约100万人提供安全的饮用水源。"东灌"工程不仅为建设天府机场创造了条件，也为简阳重归成都、成都向东发展提供了契机，是一项永续利用、功在千秋的伟大工程。同时，三岔湖被誉称"天府明珠"，荣登《世界名湖录》之列。

这一宏大工程，在建设时期得到了中央和国家有关部门以及地方党委政府的关心和支持。原中华人民共和国水利部部长钱正英、开国中将张国华、时任省委第一书记刘兴元和省委第二书记李大章等，以及时任内江地区的领导，都曾亲临"东灌"工程的现场，视察指导，帮助解决问题。省级、地级、县级各部门的大力协助和支持，极大地激励了简阳人民不屈不挠、自力更生、艰苦奋斗的精神。

这一宏大工程，县区乡级干部与工人同甘共苦，同吃同住，一起劳作。有2 000余名建设者因公受到不同程度的伤残，120人更是献出了宝贵的生命。这里的党员干部赓续延安精神，勇于担当、开拓创新；干部群众自力更生、艰苦奋斗；人民群众牺牲小我、无私奉献；各级部门体恤民情、团结协作，共同铸就了可歌可泣的"东灌精神"。

三岔饮食文化富有特色。九大碗遍布各乡村，羊肉汤、翘壳鱼、麻花、豆腐皮等美食享誉省内外。

　　三岔历来重视文化和教育的发展。自公元前141年文翁创办地方官学以来，三岔拥有300多年历史的学宫，如真武宫、文武宫、南华宫等。中华人民共和国成立后，三岔人民继续倡导教育，慷慨捐资助学。三岔小学、初中和高中教师以"蜡烛精神"培养了成千上万的国家栋梁，教育成为了市内外的一面"旗帜"，声名远扬。

　　三岔历史文化底蕴深厚，历史传说和文化典故众多。例如，乾封古镇、三岔古镇有丰富多彩的人文历史故事；丹景山有三国文化遗迹、千年银杏、忠烈柏、刘禅读书台等名胜古迹，以及悠久的佛教文化，这些都令人叹为观止。如今，这里还涌现了一批国家级书法、绘画、曲艺等艺术家，他们的作品在省内外享有盛誉。同时，这里也涌现了一批批国家级、省级优秀教师等，为国家各项建设培养了一大批人才。

　　今天，成渝地区双城经济圈建设全面推进，成都向东发展，三岔处在成都东部新区核心区，正迎来千年之变。三岔TOD、航空城、奥体城、未来医学城、未来科技城、航空产业园、世界园艺博览园、美术馆、图书馆、体育学院、交通学院、飞行学院、成都七中东部学校、成都实验小学、三岔湖高级中学、三岔湖初级中学、三岔湖小学、西部金融创新中心等，犹如雨后春笋般拔地而起。昔日三岔"小成都"，如今更是日新月异，旧貌换新颜。

　　为了展现古今三岔人民的智慧与风采，更好地介绍和宣传三岔，我们特推出《成都东部新区三岔人文历史概况》一书，以飨读者。

刘承鑫　张明聪

2024 年 7 月

目　　录

第一章　三岔乾封古镇与婆闰县城

第一节　乾封古镇的兴旺与变迁

何谓乾封？据人们口口相传和乡老的忆述：

乾封古镇，起源于魏晋以前，建于甑子山、岐山一带，其记载可见于《元丰九域志》（王存《元丰九域志》卷七）。西魏时期设立婆闰县（《四川郡县志》载："婆闰，治今简阳县西南九十里①。"），乾封镇即为县治之所。其水绕山环，道路依水而行，是当时交通便利的商贸及物资集散地。

乾是八卦之首，八卦是道家之象征。道祖老君有八卦炉、太极八卦图，身披八卦道氅，后世更有八卦亭、八卦掌、八卦丹等，八卦在古代人民生活中的影响是很大的。因道教是中国本土生长发展起来的宗教，四川又是道教主流派——正一教的发源地，因此八卦在四川的影响尤为显著。

---

① 1里等于0.5千米，是中国古代使用的长度计量单位。

八卦是远古哲人用以代表物质、方位和数量的符号，用来解释当时的自然现象和社会现象。关于八卦和二进制的推演法，至今仍被视为制造电子计算机的早期原理之一。

八卦中的乾卦，其符号是"☰"，一般称之为乾三连。故三座相邻的条形山可象征乾卦。然而，是否任何一地的三条形山都可解释为乾卦呢？《易经》有云："乾，西北之卦也。"（《易经》卷九《说卦·疏》）因此，唯有位于西北的相邻三条形山才能据此解释。这三座形似人指而名为岐山的条形山，恰好是在古镇、古庙的西北，所以能附上乾卦之意。

"乾"的来源搞清楚了，我们再来说"封"。这个"封"是封闭之意。当地人说："这里是个总水口子。九湾十八沟，每条沟的水都要经过这里。"水流到这里后，因西北山形的关系，流水由西北转南而去。乾封古庙坐落在水口偏左的一边，修在半人工半自然的台地上；古庙占地面积约六千平方米，坐北向南。庙的东南方是大坟坝，紧靠甑子山（即乾封镇旧址）；南面延伸出一片通向庙沟的平地；西接李矶湾；北向岐山寺。庙前有一条石板大路，是仁寿观音到简阳三岔的通道。大路与庙之间隔着一条小溪，溪上有两座桥。连接大路的是平桥，桥宽约一丈三尺，桥长约一丈九尺。跨过平桥后，就是拱桥，拱桥宽约一丈，长约两丈，也是三洞结构，北端连接庙门，南端连接平桥。古庙的右侧宽阔且水位低，左侧窄而水位高，庙的四周常年绿水环绕。平时则用渠引导一股清流绕经庙向左而去；当大水时，水则漫向右侧，一同向外排泄，因此很难形成"水漫金山的景象"。当地民歌唱道："庙前一小溪，溪上两座桥，九沟十八插，洪水不翻桥。"（《镇金区志》）这就是远近闻名的"乾封奇观"，这也就是封的意思。再与乾形的岐山相结合，便产生了流传千古的"乾封"之名。

乾封庙门的对联本身也是一个很好的证明，上联是："出震仰圣威，喜四壁灵峰青含庙貌。"古庙四面环绕着青峰绿壁；古庙的主神是东岳大帝,《易经》有云"万物出乎震",震东方也(《易经》卷九《说卦传·第五章》)。下联接着说:"向乾站地利,汇千畦活水渌道桥头。"这下联便是对"乾封"二字的艺术注解。

乾封这个名称与山形水势、八卦以及道家名人都有关联。据口口相传,乾封古镇是四门四大洞:北面有岐山洞。洞内有八卦古井7个,还供奉着观音大士的宝像,故又名观音洞。西面是淳风洞,南面有三丰洞,东面则是周癫住过的疯子洞。李淳风、张三丰和周癫,都是道家的重要人物,其中张、周二人还与佛教有关,他们三人在历史上和民间也颇有影响,《旧唐书》(卷169)《明史》(卷299)中均有他们的传记。这些道家的重要人物为什么喜欢这个地方,为什么要到这里来烧丹修行呢?原因在于这里是"西州道院"的风景名胜之地(王象之《舆地纪胜》卷145)。这里有留印山、老鹰山、天公山等名山,山上长着参天古树,山下则是肥美的稻田,还有清涟的盆水湖,这样的名山胜水自然是道家所向往的。此外,道、佛二家又多与我国古代的天文学有关,如大唐第一部历书《戊寅元历》的修撰者傅仁均,就是东都洛阳的道士。又如名著《大衍历》的修撰者一行,更是广为人知的僧人。

四川是古代南派天文学的重要基地,基地之下应当分布着不少观测点。笔者认为,乾封古镇便是这样一个观测点,大唐时期的天文学家李淳风就是从这里走出去的。这里有可供天文学家观测天象变化的最佳方位。《易经》有云:"战乎乾。乾,西北之卦也,言阴阳相薄也。"(《易经》卷九《说卦传·第五章》)这里的"薄"字应解释为迫近,乾形所在的方位,乃是阴阳迫近、变化多端的天象所在,是观察天象的最佳方位。时至今日,这里还留存与天文观测有关的遗迹。《简阳县志》记载,乾封镇附近有一座"祈雨山",其形如立钟,高十余丈,明朝时期每逢旱灾,人们便会前往祈祷。后来,人们在此封土为坛,建立为川主庙(汪金相《简阳县志》卷3、卷23）。因此，自隋、唐以来就有天文学家、道家来这里定居，从事天文研究。唐代有李淳风父子，明代有张三丰、周疯子等，他们都是在此留下遗迹的重要人物。当然，可能还有其他更多的人物未曾被记录。四川不仅是古代南派天文学的重要基地和道教正一派的发源地，还是研究《易经》最有成效和独辟蹊径的地区。而"乾封"这一名词却把天文、道教及《易经》紧密地联系起来了。因此，"乾封"这一名称可能是东晋至西魏这段时间的道家所取，这个古镇也极有可能是在这个时期发展起来的。

第二节　乾封古镇到三岔古镇

乾封古镇的确切记载见于北宋王存撰的《元丰九域志》。此书成于宋神宗元丰三年（公元1080年），此时的乾封镇虽不是极盛时期，但也是一个相当可观的大镇，并且还是平泉六镇之首。这个"首镇"的地位是沿袭婆闰县，而婆闰县则是西魏时期所置的。

在李雄的成（汉）政权时期，今宜宾以南的兄弟民族大量移居内地，并沿着沱、岷两江北上。成（汉）政权长达四十余年，它本是賨、氐、叟等少数民族起义建立的政权，加之其又实行民族和睦的政策。因此，川南迁入的"夷獠"、本地的汉人，以及北方南下的賨、氐、叟等民族，都能和平相处。成（汉）政权以后，相继有桓温取川、秦王苻坚取川、谯纵割据、刘裕取川，直至西魏统一四川。在这南北纷争的局势下，各方势力都无力在四川的治理上多下功夫，故而"夷獠"的势力扩展到了资阳、简阳、仁寿一带（《舆地纪胜》）。西魏从建立到灭亡，都是由宰相宇文泰专制。宇文泰是汉化程度较深的鲜卑族中的能干人物，在他执政期间推行了许多改革措施，如计账和户籍、六条施政准则，以及府兵制和均田制等。西魏因此逐步强盛起来，并于公元 553 年出兵攻取了四川。其"取蜀"的目的是"制梁"，进而统一全国。西魏恭帝二年（公元 555 年）在四川实行的一些政区设置，就是为了"制梁"和统一全国的，如在已为"夷獠所居"的原"汉牛鞞县及符县地"置婆闰县（李吉甫《元和郡县图志》下，卷 31）。

婆闰县在哪里？设县的目的是稳定成都东南的局势，加强这一带的管理。成都东南的第一个门户县原本是汉朝的牛鞞县，西魏时期改置为阳安县（今简阳）。牛鞞县东南则是符县（治所在今合江县），其大部分已为"夷獠所居"。从军事和交通的角度来看，必须在靠近符县地方设置一个新县。已有相当规模的乾封古镇，正好符合新县治所的选址条件。在一个大的场镇内设县治，可以大大方便行政运作，不必另修许多房屋，物资供应也不必另作许多考虑，更何况这是形势所需的权宜之计。《元和郡县图志》记载，"婆闰故县，在县（平泉县）南四十六里（23 千米）""平泉县北到州（简州）四十八里（24 千米）"，由此推算，婆闰县到简州的距离是 47 千米。《四川郡县志》则称婆闰县"治今简阳县西南九十里（45 千米）"（李吉甫《元和郡县图志》下，卷 31）。从方位和里程来看，乾封古镇较为适宜作为婆闰县的旧址。新修《镇金区志》中的图文资料都把婆闰县的旧址定在今乾封庙附近（《镇金区志》）。小时听老人讲，乾封庙左侧的甑子山建过县衙，花藏门（大地主李云栋宅邸大门）是旧县治的大堂所在地，门外那根石柱则是行刑用的剐人桩。婆闰县治设在乾封镇，这一时期是乾封古镇的极盛时期。作为一个县的政治中心，乾封镇又位于一个水口之地，水绕山转，路从水行，交通方便，是一个重要的物资集散地。据实地考察：婆闰县城在今甑子山为中心的成都七中东部学校、未来医学城一带及附近三岔湖内。

设婆闰县时的乾封镇已相当繁华，乾封镇前可能还有个乾封乡的时期。这个时期应是很早的，至少不会晚于两晋时期。它的最早时期虽然无法确定，但它的极盛时期却与婆闰县的兴废相同。历史经过西魏、北周到隋，全国归于一统，经济已取得较大的发展，出现了"中外仓库，无不盈积"的情况（《隋书·食货志》）。因此对政区的增设和调整成为必要。在隋文帝开皇十八年（公元 598 年），婆闰县治向东北移 23 千米，更名"平泉县"，即今简阳市草池街道西南 2.5 千米处的平泉村。平泉县从公元598 年到公元 1283 年，有 686 年的历史，在历史上的影响颇大，留下的遗迹也不少（《简阳县三岔区志》）。而婆闰县只在历史上存在了短短的 43年，故遗迹不多，也不为人们所注意。但这 43 年却是乾封镇的黄金时代，是城区镇最为繁荣的时期。

乾封镇虽然失去了一县中心的地位，但它的地利如故，商业和交通仍然很好，还是六镇之首。到南宋时期，四川成为抗金抗蒙的主要支柱，其人口增加、土地开垦、经济发展，都达到了清代以前历史上的最高峰。因此，这一时期是乾封古镇的回升时期。由此北上成都，东下平泉和简州，南走陵州（今仁寿县），西去眉山、邛崃都十分方便。这里聚集着来自这些地方的客商，使得市镇显得特别繁荣富庶。随着交通商业的发展，文化也得以发展。镇东南的余家山下，是巍然可敬的许状元府第。镇西北岐山下的山沟被称作秀才湾（今名李矶湾），由于许状元的提携，这里涌现了不少的文人和官吏。南宋时期，为了保护这个名镇，还在此与蒙古军打了一场激战，宋将李大全即在镇西北的岐山战死，人们把他视为黑神并立庙供奉，旧三岔坝贵州馆的主神即是这位黑神（汪金相《简阳县志》卷 3、卷 23）。

明朝时期，乾封镇的地位开始下降。元末明初，虽然还能引来周癫在此修炼，张三丰来此凿洞隐居，但它也只是一个普通的乡镇了。然而，它的文风还是较为兴盛，常有文人到这里来聚会。《五马先生纪年》记载，1643 年，"与同社九人至岐山寺歃血结盟，社名奇社"（傅迪吉《圣教入川记·五马先生纪年》）。明末，尚有这些文人于此结社，讲论诗文，更不要说这以前了。

明朝统一后，大量向四川移民，今乾封周围的李姓，便是洪武时期入川的。四川的经济开始回升，不仅旧集镇得到发展，而且开始出现一批新的集镇。这时的平泉、阳安废去，只保留了一个简州。乾封位于简阳的最西边，由一个县的中心镇变为最西边的起点镇，地位显然下降。随着政区的变化、经济的发展和商业的繁荣，需要一个新的物资集散地、商业点来代替已不合时宜的乾封镇。据后来修三岔湖时的勘测，今湖区原是一个大沙盘，沙盘是由雨水冲来四周山上的泥沙填积而成，其土质是非常肥美的。自然选择的结果，使得人们丢弃了沙盘西南边的乾封镇，看中了沙盘中心的三岔坝。旧三岔在今新三岔西南 3 千米的地方，是今三岔湖的位置。旧三岔是东兴隆、南龙云、西金和、北柏树等乡场的交汇点，是北上成都、东下简州、南到乾封古镇、西通仁寿文宫的十字路口。据口口相传，旧三岔的发祥点是四方碑，那里有个高台，台上堆了个土地庙，又有几棵大黄桷树，过往的客商多在此歇息。聪明的农民看到这里有商机，开始在此摆摊设点。随着时间的推移，经济文化的发展，来往行人的需求增加，就出现了旅店、茶楼、酒馆和饭铺，渐渐形成一个名副其实的乡场。四川从明末 1621 年的奢安之乱起，经历了半个世纪以上的战乱。到处土地荒芜、人口疏散，新、旧集市都已荒凉不堪。清朝统一后的四川人口只有十多万，只相当于今天简阳的一个区。故清政府又向四川大量移民，这是继明以后的第二次大填川。随着人口的增加和经济的发展，占有地理优势的三岔坝再次兴旺起来，于清雍正元年（1723 年）正式建镇设治，取名"永鑫场"（有资料记载"永兴场"）（汪金相《简阳县志》卷3、卷23）。

随着商业的发展，永鑫场扩建成"上"字形的一个大场镇，人们因此直接称其为"三岔坝"，"永鑫"之名倒少有人知了。这就是"洪武开场"和"雍正设治"的三岔沿革史。

随着三岔坝的发展，南边的乾封镇日渐衰落。清末，乾封镇尚有30余间店铺，至民国时期，它已变成了一个仅有30余家住户的居民点。

中华人民共和国成立后，三岔坝成为了区的所在地，并兴办起了中学、小学及幼儿园。自1977年三岔湖建成以来，三岔坝发生了翻天覆地的变化，无论是镇区范围还是街道房屋的建筑，都是旧三岔望尘莫及的。三岔坝的场期也变成了隔天一逢。每当逢场之日，茶房酒肆，座无虚席；街边摊贩，鳞次栉比；街头巷尾，人流如潮；公路站口，车水马龙；湖边码头，船舶竞发。虽说三岔坝只是一个农村集镇，但其繁华程度却堪比城市。

第三节　三岔湖南四古洞

三岔湖畔有古婆闰县之治所乾封古镇，镇内有古乾封庙，庙周有四洞：观音洞、淳风洞、三丰洞、疯子洞。洞洞幽然，蕴含古意，传说甚多。有资料记载，此四洞乃古婆闰县的四大门户。笔者对这一说法虽不敢苟同，但四洞所遗留下来的痕迹、民间传说故事，则令人兴趣盎然。故记之。

观音洞，又名岐山洞，史书记载，其位于古乾封庙右前方岐山寺内。隋唐时期，香火鼎盛，善男信女，络绎不绝，晨钟暮鼓，木鱼声声。不少高僧大德曾在此驻足修行。奇特的是洞中有一口井，名叫"八卦井"。不管天旱水涝，此井水位不枯不涨，千年依旧。井水清冽甘甜，饮之如饴。

用此井水洗目，眼疾立愈。至于此井为何名叫"八卦"，当地人均无从知晓，其来历自然是无从考究。相传，古简州四状元之一的许奕，其家便位于观音洞附近。他常饮此井之水，并用此井之水洗脸、磨墨。加之他勤奋攻读，于是一举及第，凤舞九天，成为宋宁宗御笔亲点的状元，也是史上有名的"骨鲠"之臣。

淳风洞，位于三岔湖畔山麓的小田地旁。《历代神仙通鉴》记载，此洞曾是隋唐道教中有名的黄冠子隐居处。后相传此洞乃唐代大天文学家李淳风隐居时的石室炼丹之处。《舆地纪胜》记载："在平泉县乾封镇之东，唐太史李淳风之故宅及墓也，墓去镇十里许。"《蜀水经》卷十一记载："唐李淳风生于州之乾封镇，有故宅及墓。"如今，乾封镇与庙均已淹没于三岔湖水中，其故宅及墓已荡然无存，自然是无法寻其痕迹了。但幸运的是，淳风洞尚存遗迹可寻。当地《李氏宗谱》中的《天海公墓赞》中提及："乾封表名镇，早在隋唐先……淳风洞于左，岔水清且涟。"此外，《李氏宗谱》中还存有简州清末秀才李凤年所作的《淳风洞》诗云："磅岈石洞已成空，谁注阴符表太公。道派远宗周柱史，仙踪长忆李淳风。灵台奏疏篇犹在，金锁流珠序亦工。我到乾封凭吊古，苍然山色有无中。"[1]由此可见，这淳风洞原是很有名气的。至于李淳风到底是不是简州人（《辞海·增补本》记载，李淳风乃陕西岐山人），是否在此洞炼过丹、修过道，这些都尚需进一步考证。然而，恰在此处也有关于他的传说遗存，且有岐山寺为佐，笔者认为，历史上以讹传讹之事本就不少，多一个传说又有何妨呢？于李淳风盛名之下而使之然，也可见先民崇尚之心性。

三丰洞，位于古乾封庙之后左侧，今洞子沟北之山岩下，相传乃道家著名人物张三丰修道仙居之处。张三丰乃明代辽东懿州人，对功名利禄不

---

① 徐按. 初唐天文学家李享风 [J]. 四川文物, 1992, (1)：75-77.

感兴趣，很早就离家出走，云游四海，拜访名师，练就了冠绝一代的武艺，是道教武当派的一代祖师。当时，他为了躲避帝王的征用，到四川游历，并在乾封古镇凿岩而居，采药炼丹，居住的时间相当长，留下了许多传说。例如，在《简州岁华纪丽》一书中，就有"三丰洞与张三丰"的生动形象故事。现存有《三丰洞》诗曰："我来岩北访张仙，邂逅遗踪石洞圆。采药人从苍霭外，烧丹灶在翠微巅。清泉白石谁家物，明月青松隐士天。画壁蓑衣知未远，烟痕犹卧雁江边。"但据笔者所知，在简阳境内的三丰洞尚有二。另一处在简阳城北 1 500 米处，洞内早年尚存石床、石桌，壁上题有游诗若干。此二处是否皆是张三丰修道炼丹之居所？实不敢肯定，唯凭人们自去猜测想象。

疯子洞，位于古乾封庙之后右侧山边，相传乃明初时期在朱元璋面前癫狂的周疯子隐居之所，毁于民国时期的山岩垮塌。《明史》记载，周癫（癫者，当地人称疯子也），无名，乃建昌（今四川西昌）人。十四岁得狂疾，四处行乞漂流，元末明初来到乾封古镇，于山边凿洞隐居。周癫的形状和言语皆怪异，经常去谒见地方官员，见到他们就说"告太平"三字，其余无他话。他后来离开此洞，转到江西活动。陈友谅据南昌时，见他有高人之状而特请，他则隐而不见。当朱元璋攻克南昌后，他不仅出面迎接，还跟朱元璋一道至南京，也经常以"告太平"三字作为与朱元璋见面时的问候语。朱元璋因此而讨厌之，下令用酒灌之。他饮而不醉，尚大呼曰："公宁能死我乎！"于是，朱元璋又令用大瓦缸将其罩住，堆上干柴猛烧。火熄后揭开看，其竟安然正坐，顶上仅出微汗而已。如此三次，依然如故。周癫大笑曰："我师尚坐烈焰中观书，此何足道。"朱元璋大惊，疑遇神仙，遂放之，并拜请为幕僚。朱元璋亲征陈友谅时，周癫在路上画了个水桶，对其说："他打这桶，另做一桶。"朱元璋反问："彼已称帝，今我取之，不易乎？"周癫仰首视天，曰："上面无他坐。"后来，朱元璋坐了金銮殿，成了明太祖洪武皇帝，周癫即离开，前往庐山隐居不出。朱洪武一次重病不起，医药无效。周癫遣一僧送来丸药，"服之果愈"。朱元璋派人请他做官，他拒绝，以诗二首回之。其诗一曰："剪除荒秽净乾坤，历数欣看属大明。野老自知无用处，白云深径去间行。"其诗二曰："人寰游戏已多年，此日归来不用癫。天子漫劳传赦旨，玉皇金殿有因缘。"朱元璋看后，长叹道："癫，真仙矣!"并亲自撰写《周癫仙传》，"刻于天池寺中"。

说完三岔湖以南之四大古洞，让人不禁沉思。此四大古洞，虽或佛或道，或毁或存，或仅见于今之书籍资料，但足以引发人们溯古寻踪之思。更令笔者欣慰的是，三岔湖地区丰厚深沉的人文历史积淀，足以使三岔湖这颗熠熠闪亮的"天府明珠"，愈加丰润美丽，愈加充满迷人魅力。

第四节　古名人记

一、唐朝数学家、天文学家李淳风

李淳风，四川简州平泉县乾封镇（今三岔湖南）人，生于隋文帝仁寿三年（公元603年），卒于唐高宗咸亨元年（公元670年），终年68岁。其出生地位于现四川省简阳市三岔镇万福村与董家埝镇蚂蝗堰村交界处，原属古婆闰县乾封镇所辖。他是一位著名的天文学家、数学家。

《简阳县志》引咸丰《简阳志》云："唐代李淳风故里在乾封镇。"又云："淳风洞在乾封镇。"《舆地纪胜》云："太史李公祠墓在平泉乾封镇之东，唐太史李淳风之故宅及墓也。"《四川通志》卷四十四亦云，"唐李淳风墓在州（简州）西五十里"，并提及"唐李淳风知星象，访袁天纲于蜀。"

《保宁府志》则记载李淳风"常游蜀中，访袁天纲"。《简阳县志》和《蜀中名胜记》均有记载，"李淳风生于（简）州之乾封镇，有故宅及墓"。

据《李氏宗谱》卷一，李氏续修族谱《叙》中云："丁卯年，简阳修志局纂辑邑中氏族，见天海公一支旧谱，即以天海公为始祖，葬于唐太史令李淳风墓宅与洞之乾封镇。"谱中为后人留下其祖先墓地的确切位置，并附有《天海公墓赞》诗云："乾封表名镇，早在隋唐先。留印（山名）系肘后，老鹰（山名）蹲其间，天公（山名）吐磅礴，脱腕走蜿蜒，淳风洞（洞名）于左，盆水（洞外池名）清且涟，江湖红锦衣（洞中石壁古诗），佳句艳神仙，洌溹八九井（附近岐山寺内的八九口八卦井），滑凳宽复圆，迤北十三条，吞吐短虹咽，岐山（古山名）耸对面，许奕（宋朝状元）故址传，人杰齐太史，题咏失青莲，日月改陵谷，升沉动哲贤，琉璃埋瓦砾，金刚（井名）响风烟，庙藏万历鼎，碑断淳熙镌，想见度夕阳，因之观流泉，仓猝怀楚尾，从容走播迁，绯鲴五百载，放眼几千年。"此外，该谱还收录了为纪念古代先贤留下的律诗《淳风洞》："在硗岈石洞已成空，谁注阴符表太公，道派远宗周柱史，仙踪长忆李淳风。灵台奏疏篇犹在，金锁流珠序亦工。我到乾封凭吊古，苍然山色有无中。"此二诗均属清末秀才李凤年所作。当年淳风洞尚存，李凤年目睹淳风洞，且记下了洞中诗句"江湖红锦衣"。

《简阳县三岔区志》载，乾封镇位于现今三岔镇万福村与董家埂乡交界处，曾隶属于婆闰县辖。婆闰县设于西魏恭帝二年（555年），至隋开皇十八年（598年）移婆闰县于赖黎池，改为平泉县（治所在今草池镇平泉村），隶属于益州（见唐《隋书·地理志》）。至隋文帝仁寿三年（603年），分益州之阳安、平泉、资州之资阳置简州（见宋《太平寰宇记》）。据此，李淳风原籍应为益州平泉县或简州平泉县人。

1965年，平泉村居民在改造空闲地时，发现了一处传说中的"盘龙地"，原为乱石坡，经改造后变为耕地。在此过程中，出土了一石刻蟠龙，其周长 10 米，直径 3.14 米，由 35 件石料精雕细刻组成，中心竖一石轴，轴底嵌有一块正方体金属物（150 厘米×150 厘米），净重 13.75 千克。四周无其他建筑物残迹，乡民不知何物，众疑为当年李淳风研制天文仪之基座。

综上所述，李淳风应为益州平泉县乾封镇人，或称简州平泉县乾封镇人，即今简阳市三岔镇人。而《辞海》中关于其为歧州雍人记载可能存在错误。

二、五代状元王归璞

中国科举制度历经 1 400 余年，仅诞生 670 余名状元，平均每 4.2 个县级行政区方能出一位。在简阳这片历史文化沃土上，却孕育出四位状元，其中婆闰至平泉一带独占其二，更诞生了唐代著名天文学家、数学家李淳风，形成了独特的科举文化现象。

王归璞，字平泉，后唐同光四年（公元 926 年）状元及第，开创简州平泉县科举史新纪元。《十国春秋·后蜀·本传》记载："王归璞，简州人。"《舆地纪胜》记载："简州四出状元，《图经》云，'王归璞伪蜀时状元登第，许将、张孝祥先世皆此邦之人，今之许奕岂非四出状元乎'。"因此，其籍贯当属今四川简州市域，具体或为成都东部新区草池街道平泉村（旧称平泉县）白马滩、徐家坝一带。王归璞出生年份不详，但据推测，可能出生于唐哀帝天佑四年（公元 907 年）。王归璞自幼聪颖，尤其擅长作文，因此在当地享有盛誉。他的才华不仅体现在学术造诣上，还反映在他对生活的深刻理解和感悟之中。图 1-1 为王归璞石像，位于简阳市川空文化广场。

图 1-1　王归璞石像

（刘承鑫摄）

　　王归璞考中状元，对简州地区产生了深远的影响。他的典范作用激励了简阳的后生发奋读书，形成了文人士子竞相登科的良好学风。这种积极的学习氛围一直延续至两宋时期，使得简阳人在科举考试中屡创佳绩，在南宋绍兴十八年（公元 1148 年）科考中，简阳人连中四名进士，成为当时瞩目之教育盛事。

　　关于王归璞，还有一个广为流传的故事。据说他小时候因为成绩优异而略显傲慢，不愿与同学合作。一次，私塾老师布置作业，要求学生们在绛溪河边用丝毛草和乱石完成任务。其他学生很快完成了作业，而王归璞则在老师的帮助下才勉强完成。这次经历让他意识到团队合作的重要性，并从此改变了他孤傲的性格，开始与同学们互相学习、共同进步。

　　关于王归璞的出生地，历史记载甚少，但仍可从一些文献中寻得蛛丝马迹。在宋朝人王象之所著的《舆地纪胜》所引《图经》中，王归璞有《题白马院》诗云："一带江烟半倚岩，槛前时眺黑龙潭。低昂竹影疏明月，屈曲松枝拂像龛。树老硬根穿石罅，草生嫩叶入禅庵。西来白马无踪迹，寒鹊昏鸦暮景含。"图 1-2 为王归璞所作诗《题白马院》的石刻，后人以此作为纪念。（今三鱼文化村内所立王归璞诗碑，将此诗只刻上了一半。）

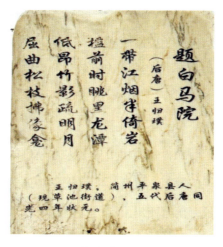

图 1-2　王归璞《题白马院》石刻

（刘承鑫摄）

　　诗中描绘了他读书写作之地——白马寺旁的草堂。该草堂建于绛溪河白马滩旁山岩下。他在白马寺院内题诗，第一句"一带江烟半倚岩"就勾勒出该地的地理轮廓，第二句"槛前时眺黑龙潭"进一步精准锚定了地理位置。恰在绛溪河白马滩上游，寺院门前不远处有一处深不可测的水潭，唐代因水深玄黑得名"黑龙潭"，后因白马院镇服金马传说[①]，至宋代逐渐演变为白马潭。关于王归璞《题白马院》诗碑，1927 年编修的《民国简州志》中有记载，当时仍保存完好。后因绛溪河洪水损毁寺院，诗碑被埋于白马院旧址地下。此外，大安桥毛家河上游的汪家山千佛岩石刻、亚洲巨狮石刻、三鱼同嘴石刻及状元桥，应与白马滩、王归璞草堂和白马院同属一文化圈，也是王归璞及后生学子们研学的地方。

　　综上所述，宋人王象之在《舆地纪胜》中将王归璞出生地记为简州平

---

　　① 据传，潭内有一金马作怪，建寺院收服了金马，故称白马院。

泉县是有依据的。记载中的白马寺旁草堂作为重要的文化空间，不仅是他读书写作的地方，也是他与当地文人交流的场所。这兼具学术价值与人文意义的建筑群落，历经岁月积淀已演化为当地文化的标志性建筑，激励着后世学子们勤奋学习，追求学问。结合方志文献考辨与实地查勘，可以确认王归璞的故里当在白马滩、平泉坝（徐家坝）一带。

三、宋代状元许奕

我国历史上的两宋时期，是四川历史上人才鼎盛的时期，特别是在南宋，抗金的领袖、治国的贤相、大魁天下的状元，犹如群星般闪耀。明代著作颇丰的杨升庵曾说，南宋四川出了"蜀贤五相"及"四状元"（《杨升庵全集》卷48）。抛开贤相不说，状元则以简阳最多，这一观点也是杨升庵提出的。他在《升庵词品》中说："宋世蜀之大魁，自苏（宋代四川首位状元苏易简）始，其后阆州三人，简州四人，夔州一人。"这足见简阳是宋代四川状元之乡。其中，许奕便是其中一位状元，他居住在荡舟之处的乾封庙东南，岐山的对面。

许奕，字成子，生于南宋孝宗乾道五年（1169年）十月二十四日，卒于南宋宁宗嘉定十二年（1219年）八月。他著有《尚书讲义》《周礼讲义》《论语讲义》各十卷，《毛诗说》三卷，《九经直音》九卷，《九经正讹》一卷，《诸经正典》十卷，《许奕奏议》三卷，《诗杂文》二十卷（《宋史·许奕传》）。尽管今天许奕的这些著作大多难以查证，但我们仍可以通过相关资料探讨出许奕的出生地及其为人。图1-3为许奕石像，位于简阳市川空文化广场。

图 1-3 许奕石像

（刘承鑫摄）

许奕的先辈是陕西咸阳人，于唐禧宗中和年间（881—885 年）随驾入蜀，定居于南宋时的简州平泉县（今简阳市草池街道平泉村）乾封镇（今董家埂镇北 4 千米的乾封庙附近）甘泉乡。南宋至今近 900 年，许奕的简州籍虽没有疑义，但确切的住地却难以考证。当年的乾封镇，现今名甑子山，是一个只有几十户人家的村落。但这些住户并不姓许，大多姓李，且多是洪武年间入川的。幸运的是，在当地《李氏宗谱》上找到了关于许奕住址的记载。《李氏宗谱·天海公墓赞》中写道："岐山耸对面，许奕故址传。人杰齐太史，题咏失青莲。日月改陵谷，升沉动哲贤。"（《李氏宗谱》卷一）由此可见，许奕在当地人心目中的地位甚高，这也是断定许奕住址的重要根据。天海公墓至今尚存，其对面便是岐山，有名的岐山寺就在天海公墓对面的左侧。世代口碑相传的许奕故址，位于天海公墓并排左侧的余家山，正好与岐山寺相对。不管从天海公墓讲，还是从相传的许奕故址讲，岐山都赫然在目。有一天，农民在余家山下耕种，还挖出了当年的建房基地，据说面积还不小。至于许奕故地所在的余家山，是否就是宋代的甘泉乡，目前尚无文字材料可证。但离此不远有一座清凉寺，其历史悠久，《简阳县志》中亦有"清凉寺，距县百里，仁简交界"（《简阳县志》卷三）的记载。中华人民共和国成立后，农民开垦土地时挖出了古清凉寺四方窖界的金碗，可见古时的清凉寺规模宏大，影响深远，庙主也十分富有。而清凉寺和甘泉之名，乃是清冽和甘美之意，因此清凉之名可能是在宋代甘泉乡之后出现的。《李氏宗谱》的记载、当地世代相传的口碑以及农民耕种的发现，三者相互印证，可以确信许奕是今成都东部新区董家埂镇与三岔街道交界处的余家山人。当时的董家埂镇甘泉乡及后来的三岔一带，均属乾封镇所辖，在今三岔湖及以南的广大地区。

许奕不忘家乡的穷苦人。在他身居要职后，捐出五百万钱，吩咐他的弟弟许契，购买若干亩田地，以践行古代的社会救助理念。其理念是：以一乡为单位，订出公约，对特别贫穷者，每日发以一定的粮食，到年冬还发给一定的衣服钱米。许奕在遂宁、潼川也实行了这种办法。故《宋史·许奕传》说他"天性孝友，送死恤孤，恩礼备至"。

许奕还是一个很好的教育家。他出使金邦归来后，曾任侍讲、侍读，即为皇帝讲书、读书。他每讲读到古今的治乱兴衰时，都要结合当时国家社会的实际情况，向宁宗问道："设遇此事，当何以处之？"问后还要稍等一会，使皇帝有一个思考的余地，然后才慢慢地讲完文章。其他在场的讲官都感到恐惧，都为许奕捏把汗。可是宁宗皇帝不但不怪罪许奕，反而有所感叹地说："如此讲论，经筵不徒设矣。"宁宗还多次说："许奕讲读极佳！"

许奕反对送礼、走后门。他曾封还（退回）故资政殿学士刘德秀赠送给他的礼物，又退回前中书舍人高文虎敬送的财礼。当时南宋的官场中，多有人议论许奕不近人情。在吏部考试时，上司就断定他是一个公正廉明之人。权臣韩侂胄在谈到许奕时也说："蜀士政自佳，未尝有私请谒于余。"许奕不为个人打算的美德是终生闪光的，他在病危临死时，家人绕床问他有什么吩咐，他"终不言及私"。许奕一生都心正不怕邪，谁不对，他都敢直言奉告，这正是他无私无畏的表现。

许奕在南宋取得了最高的科举荣誉——状元及第；又获得了较高的荣称，即号称"小龙"的龙图阁待制、显谟阁直学士。他在京城曾任要职，如起居舍人、试礼部尚书、侍讲、侍读等。但这些都是他凭借真才实学获得的。得到这些职位后，他也不为私人打算，而是始终为他的国家、人民、家乡着想。

许奕死于宁宗嘉定十二年（1219 年）八月，享年 51 岁。他共有三个儿子，长子叫许象祖；次子取名叫许彪祖，过继给许奕的哥哥许奖为子；三子名许鸿祖，过继给许奕的弟弟许契为嗣。许彪祖受他生父的影响较大，有许奕的遗风。许彪祖知江县时，在亚松山修义坟，收葬因战乱死亡的遗骸暴骨，共有九百多具（《潼川府志》卷20）。在升迁为四川制置司参谋官后，四川发生了刘整叛宋降蒙的事件。刘整原任南宋四川潼川府路的安抚使，因受总帅余玠的挟持不满，遂以泸州十五郡之地投降蒙古（《宋史纪事本末》卷106）。此事发生在南宋理宗景定二年（1261 年）。刘整了解南宋内情，降蒙后为蒙古国出谋划策。这对南宋是很不利的。当他决定降蒙时，想利用许彪祖父子在四川的威望，让彪祖为他草写降文，并以潼川全境为献礼。许彪祖向刘整的使者说："此腕可断，此笔不可书也。"随即闭门与全家人服毒而死。许彪祖的行动对削弱刘整的影响和稳定四川局势起了积极作用。因此，第二年南宋吕文德又出兵收复了泸州，刘整则北去蒙古国。

第二章 "小成都"三岔古镇

  三岔湖，水天一色、烟波浩渺、美景如画。当游人荡舟湖上之时，却很少有人知道，被称为"小成都"的老三岔古镇，就藏身于碧波荡漾的三岔湖底。

  三岔镇的历史，大致可以追溯到古乾封镇时期。据考证，隋唐以前就有乾封镇，其确切记载见于北宋王存所撰的《元丰九域志》。西魏设婆闰县，乾封镇即为县治之所（今三岔万福村2组与董家埂镇蚂蝗堰村一带），是当时商贸及物资集散地。隋文帝开皇18年（公元598年），婆闰县治移东北23千米而名平泉县，乾封镇仍然"乃六镇之首"。明朝初期，随着四川移民的增多和政区的变化，乾封镇的地位开始下降，三岔古镇取代乾封镇，成为新的商贸及物资集散地。

  《简阳市三岔镇志》记载：三岔坝，洪武开场，雍正设治。人杰地灵，物华天宝。据乡老忆述：未建场镇前，此地路当北上成都，东连简州，南到乾封古镇，西去仁寿文宫镇的十字路口。于是渐有摊、点、店房之设，生意日益兴隆，由是成驿。《简阳市三岔镇志》记载：明代状元大学者杨慎（升庵）于36岁时（公元1524年）贬戍永昌途中，路过三岔驿（三岔镇前身）。有感题《三岔驿》诗曰："三岔驿，十字路，北去南来几朝暮？朝见扬扬拥盖来，暮看寂寂回车去。今古销沉名利中，短亭流水长亭树。"

明末，当地诸姓氏家谱记载，此地在战乱中荒凉不堪，人口流散。后来，清政府大量移民（这是继明以后的第二次"大填川"），随着人口的增加和经济的发展，此地因占有地理优势，又开始兴旺起来。清雍正元年（公元 1723 年），此地正式建镇设治，取代乾封古镇而名"永兴场"。随着商业发展，外省籍人先后建造了真武宫、万寿宫、南华宫、丑宿宫、黔阳宫等会馆，本地人也建造了文武宫等，这些会馆因地就利，顺路排列，形成"上"字形街道，使该场扩建成"上"字形大场镇，继乾封镇而成为东兴隆、南云龙、西金和、北柏树等乡场的中心点和北上成都、东下简阳、西通仁寿的三岔路口，加之地势平坦，土质肥美，所以人们称其为"三岔坝"。久而久之，"永兴场"就渐渐被人们淡忘，至今很少有人知道了。古人有一联赞美三岔坝曰："茶楼立河畔，试看绛溪一段，上平桥，下平桥，高高拱桥；旅邸傍山尾，遥指驿递三岔，南大路，北大路，远远东路。"足见当时三岔古镇商贾汇聚。特别是 1926 年至 1930 年，处于北伐战争和四川军阀混战时期，是政治和军事动荡的时期。为解决货币流通问题，四川军政大量制造银币和铜币以推动地区经济稳定。作为天府之国，四川是铜元铸造大省，巅峰期铜元数量达到 16 亿枚之多。除了官方铸造铜币之外，还有许多私人印制厂也在生产铜元，这些私人造币厂的规模不一。随着时间推移，四川铜元的版式越来越复杂，出现了各种币值、年号和背书。因此，有大量小铜元被收购并化成大铜锭，运往成都、重庆的大厂铸币或运往私人小厂再铸。由于三岔古镇交通发达，商贾云集，收集铜元、化炼铜元生意兴起。至巅峰时期，这里通宵达旦，火光冲天，从而更促进了三岔坝的经济繁荣。故而，三岔坝有"小成都"之称。有民谣传曰："柏合、龙泉、甑子场，不如三岔一早上。"因此，此地彼时被誉为"小成都"。

中华人民共和国成立以来，三岔镇发生了翻天覆地的变化。20 世纪 70 年代，简阳人民以"敢教日月换新天"的气概，以"地动三河铁臂摇"的干劲，建成了被誉为"天府明珠"的三岔湖。原来的三岔镇旧址沉入湖底，而距旧址 3 千米之三岔新镇，巍然崛起。如今，三岔镇归属成都东部新区，天府国际机场银鹰翱翔，地铁和高速公路直达成都。宽大平坦的街道、鳞次栉比的楼房、琳琅满目的商品、熙熙攘攘的人群、香味四溢的羊肉汤、美味佳肴翘壳鱼等，共同构成了三岔镇的繁荣景象。

特别是自 2017 年划归成都高新区代管以来，三岔镇建成了四通八达的一级公路及若干基础设施，这给三岔镇带来了极大的发展机遇。2020 年被划入成都东部新区空港新城范围；2021 年 9 月，地铁 18 号线开通；2022 年，天府机场正式启用，这进一步加快了三岔地区的发展。成都体育学院、成都七中东部新区学校于 2023 年开始招生，未来医学城、轨道学院、世界博览园等若干重大项目拔地而起，使得三岔地区发生着日新月异的变化。当地民生福祉不断提升，人民过上了富足的生活，人们精神振奋，既发思古之幽叹，又抒进取之豪情，我们有足够的理由相信——三岔的明天会更加美好！

第一节　三岔古镇与建置历史沿革

一、古三岔兴起与建置沿革

现三岔街道系三岔坝（原建国公社）继名而来。原三岔坝位于龙泉山脉丹景山东坡外围丘陵地带，傍龙云河滨（现已被淹没于三岔湖底）。据乡老忆述和部分古城建筑物：未建场镇前，此地路当北上成都，东连简州，南到乾封古镇，西去仁寿文宫镇的十字路口。路旁有石碑一方，名四方碑，碑侧一土地庙，人称"高土地"。后有青龙山林荫掩映，前有龙云河（即现绛溪河上游）曲绕宗流，水秀山明，田良土沃。冲积坎两岸交错，一望无垠，往来行旅，多于此小憩。于是渐有摊、点、店房之设，生意日益兴隆，遂有玉皇庙之兴建，庙前树花岗石坊一，刻"永兴场"（有史料记载为"永鑫场"）三字，取永久兴旺之义。及清初移民入川，人口渐众，则有外省籍人建之真武宫、万寿宫、南华宫、丑宿宫、黔阳宫以及本地人的文武宫等会馆。因地就利，顺路排比，先后兴建，形成"上"字形街道。故呼为三岔坝。民国《简阳志·市场》云："三岔坝，保名安三。"建于清雍正元年（1723 年），集期一、四、七，辖甲 53 个，粮银 257.236 两、有 340 户、8 300 人。

中华人民共和国成立前，三岔坝属简阳第二区。1951 年，三岔坝成为十七区公所驻地，三岔乡被分为维新、三合、建国、石桅、新民、柏树六个乡。1953 年，维新乡并入建国乡。1955 年，三岔镇、石桅乡（原三合已并入）并入建国乡。同年，十七区与三区合并，区公所撤并至草池堰。1958 年，由 11 个高级社合并成建国公社，驻地设在三岔坝。1966 年，区公所迁三岔坝。1976 年，因建三岔水库，场镇迁太医沟新建，但仍保留三岔坝的名称，区社同驻此地。此地即现三岔镇所在地。

1982 年，建国公社辖域面积为 23 平方千米，下辖 9 个大队，58 个小队，拥有耕地 3 776 亩，居民户数为 3 207 户，总人口为14 041人，其中非农业人口 1 518 人。

1983 年，本着党政分工、政社分设的精神，重建建国乡人民政府，建国公社改称建国乡；保留原建国公社管理委员会，称经济管理委员会，作为生产指挥组织；大队改为村，设村民委员会，生产队改称村民小组。

1985 年 3 月，撤销建国乡，将其并入三岔镇，实行镇管村体制，其行政区划不变。

2017 年 4 月 1 日，三岔镇由四川省简阳市划归成都高新区托管。

2019 年 12 月，撤销三岔镇，设立三个街道。原三岔镇所属行政区域成为三岔街道的行政区域。

此外，三岔街道在 2020 年 6 月行政区划调整后，下辖 3 个社区、9 个行政村。街道办事处驻三岔街 6 号，后于 2023 年 10 月 1 日迁至石庄村未来城大安溪二街 7 号。

二、三岔区公所建置沿革

1949 年 10 月 1 日，中华人民共和国宣告成立，中国人民从此站起来了。简阳解放后，区、乡农民协会相继成立，取代了旧的乡、保、甲制度，实现了"一切权力归农会"。乡设立农会，保设立分会，甲设立小组。1950 年，对区、乡进行了调整，全县被划分为 8 个区，其中第一、二、五、六区沿用不变，第二区公所由草池堰迁至贾家场。

1950 年下半年，为适应农村土地改革的需要，全县被重新划分为 18 个区，原 69 个乡被分为 249 个乡，乡以下设立村，共有 2 398 个村，村以下设立组。第三区公所驻在草池堰，下辖石堰、笔架、走马、民主、海螺、太平、群力、亲睦、草池、同心、胜利、长河、回龙、义勇、同盟、平泉 16 个乡。第十七区公所驻在三岔坝，下辖建国、三合、维新、柏树、新民、石桅、兴隆、建全、玉成、松林、龙云、新华、同福、同兴、福田、五福、板庙、协合 18 个乡。

1953 年 1 月，撤销了县、区、乡农民协会，建立了乡、镇人民政府。全县将原 249 个乡调整为 213 个乡，并增设了五个乡级镇，其中三岔坝设立了镇，区所在地保持不变。第三区下辖草池、平泉、同心、长河、义勇、回龙、海螺、太平、群力、福田、五福、协合、板庙、石堰、走马、民主 16 个乡。第十七区下辖建国、新民、胜利、柏树、石桅、兴隆、建全、玉成、松林、龙云、新华、同福、同兴 14 个乡。

1954 年，县、乡、镇人民政府被改称为人民委员会。

1955 年，为适应农业合作化高潮，进行了合区并乡的工作。全县被合并为 13 个区、113 个乡和 10 个乡级镇。三区与十七区合并，改名为草池区。原属于这两个区的部分乡被划交给了其他区：石堰、走马、民主被划交给了红塔区；海螺、太平被划交给了贾家区；同福、同兴、龙云、新华、板庙、协合被划交给了镇金区。草池区下辖草池、平泉、长河、回龙、福田、兴隆、玉成、建国、新民、柏树以及三岔镇。

1956 年，三岔镇被撤销并入建国乡。

1958 年，开始人民公社化运动。数个乡合并为一个公社，废除乡、村建制，实行政社合一，全县共设立 79 个公社。草池区将草池等地合并，设立若干排。其他如福田、兴隆、玉成、建国、新民、柏树等地则实行一乡一社，下设耕区和若干排。

1961 年，为纠正大跃进时期不适应农业生产的管理体制，经济进入恢复时期。公社规模由数乡一社调整为一乡一社。草池区撤销了大公社，分为一乡一社，即下辖草池、幸福、长河、回龙、福田、兴隆、玉成、建国、新民、柏树、永胜 11 个公社。同时，将耕区改为生产大队，排改为生产小队。

1966 年，"四清运动"中，县委指示草池区公所迁至三岔坝，以便更好地照顾山区生产。同年元月份，区级机关单位迁往三岔坝，区名也随之改为三岔区。

1970 年 11 月，将 1967 年更改的区、公社名称恢复为原名。

1981 年，将县、公社、镇革命委员会改为县、公社、镇人民政府和公社管理委员会。同时，开展地名普查工作，各区划保持不变，并对重名进行了更改。三岔区境内有 4 个公社名称被更改，即回龙改为回龙场公社，兴隆改为兴隆场公社，新民改为三岔湖公社，永胜改为丹景公社。同时，下属的大队（村）、生产队也按照所在地名进行了更名。但部分名称在行文上与原地名在字义和字数上存在差异，见各公社（乡）部分大队（村）名与原地名对照表 2-1。

表 2-1　各公社（乡）部分大队（村）名与原地名对照表

所在公社	各公社（乡）部分大队（村）名与原地名对照									
	地名	原地名	地名	原地名	地名	原地名	地名	原地名	地名	原地名
草池	罗家	罗家林	白马	白马滩	烂河	烂河沟	实奋	石粪凼	金鸡	金鸡河
幸福	三渔	三鱼同嘴	龙湾	龙家湾	寨子	寨子山	瓦厂	瓦厂沟	盘山	团山顶
	石包	石包沟								
长河	君桥	老君桥	八仙	八仙桥	潘家	潘家祠	崔家	崔家沟		
回龙	白河沟	白鹤沟	海鸣	海明坟						
福田	匠湾	铁匠湾	定水	定水寺	龙游	龙河堰	大古	大古井	渔堰	余家堰
	河堰	河堰嘴	石圣	石佛山						
兴隆	大石	大石包	四耳	四耳凼	汪家	汪家桥	高厂	高石厂	青庙	三清庙
	花厂湾	马草湾								
玉成	皂角	皂角寺	夜合	夜合嘴						
三岔湖	花苞	花苞嘴	藕堰	藕堰塘	陈河	陈河堰				
丹景	陈八	陈八老沟								

1982 年，全国进行第三次人口普查，全区共有 11 个乡、97 个村、663 个村民小组。1983 年，公社改为乡名，大队改为村名，生产小队改为组名，区划保持不变。

1992 年 7 月，简阳县实施了撤区并乡建镇的改革，撤销了 10 个区公所和 96 个乡（镇）。新设置了 11 个乡，扩并了 13 个镇和 12 个乡，同时保留了 2 个乡。这次改革将原全县的 83 个乡和 13 个镇调整为 14 个乡和 24 个镇。据此，三岔区公所被撤销。同时，撤销了原三岔湖乡和兴隆场乡，以及三岔镇，新建了三岔镇，镇政府驻地在原三岔区公所所在地。新三岔镇辖 26 个村、170 个村民小组，辖区面积为 74.94 平方千米。

1994 年，简阳撤县设市，由省直接管理，由内江市代管。1995 年，全市区划得到完善，撤销了三岔湖办事处，建立了新民乡人民政府。此时，三岔镇辖 17 个村、113 个村民小组。

1998 年 2 月，内江市划出原资阳、简阳、安岳、乐至等地，组建了资阳地区，次年建市。简阳又由资阳代管。

1998 年 12 月，简阳市委、市政府以原农村区所辖范围为基础，建立了中共简阳市委某某工作委员会和简阳市人民政府某某管理委员会作为派出机构。

三岔工委、管委所辖范围包括三岔镇、草池镇、玉成乡、福田乡、丹景乡、新民乡等地，工管委驻地位于三岔镇政府院内。工管委设工管委书记、主任一人，副书记一人，副主任 1 至 3 人，综合办 1 至 2 人，经济办 1 至 2 人。该机构运行至 2005 年 7 月，由简阳市委、市政府下文撤销，人员关系、财物、账务移交至驻地镇政府。

2016 年 5 月 16 日，简阳市正式划归成都市代管。

2017 年 4 月 1 日，三岔镇所属行政区域划归成都高新区托管。同时设立高新东区，并建立了高新区空港新城管委会，辖原简阳的十二个乡镇，包括三岔镇、草池镇、石板凳镇、芦葭镇、玉成乡、福田乡、清风乡、董家埂乡、新民乡、丹景乡、坛罐乡、海螺乡。

2019 年 12 月，撤销了三岔镇，设立了三岔街道。以原三岔镇所属行政区域为三岔街道行政区域。

2020 年 4 月 28 日，经省政府批准，5 月 16 日正式挂牌，设立了成都东部新区。包括三岔街道、草池街道、玉成街道、贾家街道、石板凳街道、石盘街道、养马街道、丹景街道、福田街道，以及董家埂镇、芦葭镇、海螺镇、高明镇、武庙镇、壮溪镇共计 15 个街镇。

三、三岔街道辖区简介

三岔街道地处成都东部新区，是成都东部新区党工委管委会驻地，下辖 12 个村（社区），其中包括 9 个行政村、3 个城镇社区。其土地面积约为 42 平方千米，水域面积约为 20 平方千米，户籍人口约为 4.37 万人，常住人口约为 4.63 万人，是成都东部新区未来城市功能、文化、人口和消费的主要承载地。

下辖的村（社区）包括：清庙村、汪家村、光荣村、板桥村、石庄村、万福村、清水堰村、石河堰村、国兴村，以及国宁花园社区、长兴街社区、三岔街社区和正在筹建的八角楼社区。

（一）清庙村

1. 村社概况

清庙村隶属于成都东部新区三岔街道，距三岔街道办事处东约 4 千米，坐落于三岔地铁站东南方向约 3 千米处，主要位于简三路和天府机场南延线的南北两侧，东邻福田街道鱼堰村，西接三岔街道石庄村，南连三岔街道汪家村，北与三岔街道板桥村接壤。清庙村的辖区面积约 6 平方千米，拥有耕地面积 3 863 亩、非耕地面积约 920 亩。全村设有村民小组 10 个，户籍人口为 1 369 户、4 472 人。清庙村曾荣获 2018 年度省级"四好村"、市级"幸福美丽新村"称号。这里生态环境优美，地势平坦，以浅丘为主，春季花开蝴蝶飞，夏季插秧乐洋洋，秋季稻谷粒粒香，冬季血橙硕果挂。交通网络便利，毗邻天府国际机场、地铁 18 号线、天府机场南延线、简三路等快速路穿村而过。全村饮水、农电、通信网络全面覆盖。清庙村的产业特色鲜明，主要特色农产品是意大利无核血橙，素有"无核血橙之乡"的称号。同时，草莓、油菜、扁豆等种植初具规模。作为世界园艺博览会的举办地，清庙村文旅资源得到进一步强化，城镇化进程迅速推进。

在 20 世纪 80 年代前，清庙村隶属于兴隆场公社二大队（原四耳村）和七大队（原清庙村）。1983 年，结束政社合一的人民公社体制，成立四耳村、清庙村。2020 年，经过村（社区）建制调整改革，四耳村和清庙村合并成为现在的清庙村。

2. 村社沿革

20 世纪 80 年代前，四耳村为兴隆场公社二大队，清庙村为兴隆场公社七大队。

1978 年，兴隆场公社二大队一生产队建提灌站一座。

1981 年，兴隆场公社二大队、七大队开始实施第一轮土地承包到户。

1983 年，公社改为乡，大队改为村，生产队改为组，区划不变。原兴隆场公社二大队改名为"四耳村"，原七大队改名为"清庙村"。

1992 年，简阳市实施撤区并乡建镇政策，三岔镇、三岔湖乡、兴隆场乡撤销合并建三岔镇，原四耳村、清庙村划归三岔镇管辖。

1999 年，原清庙村、四耳村开启第二轮土地承包到户。原四耳村成立意大利无核血橙专业合作社，并建立第一个集体经济合作社。

2000 年，原清庙村、四耳村开展第一批退耕还林，并以此为契机，将传统品种改为品种优良、经济效益好的意大利无核血橙。

2001 年，原清庙村、四耳村开展第二批退耕还林。

2002 年，民主党派捐赠 2 万元，省教育厅出资 10 万元，合计 12 万元用于建设四耳村小学。同年，四川省特产协会授予三岔镇四川省"血橙之乡"称号，获全国流通资质。

2003 年，时任四川省委副书记、省长张中伟到原四耳村视察，拨款 10 余万元支持建设盘山渠，现今部分盘山渠仍然保留，是灌溉用水的重要来源。同年，原清庙村、四耳村开展第三批退耕还林。

2004 年，意大利无核血橙大量上市，产量达到 800 吨，销往新疆、上海等地。

2016 年，经国务院批准，简阳市由资阳市代管整体划归成都市代管。

2017 年，原三岔镇由简阳市划归成都高新区（东区）托管，同时，原四耳村和清庙村也一并划归成都高新区（东区）管理。在此期间，相继启动了地铁 18 号线（原四耳村 1、2、3 组，现清庙 6、7、8 组线性拆迁）和机场南线（原清庙村 5、7 组，现清庙村 5 组线性搬迁）等项目征地拆迁工作。

2018 年，原四耳村获评省级"四好村"、市级"幸福美丽新村"称号；启动绛溪四线（原清庙村 5 组、原四耳村 6 组，现清庙村 5 组、10 组整体搬迁）自愿拆迁工作。

2020 年，四川省政府同意设立成都东部新区，三岔街道整体划归成都东部新区管理。同时，根据《简阳市人民政府关于同意〈简城街道等 37 个镇（街道）村（社区）建制调整改革操作方案〉的批复》（简府函〔2020〕126 号），原四耳村 6 个村民小组和原清庙村 7 个村民小组于 2020 年 6 月合并，组成现清庙村，共有 10 个村民小组。同年，启动起步区道路项目征地拆迁工作。

2021 年，清庙村相继完成五年一届的村"两委"换届选举和简阳市第十八届人大代表换届选举，开启农业农村现代化建设新征程。同年，启动世界园艺博览会项目征地拆迁工作。

2023 年，清庙村由选调生、村两委共同创新开展的"成长导师筑梦未来——农村青少年陪伴发展计划"成功获得 2023 年成都市社治委社区志愿服务品牌项目。

2024 年 4 月 26 日，世界园艺博览会在清庙村辖区成功开幕，是第一次在辖区举办的世界性赛会活动。

3. 村社小地名

"四耳村"：因原兴隆场公社二大队的四大湾沟分别有 4 个泉眼，这些泉水供应着整村的生活用水，故名"四耳凼"。另外，亦有传原兴隆场公社二大队大瓦房有一块七八亩的大田，田的四角都各有一个很深的凼，耕田的牛都无法完全踏到底，因此取名"四耳凼"。

"清庙村"：因原兴隆场公社七大队有一座建于清代末年的古寺庙，名叫三清庙（1964 年改建为小学），故名"清庙村"。亦有传说，在绛溪河边有一处泉眼，名为"龙王泉"，泉水清甜且长年不断。

（二）板桥村

1. 村名来历

板桥村 3 社、4 社、5 社原由六耕区管理，而板桥村 1 社、2 社则由原来的七大队管理。后来，这些区域被统一划归管理，并成立了互助大队。随后又改名为九耕区，再后面改名为五大队。由于历史变迁，原五大队的区域被划入建国公社，这个公社后来演变为国兴村。至于板桥村的得名，是因为在与袁家坝交界处有一座著名的平桥，名叫板桥，因此取名为板桥村。

高厂村原名叫和平村，后改名为胜利村，又改为六耕区，再改为六大队，后因 6 队有一家高石厂，故取名为高厂村。

花厂村原名叫长乐村，然后改为八耕区，之后又改为八大队，后因马草湾有一家扎花厂，因此改名为花厂村。

2020 年 6 月，板桥村、高厂村、花厂村三个村合并为板桥村。

2. 村社沿革

（1）原花厂村

花厂村 1 组、2 组原是一个生产队，1963 年前后被分为两个生产队。灰楼沟是 1 队、2 队共同的地界名称，是清朝时期遗留下来的名字。

1 队：原叫长乐村 1 社，后改为八大队 1 队，在水库搬迁后改为花厂村 1 队。2020 年合村后，被称为板桥村 12 组，同年合社后改为板桥村 10 组。

2 队：原叫长乐村 2 社，后改为八大队 2 队，在水库搬迁后改为花厂村 2 队。2020 年合村后，被称为板桥村 13 组，同年合社后改为板桥村 11 组。该地区还包括无子生沟、花地湾、廉公祠（供奉祖先，由汪百川修葺）。

3 队：原叫长乐村 3 社，后改为八大队 3 队，在水库搬迁后改为花厂村 3 队。2020 年合村后，被称为板桥村 14 组，同年合社后改为板桥村 12 组。马草湾因当地革命草①多而取名；应家湾则因应氏家族的姓氏而得名。

4 队：原名安兴保，后改为糍粑坳。关于糍粑坳的名字有两种说法：一是在坳口处栽有很多刺柏而取名；二是兴隆场未建成之前，坳口处有一卖糍粑的小店，故习称为糍粑坳。20 世纪 60 年代，该地区改为兴无公社，后改为兴隆场乡，是中华人民共和国成立后兴隆公社以及后来的兴隆场乡所在地。后面又称为共同 4 社，后改为八大队 4 队，也曾称呼过新市队，最后在水库搬迁后改为花厂村 4 社。2020 年合村后，被称为板桥村 15 组，同年合社后改为板桥村 13 组。

5 队：原名为共同 5 社，又称白石岗大瓦房，是前清武举刘声扬及刘存厚、刘邦俊的祖宅。后改为八大队 5 队，在水库搬迁后改为花厂村 5 社。2020 年合村后，被称为板桥村 16 组，同年合社后改为板桥村 14 组。

（2）原高厂村

1 社：原是长乐社部分及和平社部分组合而成，后面改为六耕区 1 社，再改为六大队 1 社，然后更名为麻石社，最后改为高厂村 1 社。2020 年合

---

① 编者注：20 世纪 60 年代引进作为猪饲料的一种植物，后演变为具有入侵破坏性的草种。

村后，被称为板桥村6组，同年合社后改为板桥村5组。该地区包括白杨湾、转马儿水库（现称麻石桥水库）、蜂包地（因山坡上有个大蜂包而取名）、黄狗儿湾。

2社：原名叫长乐社，后面改为六耕区2社，再改为六大队2社，然后更名为沙湾社，最后改为高厂村2社。2020年合村后被称为板桥村7组，同年合社后改为板桥村6组。该地区包括沙湾、林家湾（林家姓氏取名）。

3社：原名叫和平社，后改为六耕区3社，再改为六大队3社，然后更名为唐家社，最后改为高厂村3社，2020年合村后被称为板桥村8组，同年与高厂4社合社后也编为板桥村8组。该地区包括唐家湾（唐家姓氏取名）、汪家山（汪家姓氏取名，房屋修在山顶上，后也称高房子）。

4社：原名叫胜利社，后改为六耕区4社，再改为六大队4社，然后更名为寨子社，最后改为高厂村4社。2020年合村后，被称为板桥村9组，同年又与高厂3社合社后，编为板桥村8组。该地区包括唐家湾、陈家湾、林家湾（三个都是根据姓氏取名）、寨子山（一个生产队最高的山，高于周围的山）。寨子山曾叫将军坟，是廖震家族的坟茔。

5社：原名叫胜利社，后改为六耕区5社，再改为六大队5社，然后更名为谢家社，最后改为高厂村5社。2020年合村后，被称为板桥村10组，同年合社后改为板桥村7组。该地区包括谢家大拱桥、夏家房子、谢家大瓦房、十字谷、骆家河堰、双岔河（这两条河位于5社与6社之间）。

6社：原是胜利社部分与联合社部分组成，后改为六耕区6社，再改为六大队6社，然后更名为高石厂社，最后改为高厂村6社。2020年合村后，被称为板桥村11组，同年合社后改为板桥村9组。该地区包括周家湾（后更名为李家湾）、观音堂（古庙）、谢家小湾、道子地、操场坝（以前练武的场所）、龟子山、高石厂。

（3）原板桥村

1社：原名叫互助1队，后改成九耕区1队，再改成五大队1队，最后改成板桥村1社。2020年合村后，被称为板桥村1组，同年合社后改为板桥村1组。阴阳蹁、鸡婆山、鸡公山、郭家坟（郭家祖坟所在地）。

2社：一九四九年前著名塾师苏高吾居住地，原名叫互助2队，后改成九耕区2队，再改成五大队2队，最后改成板桥村2队。2020年合村后叫板桥村2组，同年合社后改为板桥村2组。该地区包括万家沟。

3社：原名叫互助3队，后改成九耕区3队，再改成五大队3队，最后改成板桥村3队。2020年合村后，被称为板桥村3组，同年与板桥村4社合社后改为板桥村3组。该地区包括拦冲堰（堰塘边上有根石柱，上面写有"拦冲堰"而得名）。

4社：原叫互助4队，后改成九耕区4队，再改成五大队4队。2020年合村后，编为板桥村4组，同年与板桥村3社合社后改为板桥村3组。该地区原小地名叫陈木沟。

5社：原叫互助5队，后改成九耕区5队，再改成五大队5队，最后改成板桥村5队。2020年合村后，被称作板桥村5组，同年合社后改为板桥村4组。该地区包括苏家湾、鄢家湾（以姓氏取名）。

3. 村社小地名

（1）原高厂村

麻石桥：又叫一人桥，是简阳市第一座大石桥。传说修建此桥的人准备好材料后，贴出告示，请大家在某个特定的日子到某地看"石头走路"这一奇观。到了那一天，前来看热闹的人络绎不绝。他就给这些看热闹的人发一匹叶子烟，并请这些人帮忙把石头搬运到他要造桥的地方。他利用乌鱼桶（现在通常称为滚桶）的方法修建出这座大石桥。该桥长550厘米，宽142厘米，厚52厘米，板桥两头的桥墩全是麻石砌成的。

（2）原板桥村

阴阳蹁：传说很多年以前，从糍粑坳经过鸡婆山，即使在再黑的夜晚都能看见路。这是因为夏家祠堂后面的山坡上有一块赖巴石，它会发出灵光，使得夜晚如同白昼，让人难以分辨阴阳。

（三）汪家村

1. 村名来历

汪家村因汪家祠堂、刘家祠堂而得名。

2. 村社沿革

汪家村原有9个村民小组。2020年10月，汪家村召开村民代表会议，对本村村民小组进行了优化调整。调整后，村民小组设置为7个，具体调整情况如下：撤销第一村民小组，将第二村民小组合并设立为新的第一村民小组；撤销第四村民小组，将第五村民小组合并设立的新的第三村民小组；原第三村民小组变更为第二村民小组；原第六村民小组变更为第四村民小组；原第七村民小组变更为第五村民小组；原第八村民小组变更为第六村民小组；原第九村民小组变更为第七村民小组。

3. 村社小地名

村内现有磙蹬河，它贯穿汪家村全域。磙蹬河因地处汪家村上半部分而得名，汪家河因地处汪家祠对面而得名。

4. 村社历史故事

汪家平桥、汪家拱桥（通济桥）均因汪家祠堂而得名。汪家平桥现已被冲毁，汪家拱桥则位于汪家村花卉基地附近。

汪家村"五埂子墓群"（见图2-1），位于现汪家村4社，可追溯至清朝，是汪氏家族墓群。2021年10月30日，中共成都东部新区工作委员会和成都东部新区管理委员会在墓群附近设立了保护标志牌。

图 2-1 五埂子墓群指示牌

（图由汪家村委提供）

（四）国兴村

1. 村社概况

国兴村原为兴隆场乡五大队，1973 年因三岔场镇迁建至该村的太医沟，遂划归三岔镇管辖。该村位于三岔街道以南 1 千米处，东与板桥村相接，南与万福村相邻，西与三岔街社区接壤，北与清水堰村相连。国兴村地形以丘陵为主，辖区村民多以养殖业为主。国兴村辖区面积 0.7 平方千米；2002 年以前共有 7 个村民小组，2002 年四、五组划归长兴街社区，六组划归三岔街社区，现有 4 个村民小组；户籍户数 404 户，户籍人口 1 325 人，常住人口约为 1 775 人。

截至 2023 年年底，国兴村有党支部 1 个，党员 48 人，入党积极分子 1 人。其中，大专及以上学历 23 人，高中学历 7 人，初中学历 14 人，小学学历 4 人；男性党员 32 人，女性党员 16 人；60 岁及以上党员 12 人，60 岁以下 36 人；在家党员 38 人，外出党员 10 人。

截至 2023 年年底，国兴村有持证残疾人 35 人，其中重度残疾人 16

人。现无最低生活保障人员，特困人员 3 人（1 位集中供养，2 位散居）。全村 80 岁以上高龄老人 11 人，90 岁以上高龄老人 3 人，所有高龄老人均享受高龄补贴。

2. 村社沿革

国兴村已完成第 1、7 组的整组自愿搬迁，搬迁率达 95% 以上，剩余的第 2、3 组，其入户路硬化率达到 95% 以上，并且这些路段都安装了太阳能路灯。

1975 年，三岔场镇搬迁，原兴隆公社五大队被划归三岔建国公社管辖，并更名为国兴大队，1991 年，国兴大队改为国兴村。

3. 村社小地名

①国兴村一组地名：

林家湾、邱家湾、陶家沟、马家山、上庙儿、下庙儿、毛狗洞、圆山顶、狮子嘴、杀人坳。

其中，圆山顶因山顶呈圆形而得名。狮子嘴因山形酷似狮子的嘴巴而得名。杀人坳为古时候执行刑罚的场所，故有此名。

②国兴村二组地名：

罗家湾、陶家沟。

③国兴村三组地名：

瓢匠沟。相传在湖广填四川时，一位制作瓜瓢的瓢匠用瓜瓢换取了一沟的田地，因此得名瓢匠沟。

棺山顶。相传，那些家境贫寒、未拥有土地之人，以及获罪受刑或身份不明的亡者，其遗体都埋在此处山顶上，故而名为棺山顶。

庙子地。因地边上修了一座庙宇而得名。

④国兴七组地名：

李家沟、阚家湾、碾子山、道子山。

道子山：以前的驯马场，故有此名。

（五）石庄村

1. 村名来历

成都东部新区三岔街道石庄堰村，本名石桩堰村，位于古平泉县、古贵平县、古乾丰古镇、古婆闰县（今三岔镇）的咽喉之地。明正德六年盛夏，河西地区异常干旱，乡民、牲畜无水可饮。简州知州朱佑平巡阅简西时，途经此处，只见土地龟裂，庄稼枯死。唯有赶往乾丰古镇的路旁，草绿树茂。

朱佑平觉得奇怪，于是停下来寻找，耳闻叮咚之音，只见一处清泉于地下喷涌而出，汩汩流淌。弯下腰，掬一口甘醇可口。朱佑平大喜，命下人在此挖掘一口塘堰。堰成，泉涌如注，不久塘堰水满，即使取上百担之水，泉水仍不枯竭。此口塘堰由官府出资修建，成为了简西地区为数不多的官堰（即官府修筑的堰塘）。

为了确保附近村落的民众也能有水饮用，官府在路旁立了一根石桩，并请工匠在石桩上刻上尺度，以限制用水。久而久之，人们将其称为石桩堰。然而，由于石桩与石庄容易混淆，人们以石庄堰取代了石桩堰的名称。石庄堰村也因此得名。20 世纪 80 年代，石庄堰村更名为石庄村。

据说，坚石村的地段有很多坚硬的石头，这些石头可以用来烧石灰，其主要成分为碳酸钙。人们开采这些石头，用来烧石灰，这些石头又被称为石灰石。这些石头都是自然形成的，坚不可摧，由此得名坚石村。2020 年 5 月，体制机制改革后，原石庄村与原坚石村合并，取代了原坚石村的名称，故此保留石庄村的名称。

2. 村社小地名

坚石村有以下较响亮的地名。

原坚石四组：柏杨树，自古以来就很有名气。

松林坡：一百多年前，山坡上生长着大片高大挺拔的松树，因此得名松林坡。

原坚石三组：张家沟，自古以来享有盛名。

麻雀林：坚石五组的一片地段，每天下午，各种树上停歇了很多麻雀，多到连竹子都压弯了。因此，这片区域就改称为麻雀林。

庙子山：相传很多年前，坚石八组的一座山上有一座庙宇，人们常在此烧香拜神，由此得名庙子山。

石庄村有以下较响亮的地名：

毛家湾：石庄村四组一个湾口，由于有一半的人都姓毛，因此根据姓氏改称为毛家湾。

吴家大瓦房：原石庄村一组。据说，经过明末清初战乱后，四川地多人少，于是有"湖广填四川"的说法。吴家的祖先从湖北麻城县孝感乡（今麻城市的西南部）迁来至此，一代代延续，定居在此，形成吴姓的大家族。因此，此地被称为吴家大瓦房。

（六）光荣村

1. 村社概况

光荣村位于三岔场镇以南 2.5 千米处，东与福田街道相连，南与董家埝镇接壤，西与万福村相邻，北与石庄村相接，地处丘陵地带。光荣村占地面积 5.0 平方千米，其中耕地面积 5 349.118 亩，林地面积 1 344.59 亩。现有村民小组 11 个，户籍人口 3 824 人，共计 1 061 户。目前，仅光荣村 1 组未拆迁，涉及 78 户，278 人，耕地 302 亩，非耕地 165 亩。该村的农业生产用水主要来源于三岔水库，现有毛渠 3 600 米，山坪塘 9 个，蓄水池 5 口。光荣村已搬迁但未利用土地 3 520.36 亩，其中耕地 2 340.41 亩，非耕地 1 179.95 亩，主产水稻、玉米、红苕等粮食，以及意大利无核血橙、海椒等。20 世纪 70 至 80 年代，光荣村还盛产棉花。八角楼村在 20

世纪 80 年代前隶属于兴隆场公社四大队（原八角楼村），1983 年，政社合一的乡（镇）体制结束，八角楼村和光荣村作为独立的行政村得以成立。

2. 村名来历

八角楼村，该村因古有一座八角楼大瓦房及其周边连片建筑而得名。据乡老代代口传，在明清时期，当地的土著川人在八角楼村二组（现有一处叫"楼湾"的地方）建有一座雕梁画栋的三层高的大瓦房及连片建筑，其建筑风格迥异，楼房共有八只角，名曰"八角楼"，与现有兰竹湾大瓦房、八角楼村二组现在的八角楼大瓦房遥相呼应，统称为八角楼。然而，真正的八角楼在清朝乾隆年间因火灾而毁。现在的八角楼大瓦房是几经翻修后的结果，在 2018 年拆迁之前早已面目全非。

光荣村，该村得名于土地改革时期。当时，一名叫汪先生的地下工作者来到村里学校开展地下工作，迎接共产党进行土地改革。因群众迎接共产党解放的积极性很高，因此村子被命名为"光荣村"。

3. 村社小地名

光荣村五组祠堂，贾氏祠堂由来已久，最早可以追溯至西周初期。宋元之交，四川地区遭遇战争破坏，人口大量流失。元朝建立后，四川人民抵抗元军入侵，又因四川是元军最后攻取之地，人口继续流失。直至明朝建立之初，朝廷定下向四川移民政策，特别是在洪武年间，大量长江中下游移民填川，是后世有名的"湖广填四川"。1369 年，贾氏妙云公，携家眷到四川简阳乾封一带定居，因其三子长期和睦相处，成家分居后每年春分期间都会举行团聚祭祖活动，还规定三姓之间不可通婚，时间一久，三姓子孙发展很多，同样会在春分时举行团聚祭祖[1]。

光荣村五组人头山有一人头石，从前村民在这座山上种庄稼。山上有

---

[1] 以上内容出自简西《贾氏子茂公支谱》。

一块石头，形状似健硕的牛。相传每到夜晚，这块石头便会化身石牛，吃掉附近的庄稼。有一天雨夜，石牛又出来吃庄稼，此时天空电闪雷鸣，突然一道雷电将正在吃庄稼的石牛劈成两半。巨大的响声惊动了村民，雷雨结束后，大家纷纷上山查看。只见两块石头中，有一块石头远看如同人头一般，地上的雨水的痕迹仿佛干涸的血痕，只是不知这"血痕"是来自被劈开的石牛，还是来自那块形似人头的巨石。村民们将此石命名为人头石，并将这座山命名为人头山。历经风化侵蚀，石头表面不再光滑，已不易看出人头的形态，但远看仍像一公一母两只牛卧在那里，仿佛在诉说着自己曾为石牛的故事。

光荣村五组贾家嘴（位于贾氏祠堂周边）。相传 600 余年前，贾家嘴还被称为妖魔嘴，周边百姓都敬而远之，不愿在此劳作和居住。后来，贾氏族人路过此地，被"妖魔嘴"名字吸引，前去探查，发现这里山清水秀，土地平旷，四处都有肥沃的土地，是宜居之所。回家经过思考和讨论后，贾氏族人决定举家搬迁至此，为讨个好兆头，便将"妖魔嘴"改为"贾家嘴"。

八角楼村五组儒林寺。据传，古时候有个穷秀才，落难以后四处游荡，到儒林山上觉得此处适宜居住，便决定在此处安家。数年后的一个夜晚，穷秀才在梦中遇到一位高人。高人为他指点迷津，鼓励他参加科举考试。穷秀才听从高人的建议，最终一举中第。为感谢高人的指点，他回到儒林山修建寺庙，并起名"儒林寺"。

1963 年，随着国家经济得到恢复，各地开始大举兴办小学，八角楼村在儒林寺开始第一次招生。该村 6 社的汪茂荣先生为首任教师和负责人。随后又扩大教师队伍、扩大学校，使入学的农民子女能够接受教育。该学校从 1963 年秋季兴办学校至 2005 年，因生源减少而停办，共存在了43 年。

43 年间，这所不起眼的农村小学，走出了汪在聪等科学家，吴庆明等医学专家，还有一批保卫家园的军人和在县、区、乡党政部门任职的干部。

1958 年，为灌溉需要，在名叫蜂子嘴的山嘴处筑坝修建小 I 型水库，后又取名儒林寺水库。然而，三岔水库建成，儒林寺水库的灌溉功能有所削弱。

1995 年前后，汪家村村民刘栋修、陈翠平等人在原址恢复修建儒林寺庙宇。2022 年，因新区建设需要，三岔街道需修建安置房，儒林寺的庙内设施整体搬迁到现在的万福村上明寺。

八角楼村各组原名及特色如下：

一组原名楼湾社，这里曾是八角楼古建筑所在地，该组还包括麻秆冲，五马堰，毛家堰，蓝竹湾等有名地名。

二组原名八角楼 2 社，得名于这里的八角楼大瓦房。

三组原名张望雨，据传有一张姓老人在干旱年景占卦求雨，一求即灵，因而得名。

四组原名干沟堰，这里原来多年缺水，后为灌溉挖了堰塘，取名干沟堰。

五组除临近儒林寺以外，还包括郑家湾、新房子湾、松林山等地名。

六组原名耳堰社，得名于生产队的一个堰塘，其形状像燕子的翅膀。

七组原名贾斗社，得名于山上一块形似斗的石头。这里曾是湖广填四川时贾氏家族入川始祖的落户地，该组还有一个小地名叫做太阳湾。

八组原名翻水坳，得名于这里的一分水岭，一边水流向唐房沟，一边流向贾斗。附近有一地名叫道子地。

泉水沟，位于现在三岔消防站外环湖路位置。这里的泉眼常年不缺水，满足了光荣村村民用水，因此得名。

干堰塘，位于现在七中外环湖路外。原来有一个堰塘，常年漏水，无法满足灌溉，取名干堰塘。

4. 村社历史人物

刘承汉（1920—1996 年），生于八角楼村 4 组干沟堰（现位于八角楼幼儿园后）。1935 年就读中央军校，1937 年从中央军校毕业，毕业后到国民党部队。1941 年抗日战争时期，21 岁的刘承汉任职团长。1943 年，他参加美、英、中三国开罗会议后，被提为师长。1949 年 12 月，刘承汉飞往台北。1989 年、1991 年和 1993 年，刘承汉曾回到故乡八角楼村四组。1996 年，在中国台湾去世。

周青廷（1898—1979 年），名俊峰，原籍简阳县三岔乡，民国 37 年在成都县安靖乡（现属郫都区）方家桥购置田地 20 余亩，遂于该地落籍。1898 年，出生在四川省简阳三岔街道光荣村一组。周青廷幼时家贫，民国 2 年到成都皇城坝一家肥肠粉店当学徒，后跑山区做茶叶小贩。民国 5 年，投川军刘存厚部当兵后，转川军刘湘部，先后任班、排、连、营、团长等职。民国 26 年后，转六十七军一六一师、一六二师担任团长，后升副师长。民国 37 年，任四十四军三九四师少将师长。临解放时，四十四军长廖震因脑溢血去世，周青廷代理军长职务。

（七）万福村

1. 村名来历

该村地处古婆闰县域乾封镇范围内，曾有乾封庙、岐山寺等古迹，并出现过古代唐太史令、天文学家李淳风，宋宁宗时期状元许奕等历史名人。明末清初，陈氏家族从湖北麻城县孝感乡陈家扁移民至眉山市丹棱县，后在清朝时期再迁入眉山三苏祠。该家族子女分支众多，其中一支在华阳，一支在白沙，还有一支在太平桃源村。桃源村子女分支中，有三人迁入三岔镇汪家沟，并购买了整个汪家沟的地产，导致汪家沟的原住民全部迁走。这三人分别是陈金銮、陈金仲、陈金祥。其中，陈金仲有五个儿子，其中一个儿子应试中了武举，朝廷因此在道光十五年赐"尚武荣光"金匾。陈汝权因其子中武举，房前特意立有两根桅杆，后来因此改名为石桅杆乡。1957年成立耕区后，该乡改名为好桅村。

中华人民共和国成立后，本村被设为第8分会。后来，按照要求命名村名，本村隶属于徐坝蹁地区。1958年，成立合作社。1975年3月，简阳三岔水库兴建，形成了移民大搬迁。该搬迁的村民都已迁离，余下的村庄进行了合并，其中清友五社、六社整体纳入万福村，成立万福村五、六、七社。领导希望老百姓都过上好日子，顾名思义取之为万福村。2020年，本村被划入成都市东部新区。同年6月行政区划完善，原万福村与原好桅村合并，保留了万福村的名称。

2. 村社小地名

万福村有以下几个颇具特色的地名：

狮子坟：据传，此地有两座大石头狮子雕像矗立，在周边埋葬有大量亡故之人，故此而得名。

鸡婆湾：据传，因每家每户都划有土地，有些农户与耕作地劳作距离远，想与离自家土地较近的农户交换土地。在当时有限的条件下，农户缺乏交换的物品，于是有人提出以自家的母鸡作为交换条件。因此，该地称之为鸡婆湾。

古井沟：在原好桅村四组地界上，有一片山坳里有许多古井。这些古井在当时为周边所居住的农户提供了生活用水，因此而得名。

3. 村社小地名

小官堰：清朝初期，有一名姓夏的官员，每天在官府最喜欢的活动就是饮酒，而与酒肴相配的永远是麻花。同事对他颇有微词，都认为他只做官、不办事，还时常克扣百姓，贪污钱财。日积月累之下，终于有人把他举报了。随后，该官员的田地财产都被充公。后面流传说，夏姓官员只是个"小官"而已。"小官堰"这个名字便由此而来。

羊子林：在湖广填川时期，有两户因占地而发生争吵、打架。在当时的"村委"多次调解下，双方最终经过协商，决定各自拿出自家的羊进行交换，以达共识，故此而得名。

4. 村社历史人物

2017年，根据成都高新区文化站要求，对辖区内文物保护点位进行全面排查。位于万福村二组的青龙嘴山上，排查发现一座徐应登墓。徐应登，字念之，号惺勿，浙江慈溪马堰村人，明朝官员，于万历二十九年（1601年）考中进士，被授广东增城县知县一职。其历任江西泰和县知县、擢南京湖广道监察御史、都察院右副都御史，诰授通议大夫。在明末清初，农民起义后大移民，史称"湖广填川"，当时有来自五个省的人迁移来三岔坝。后来，徐氏先祖去世后，其墓葬被修建于此。目前，该墓已纳入文物保护范围。

（八）清水堰村

1. 村名来历

清水堰村隶属于成都东部新区三岔街道，地处三岔街道西南部，东邻国兴村、板桥村，南连三岔街社区，西接石河堰村，北与玉成街道接壤。这里占地面积约4.5平方千米，下辖9个村民小组，共有776户家庭，总人口达到了3 725人。村民们在这片土地上勤劳耕耘，共同编织着生活的美好画卷。清水堰村紧邻三岔湖景区，三岔湖以其优美的自然风光和丰富的旅游资源吸引了众多游客前来观光旅游。清水堰村借此大力发展乡村经济，辖区内共有农家乐13个。游客们可以在这里欣赏湖光山色、品尝农家美味，感受大自然的魅力和乡村的宁静。

1975年，和平大队的村民们为千秋大计建三岔水库，搬迁至此地，清水堰村由此诞生。1994 年，桂林村的村民们心怀对国家安宁的深切期望，将村名更改为国宁村。2002 年，为了促进资源的整合和共享，将国宁村一队与清水堰村三队并入三岔街社区。2020 年，为了进一步优化农村生活环境与生活方式，更好地集约土地资源，将国宁村与清水堰村合并。这一次的合并，不仅仅是地理空间上的整合，更是两个村落文化、经济、社会等各个方面的深度融合。

2. 村社沿革

1949 年后，大祥村改名为国宁村，和平大队改名为清水堰村。

1956 年，原国宁村小修建，位于目前国宁四组。

1974 年，国宁村改为桂林村，属于建国公社

1976 年，因修建水库，成立清水堰村。

1979 年，清水堰村修建清水堰小学。

1994 年，桂林村改名为国宁村。

2002 年，国宁村一队与清水堰村三队被划为三岔街社区。

2003 年，国宁村小学由村民捐资、教委拨款进行翻修。

2020 年，国宁村与清水堰村合并，现清水堰村由此诞生。

2021 年，国宁村小学因修建成都体育学院拆除。

3. 村社小地名

清水堰村：原清水堰村附近有一口古井，井水终年不竭、源源不断。井水流至低洼处汇聚，形成一个大堰塘，一年四季水质清澈，甘冽可口，由此得名清水堰。

国宁村：1949 年以前的国宁村，其辖区地形独特，上半部分名为鸭婆嘴，下半部分名为陈桂林沟。1949 年以后，将"鸭婆嘴"与"陈桂林沟"合并的村庄改名为"大祥村"，寓意着大吉大利、祥和安康。1974 年，随着时代的变迁和村庄的发展，大祥村再次更名为"桂林村"。1994 年，为

了寄托村民对国家长治久安、人民安居乐业的深切期望，将"桂林村"更名为"国宁村"。

团山埂上渔码头：始建于 1999 年，繁忙时每天要从码头上卸下 5 万多千克重的鱼，对解决当地青壮年就业起到了重要作用。该码头位于现清水堰五组。

红房子：始建于 1986 年，由村民魏国军出资修建。因建筑房顶为红色，故被大家称为"红房子"，于 2021 年拆迁拆除，原址位于清水堰村五组。

彭家桥：相传为彭姓人所建，故名彭家桥。现位于清水堰八组。

旧营山：相传张献忠在此地造成了大量的人员伤亡。现位于清水堰八组。

朱家湾：因朱姓人口众多而得名。位于原国宁村三组，现归属清水堰九组。

卓家湾：因卓姓人口众多而得名。位于现清水堰六组。

黄荆湾：因当地黄荆（一种灌木）茂盛而得名。位于原国宁村二组，现归属清水堰三组。

（九）石河堰村

1. 村名来历

石河堰村于 2020 年与毛家祠村合并后，沿用"石河堰村"的名称。石河堰村因原绛溪河上有条石头筑成的河，故取名为石河堰村。毛家祠村因原毛家祠堂非常出名，故而取名毛家祠村。现石河堰村合村并组后有 10 个组。

2. 村社沿革

石河堰村的历史可以追溯到 1949 年后的建国公社人民大队时期，后来改名为人民村。在 1975 年以前，人民村有 5 个组，但由于修水库淹没 2 个组，只剩 3 个组。1980 年，1 组划分为 4 个组，2 组划分为 3 个组，同年改建制由人民村改为石河堰村，共有 8 个组。毛家祠村在 20 世纪 50 年代叫仁爱村，80 年代改名为永安村。到了 90 年代，因毛家祠堂非常出名，改名为毛家祠村，此时共有 6 个组。

3. 村社小地名

石河堰：一社，硅房；二社，撬起佬；三社，铁匠儿湾、夜合湾；四社，应官坝；五、六、七社统称为石河堰；七社，天珠湾；八社，付家小湾、黄家大湾。

毛家祠：一社，毛家祠、毛家沟、高墙；二社，毛家小湾、苏家湾、斑鸠山、牛角山；三社，梨儿园湾、石河堰；四社，石马儿湾；五社，柏林嘴、三道堰；六社，买田沟、付家嘴。

4. 村社历史故事

石河堰村原来有座庙宇叫双龙寺，它坐落于现今的二绕收费站附近，紧邻双龙寺大桥左侧。昔日热闹非凡，人们常言"上丹景，下双龙"，足见其名声之盛。后因年久失修，这座古老的庙宇便倒塌了。

（十）三岔街社区

1. 村名来历

三岔街社区始建于 20 世纪 70 年代，当时是三岔场镇的一个纯居民社区。因修建三岔水库，老三岔场镇迁到现在的地方，并在老简三路旁新建了一条街。这条街东头修建了三岔区公所（即三岔区政府），且沿街新建的几乎是三岔区级单位。新三岔场镇是由老三岔场镇迁建而得名，并成为集商业与行政于一体的主要街道，后来这条街被命名为三岔街，社区也因此得名为三岔街社区。

随着三岔小集镇的建设发展，场镇的人口和面积快速增长。为缓解社区工作压力，更好地服务居民，经相关部门批准，三岔街社区按地理条件被拆分为三个居委会，即三岔街居委会、长兴街居委会和湖滨路居委会。2001 至 2004 年，将长兴街和湖滨路两个居委会又合并为一个居委会，建一个党支部即三岔街社区党支部，同时保留了三岔街居委会和长兴街居委会两个建置。2002 年，国宁一小组、清水三小组、国兴四小组、国兴五小组、国兴六小组（这些小组已于 1997 年全征全转），其行政管辖权脱离原行政村，纳入三岔街社区管辖范围。

2004 年，经民政部门批准，将三岔街居委会和长兴街居委会再次合并为一个居委会，选举成立了三岔街社区居民委员会。

2010 年，随着三岔场镇建设迅猛发展，场镇人口和面积增长快，经简阳市民政局批准，决定再增加一个居委会。因此，三岔街社区居委会拆分为两个居委会，即三岔街社区居民委员会和长兴街社区居民委员会。

三岔街社区东邻国兴村，南接长兴街社区，西与清水堰村和三岔湖畔接壤，北与国宁花园社区相连。其管辖范围涵盖场镇的主要街道，包括三岔街、三岔横街、国兴街、建国街、国宁街、湖滨路、湖滨横街、湖滨西街、合三街、望湖北街等，以及国宁一小组、清水三小组、国兴六小组这三个全征全转农转非的小组。社区内建有居民小组 5 个，分别是国宁一小组、清水三小组、国兴六小组、三岔街小组、湖滨路小组。目前，社区有居民 4 千余户、常住人口 1.4 万人。社区党委下设 8 个网格党支部，有党员 158 人。

（十一）长兴街社区

1. 社区名来历

三岔街道长兴街社区由长兴街街名演变而来，于 2011 年 3 月经简阳市民政局批准设立。

2. 村社小地名

（1）原国兴村四组地名

2002 年 12 月，因场镇建设需要，原国兴四组转为居民区。因地理位置靠近三岔湖，特命名为望湖南街。因该区域原为四组，所以命名为"望湖南街4号"。以下是对小地名由来的说明：

火闪灵庙、汪家湾；

万家沟：因姓万的人较多而得名；

徐家沟：因姓徐的人较多而得名；

半边山：得名于一个与"半边山"相关的故事；

天鹅山庄：因附近有天鹅山及其故事而得名；

官斗山：因山形像斗，取名官斗山。

（2）国兴村五组地名

2002年12月，因场镇建设需要，国兴五组转为居民区，因地理位置靠近长兴街，特命名为长兴街。因该区域原为五组，所以命名为"长兴街5号"。

以下是对地名由来的说明：

燕儿湾：因该地常有大量燕子来筑巢，故取名为燕儿湾；

古井湾：此地有一口古井，水源清澈甘冽，附近十多户人都前来取水，故取名古井湾；

尖山坡：因山形像很尖，故取名尖山坡；

太医沟：因当时有个太医长期住在此地行医，故取名为太医沟。

（3）兴隆小组地名

糍粑坳：从前，兴隆场顺路街有一处卖糍粑的店铺，特取名糍粑坳；

长兴街：原名太医沟，后因街道形成后特别长，命名为长兴街，寓意街道居民长长久久，兴旺发达；

交通路：此地交通便利，畅通无阻，命名交通路；

长顺小组：2006年，长顺小区被开发，因此该小区所在小组也被命名"长顺小组"。

第二节 忆说三岔古镇

淹没在三岔湖心的三岔古镇，坐落在龙泉山麓，依傍着四面丘山的绛水之滨。古镇集市呈"T"形布局，主街由南往北，紧靠卧牛山和青龙山。南端的卧牛山好似一头平视前方的卧牛，山上两棵需数人合围的黄桷树，宛如长在牛头上的两只角。树旁两块半掩半露的大圆石，则好似牛的眼睛。山前，一条石板路直通原乾封镇婆闰县，从油坊坝到肖家坝路段，因年年修却年年受损，被传为是牛鼻绳的象征，所以要年年换。卧牛山顶是玉皇楼，楼上有一副对联："玉皇楼上天尊位，善信人间意敬诚。"楼前一个坝子是生猪市和猪草市。卧牛山腰处是龙王庙。这座庙宇是用修永济桥（高拱桥）的余款所建。庙门的对联是："峰高祀海底龙王，庙貌新辉山头盖起水晶店；功成赖乡中父老，溪流阻隔时日同修永济桥。"龙王庙前是鸡市和蛋市。市的左下侧是江西馆，又名万寿宫，1949 年后是铁器社所在地。江西馆的后山顶部，在 1949 年后则改建为棉花采购站和煤炭供应站。

北端的青龙山与卧牛山之间以一坳相连。山上有三人合围的黄桷树，树冠遮阴近亩。树下是雀鸟市、鸽子市。山脚下有一方井，井深不过 2 米，井口呈 2 米的方形。三股清泉从岩石中流出，水质甘冽，清澈见底，供三岔镇一半以上居民使用。鸟市往北是一个坝子，即真武宫后山，曾是表演马戏、卖红薯、棉籽的地方。解放初期，这个坝子被改建成了粮食仓库。坝子的上部是官山，也即地方公墓。青龙山就是现在的 9 号岛。三岔古镇就在这卧牛山、青龙山的西侧，绛水东岸的一片小小的冲积平原之上。

三岔古镇起源于"四方碑"。四方碑矗立于三岔正街的中部。在"T"字形的三岔口的核心位置。四方碑始建于北宋初年，彼时三岔还没有形成街市。由于这里是三岔路口，交通要道，常有挑夫贩侣在此歇脚，逐渐有人摆摊设店。为方便行人歇息，好善布施之士化缘在此建一土地庙，高一丈二尺，名曰高土地。土地庙门上的一副对联是："吾土地也受刀头不论大小；尔街民乎出坏事休问菩萨。"横批是"唬唬厌哽"。这高土地用条石砌成，内装泥土筑一高台，台上还有一根高三丈三尺的灯杆。灯杆顶部晚上点灯，照亮四方，以示保四方清静平安，兼为夜间行人引路之用。就在这高土地旁有一个四方形的石碑。碑上刻有修建高土地的序文和捐资修建高土地者的姓名。石碑旁，栽有两棵黄桷树，遮阴近亩，供人乘凉歇息。四方碑在三岔街未建成前就名闻遐迩。三岔古镇以四方碑为中心向东、南、北扩展，发展成为一个有名的古镇。

四方碑往北延伸，是去成都的大道，街道长三百余米，两边店铺鳞次栉比，包括纸火铺、红锅馆子、染坊、油坊、茶铺、匠铺等。这条街过了土地庙呈"Y"形分布。往北是新街，直通天星桥。沿绛溪河边，有一个地方叫柴市坝，是卖柴火、耍马戏的地方。往东去，则是广东人的会馆"南华宫"。南华宫于民国初年被改造为乡立小学。经扩建，到解放初有两幢教学楼。南北教学楼之间为一空旷的场地，是学生集合听训的地方。坝子中间偏东南角有一棵黄桷树，数人合围，遮阴亩余。南楼以南为一大操场，设有篮球场、排球场、单双杠、木马、沙坑、跑道等等。这个操场可容数千人集会。中华人民共和国成立初期，这里曾举办过庆祝"五一"劳动节、"十一"国庆节等大型活动。正中位置有一个小礼堂，其中的小戏台原本是广东会馆供神的地方，是会馆的主建筑，即南华宫的正殿。这里有副对联是："庾岭迁移填锦水，蜀土常自念澶溪。"南华宫后山威武雄伟，形如雄狮坐视，乡人取名狮子山。

紧靠南华宫西北是"廖公馆"。廖公馆是国民党军长廖震之侄廖仲霖的私宅，取名为"构云山庄"，中西式建筑，一楼一底古色古香。庄前有一池塘，专供养鱼垂钓。庄周古柏森森，用刺笆圈定。正西方向建一门，取名"延爽"，立于水边，别有一番景致。廖公馆为一进四合院。入正门一联曰："不向南华借香火；欲倾东海洗乾坤。"解放以后，廖公馆被收为国有，成为三岔区办公地点。此后，这里还一度成为简阳县六初中、建国公社民办中学的校址。

四方碑往东，叫横街（见图 2-2）。街面住户众多，1949 年前，整条街都是以售卖盐巴为生的，叫盐巴市。横街长约百米，尽头有一坎，拾级而上十余级台阶就是有名的中药铺"余庆宫"。这家药铺由当时的四川督军刘存厚三弟刘存深所开。继续前行，再过十余间铺面，再上十余台阶，便来到了小肉市。继续走约 80 米，就是文武宫（见图 2-3）。文武宫属于汪氏会馆。前有山门，内有戏台，戏台顶阁楼上供一尊魁星神像。戏台有副对联："庙堂中列神像几尊乃文乃武，戏台上与世情一样有假有真。"戏台前是一个大坝，可供数千人看戏。过了大坝，便是正殿，供有观音、灵官菩萨。中间这个大坝是三岔地区的粮食、棉花、棉纱、花生、油菜籽等农产品的集散地。1949 年以前，三岔坝会在日期中每逢一、四、七的日子赶场（赶集）。每逢赶场日来临，上市的粮、棉、油都在万斤①以上。文武宫在 1949 年以后是国家粮食仓库、打米厂、榨油厂。文武宫外面一条街全是卖小食的摊位，油条、麻花、汤锅、烧腊、牙饭、黄糕、油坨坨、粉蒸肉……应有尽有。这条街的尽头是东栅子门。出门右侧有一塔，当地人叫"字库"，共七层，高二十余米。塔的旁边则是汪氏宗祠。

---

① 1 斤等于 0.5 千克。

图 2-2　横街　　　　　　　　　　　　图 2-3　文武宫

　　四方碑往南是三岔主街，全长七百余米。为了叙述方便，现将靠山的街房称上街，邻水的街房称下街。上街的主要建筑有松风楼。这座楼一楼一底，建筑在高地上，形似碉楼、小青瓦、粉壁墙，屹立在青龙山下，与其他矮小的街房相比，如鹤立鸡群，遥远可见。紧靠松风楼的是贵州馆。在 1949 年以后，这一楼一馆都成了供销社的办公地点和副食品门市部。

　　这上街的胡（伯奎）公馆、陶（云翔）公馆，算是这条街上最好的建筑了。胡伯奎曾任团长，陶云翔曾任县令。这两所公馆均修建于 20 世纪 30 年代，采用砖木结构，一底一楼，中西合式，美观大方，既窗明几净，又典雅清幽。转阁回廊，书斋绣室，布置停当。庭间曲径通幽，院内奇花异木，伴有假山喷泉，古木参天，给人以赏心悦目之感。1949 年以后，它们被辟为初中教室和建国公社办公地。胡公馆南侧是青莲阁，青莲阁后堂是李氏宗祠。入门一副楹联："谪仙宗派青莲阁学士高居太白楼。"正堂内则是集茶馆与休闲之所于一体的地方。这里，有人以博弈为乐的，或推牌九、或玩十点半的，亦有热衷于逗十四、花牌者，更有围坐搓麻将的，应有尽有，算得上三岔镇的"娱乐汇聚地"。尚友殿茶房（见图 2-4）隔青莲阁不远，是 1949 年以前三岔镇最大的茶馆和旅店。三岔镇袍哥码头就设在店里，乡政人员、袍哥大爷常在此喝茶。尚友殿茶房旁，有一小巷叫海椒市巷。该巷西接大街，东达三岔坝最大的当铺"五福当"。巷内住穷家小户，开设了几家烟馆，也有几家弹棉花店。

图2-4　尚友殿茶房

尚友殿茶房往南数十米便是真武宫（见图2-5），又称湖广馆。此馆由明清时期由楚入川的贵、吴、周、孙等八姓人共同修建。大门上的一副对联可见其入蜀之艰辛，入蜀后思乡之苦，联曰："入川皆洪武二年，溯瞿塘滟滪，过几重云雨巫峰，落落乡亲，何幸同登天府上；思旧念家山万里，望汉水湘江，做一场婆娑青梦，依依故国，不堪回首月明中。"

图2-5　真武宫

入山门是一大戏台（见图2-6），解放前后唱戏、放电影都在这里。戏台前的一个坝子用石板镶就，可纳上千人。由于真武宫地处三岔主街正中位置，所以每逢赶场的日子特别热闹。戏楼下面是卖枯子（一种农业副产品）的油枯市。坝子内是测字、算命、看像、问神等摊位，人称"扯谎婆"场坝。每年三月中旬，三岔坝赶会（物资交流会），八大帮就在这个坝子内交易。正对戏台，经过坝子，上二十多级石阶，便来到了真武宫正殿。这个殿是长方形的四合院。正殿供真武祖师，左右立龟蛇二将，供张飞、关羽、周仓、关平。右殿供八业之祖：轩辕（裁缝）、伏羲（农业）、神农（医药）、嫘祖（蚕桑）、蔡伦（纸笔）、玄女（纺织）、詹厨（饮食）、财神（金融）。民国初年至解放，这里曾是三岔乡公所的办公地点，设有粮食仓库、拘押室。常驻有乡丁、文书数人。1949 年后，该建筑全部归粮食部门使用。

图 2-6　真武宫戏台

在上街还值得一书的是女学堂。民国初年，随着封建制度的动摇，男女平等逐渐兴起，倡导女子入学。在此前景下，三岔办了一个女学堂，专收女子入学。后来男女兼收。几年后，女学堂并入南华宫，乡绅们在这里办起了一所私立中学，叫"用舒中学"。这是三岔地区最早的一所中学，培养和造就了一批人才。后因经费困难停办。1949 年以后利用校舍开办了"幼稚园"。每年招收幼儿二至三个班，算是简阳较大的幼儿园之一。幼儿园往南，过姜市巷子是廖公馆。这座公馆建于 20 世纪 30 年代初，砖木结构，一楼一底，小巧玲珑，别具一格。1949 年以前廖震之兄廖国华在此设藏书楼，藏书上万册，同时在此办私学（廖震曾就读于此），为当时三岔私学之冠。中华人民共和国成立后，廖公馆收归国有，曾是银行营业所、医院诊所和建国乡办公地。

现在说说下街。四方碑往南百多米叫中栅子。这中栅子有一景名为三步两洞桥。为了排泄上街污水，这里有下水道，并在其上用癞巴石搭建了两洞桥。桥短小，三步可以走完，因此得名。桥旁过去有道栅子门，叫中栅子。栅子门的旁边有一土地庙，庙上的一副对联，颇有哲理性。联云："生易，守易何容易；进难，出难总是难。"下街与胡公馆一街相隔，有一座晚清时期的高大建筑，是汪履安的寓所。这建筑是木质穿斗结构，小青瓦屋面，高大雄伟，比普通楼房高出一丈多，且无砖无土，整个墙体用上等松柏木料穿斗而成。解放初期，这里是三岔镇政府办公地。当时，大多数乡镇没有公路和电话。为了预报火警、紧急救灾，镇政府在房顶上再建一楼，十多平方米，叫望火楼。楼上挂钟、鼓各一口，昼夜派人看守、瞭望，方圆数十里内出现火灾都可看见。看守人员发现火警即敲钟击鼓，并用红旗指示火灾方位。消防队员、乡村居民闻声而动，拿起灭火工具，奔赴火灾现场，实施灭火行动。20 世纪 50 年代三岔镇的义务消防队，参与救火 40 余次，为国家和人民挽救经济损失数十万元，立下功劳，受到省、地、县公安部门的表扬和奖励。

下街设有一个大型的综合合作商店，这个商店有茶、旅店，有饭馆，经营副食、小百货。其从业人员众多，固定资产雄厚，为 20 世纪 50 年代简阳县乡镇级合作企业之冠。下街还有畜牧站、工商所、医院、工商联等。正街南端的栅子门叫南门，是通往仁寿、威远、荣县、资阳等地的要道，也是三岔煤盐的入口处。门上的对联足以说明："调味盐自仁寿县；燃烧煤来马家溪。"出南门数十米有一个大坝子叫油房坝，20 世纪 50 年代简三路修通，叫车站坝子，是简三路的终端。20 世纪 60 年代辟为农贸市场，直至水库淹没。

沿三岔正街西侧的绛溪河，由南往北流淌。这条溪沟发源于仁寿牛角寨，经过弯弯曲曲二十多千米的流程，来到了三岔古镇。一到三岔古镇便有拱桥锁其上。这座桥始建于清咸丰年间，名永济桥。该桥拱顶高，自建成以来洪水从未漫过桥，当地人称高拱桥。在高拱桥的下游二百多米处有一座平桥叫上平桥。上平桥下走三百多米是下平桥。这三座桥的东头都是三岔镇的街市，为绛溪河、三岔镇平添了不少景色。沿河的下街都是从溪边砌石垒墙而成。古联云："茶楼立江畔，试看绛溪一段，上平桥下平桥，高高拱桥；旅邸傍山偎，遥指驿递三岔，南大路北大路，远远东路。"这副对联恰到好处地说明了三岔镇的位置在绛水之滨，青龙山侧，同时又是南北东西的交叉路口。

三岔古镇布局规整，拥有四街：正街、新街、横街、文武宫街。七巷：石灰市巷、海椒市巷、姜市巷、水市巷、牛市巷、上平桥巷、下平桥巷。三宫：文武宫、真武宫、南华宫。五馆：江西馆、贵州馆、陕西馆、廖公馆、陶公馆。十六市：柴火市、粮棉油市、盐巴市、石灰市、银元市、海椒市、红苕市、棉籽市、雀鸟鸽子市、猪市、鸡市、蛋市、牛市、肉市、篾货市、猪草市。市场繁荣，赶场人数众多。街坊鳞次栉比，错落有致，使得三岔古镇成为简阳西部重要城镇，是龙泉山有名的东山五场之一。

三岔古镇各街口均设有门坊，其门体采用粗大厚实的硬杂木制作，外覆铁皮并以大铁钉加固，此类门俗称"栅子门"。栅子门实行定时启闭制度：每日三更（凌晨1-3时）闭门，五更（凌晨3-5时）开门。门禁期间，除住户后门可正常通行外，街巷其余出入口一律封闭。严格的门禁管理有效防范了盗贼侵扰，古镇治安状况良好。下平桥入口处的门坊上镌刻有"小西门"三字；东门名曰正阳门；其余各门皆以"栅子门"统称，如上平桥栅子门等。

三岔古镇周边还分布着四大山坳：一是古镇东侧的仙人坳，位于今清水村3组。二是古镇西侧的沙石坳，地处三岔老拱桥附近的山坳地带。三是古镇南侧的黄泥坳，位于今万福村。四是古镇北侧的鸡市坳，位于今丹景街道烂泥村。

附：图说三岔古镇（图 2-7）

和平上街街房　　　　　　茶房

茶房　　　　　和平中街铁器房

穿斗结构图　　　　和平中街街房

和平中街街房　　　　　水湿巷

图 2-7　三岔古镇旧影

（以上图片由刘承鑫提供）

第三节　三岔自然面貌

一、位置

三岔镇（现三岔街道）位于龙泉山脉东面，距成都市 46 千米，地处简阳市区西部，东与草池街道、福田街道连接，南与董家埂镇为邻，西与丹景街道山水相依，北与玉成街道接壤，地跨北纬 30°12′ 至 30°20′，东经 104°8′30″ 至 104°12′20″。街道办驻地位于三岔场镇与八角社区之间，坐标为北纬 30°18′，东经 104°10′。三岔场镇系 1975 年修建三岔水库时，从库区内迁出新建，而原址已淹没于水库之中。三岔街道交通十分便利，有地铁 18 号线、19 号线直达三岔街道板桥村，有双简路直达华阳，有成都第二绕城高速和成自泸高铁穿境而过，有天府机场距场镇仅 10 千米。有石三路直通成渝高速公路；经石三路 20 千米直通老成渝路；石人路经华阳 55 千米直达成都；简三路 32 千米直达简阳。在三岔街道境内，绛溪三线、绛溪四线、林栖大道等高等级公路，交织成网，布满全境。

二、面积

三岔镇现三岔街道，辖区面积 62 平方千米。因建成都东部新区未来空港新城，截至 2024 年元月，耕地面积尚有 4 000 多亩。其余面积多数为租而未用。

三、地貌

三岔地区地势西高东低，由西南向东北倾斜。西部龙泉山脉为过渡型箱状背斜岭，条带浅切割连续山脊地形，呈东北—西南向，是川西与川中的天然屏障。境内丹景山峰海拔高 960 米，谷底海拔高 500 米（丹景公社所在地），相对高差在 150 至 460 米之间。背斜两侧受地质构造及岩性影响，地势陡险，沟谷多"V"形，两侧伴有崩塌及小型表层滑坡等物理地质现象。轴部见平顶山及大块单面山，其余为小块单面山，格状水系发育。山脉由紫色岩构成，紫色土母质占 96%，其余为黄壤及紫色冲积物，属中丘，面积 36 平方千米。有一定地下水。背斜东翼与丘陵接壤，岩层倾角在 10 至 30 度之间。大气降水随构造裂隙和风化裂隙渗入地下，由轴部流向翼部，经裂隙导水汇集在砂岩中，汇集形成泉水露头，但循环交替强烈，其动态受降水影响。

山前圆顶中丘为低山向浅丘过渡地带，岩层水平，局部见微型背斜。这种地形特征是由白垩系城墙岩群地层侵蚀剥蚀形成。沟谷狭窄弯曲，坡地陡峻，坡大沟小、土壤贫瘠，农田多受冷浸影响。腹地属浅切割台坎状浅丘带坝地形，地形开阔，切割深 20~30 米，有 1~2 级宽平台阶，沟谷阔 150~200 米，谷坡平缓，曲折迂回，分支众多。地层主要为侏罗系遂宁组及沙溪组砂泥岩。

四、地质

在地层分区上，简阳市属于四川盆地分区的南充小区。三岔地区位于简阳市西部，地处龙泉山东南翼及其山前地带。地质构造属龙泉山大断裂与华蓥山大断裂之间的川中台凸部位。次级构造单元为贾家场向斜和威远旋卷构造波及区。出露地层为白垩纪下统城墙岩群和侏罗纪上统蓬莱镇砂泥岩互层，以及中统遂宁组厚泥岩和沙溪庙组砂泥岩。这些地层的褶皱平缓，倾斜角度为 2~5 度。由于来自西北部的横压力影响，该地区多发育扭压性断裂，其中包括三岔断裂和久隆断裂。

由于地层较新，河流切割浅，岩层松散且易受剥蚀，外营力突出地表，致坡地剥蚀强烈，而沟谷侵蚀较弱。这种地质条件形成了沟坡低矮、谷地宽平的特点。

白垩系下统城墙岩群，在地质上相当于剑门关组及剑门组，广泛分布于简阳、三台、盐亭、阆中一线以西地区。岩性主要为浅黄、浅灰色钙质砂岩，夹有紫色含砂质砂岩、粉砂岩及砾石。在盐亭、间中一带，该岩层厚达814米。向南向东均浅薄，三岔境内沿长河、回龙、兴隆、至龙云寺一线以西皆属本组岩层，但较薄，至仁寿境内缺失。岩质由北向南砂岩变红，钙质减少。砾岩中灰岩砾石逐渐为石英岩所代替，与下伏侏罗系蓬莱镇组呈假整合接触。

侏罗系上统蓬来镇组，在南充小区西北部连分部，为一套河湖相灰紫色砂岩及棕紫色泥岩，在纵向上有两个不完整的旋回。上旋回的下部以长石砂岩为主，上部为钙质砂岩与泥岩互层，中部夹两层灰岩。下旋回中，砂岩占比例较小，粒细，多为细致粉砂，钙质含量少为棕紫色泥质砂岩、泥质粉砂岩与泥岩等厚互层，其底层以一紫灰色长石砂岩整合覆于遂宁组之上。横向上，由东而西，由北往南砂岩减少，粒度变细，单层厚度减薄，泥质岩颜色变暗。冲刷现象，虫蛀、干裂、波状层理等浅水标志减少，页岩、灰岩层数向西增多、增厚，动物化石向西增多，本组底部时夹钢砂岩。三岔境内沿长河、回龙、兴隆一线以东皆属此组岩层。

侏罗系中统遂宁组，为棕红色砂质泥岩夹石英粉砂岩，底部为砖红色石英砂岩。泥岩中普遍含钙质，且含脉状石膏或斑点，粉砂岩成分单一，含长石少，水平及微细斜层理发育，泥岩偶含介形类。三岔境内只丹景公社（现丹景街道）一部分属于此组。

侏罗系沙溪庙组，为河流相紫红色泥岩、砂质泥岩与灰绿色砂岩，东北部较厚，逐步向西南减薄，砂岩夹岩减少。三岔境内，丹景山轴部属于此组岩层。

五、河流

（一）绛溪河

绛溪河是沱江西干流，流域总面积 889.925 平方千米。它发源于仁寿县境内龙泉山轴部牛角寨，经高家场、金河场入境，经三岔湖乡，至三岔水库大坝，河底海拔高为 428 米。随后，绛溪河向北至建国，在玉成桥关门石折向东，经兴隆、回龙、草池后，再折向北，经幸福、长河流经区内八个公社，全长约 55 千米，至老君桥入红塔区境，经简城西北注入沱江。

（二）大安溪河

三岔庙儿山经大安溪，因出口处有大安寺而得名。该河发源于兴隆乡羊子林，经儒林寺、汪家桥、天井坝、毛家场、金家坝，至两河口与南来之芦葭桥小溪汇为一流。由古河堰、罗家坝至大安寺入绛溪河，全长约 24 千米。

（三）蔡河

此溪发源于丹景山，至葫芦嘴与帽子顶小溪汇合，经丹景乡、雷打石注入三岔水库（原注入绛溪河放生池处）。

（四）龙云河

此溪原无名，今命名为龙云河，以便记述。该河发源于仁寿三峨山之申午弯，流至龙云寺与观音寺石牛嘴小溪汇合，经古乾封镇故址入三岔境内，呈南北流向，有“倒流三十里”之称。境内长 13 千米许。经原三岔坝至观音桥入绛溪河，今为三岔水库接水面最大的支流之一。

（五）磙磴河

磙磴河位于汪家村，其发源地分别为万福五社黄泥坳和万福二社两插沟水。该河经万福、光荣、天星堰、儒林寺、汪家村、毛家、草池，在大安桥入绛溪河。全长约 15 千米。沿河建有石拱桥 4 座，石板桥 6 座，筑拦河堤 8 处。河床平均宽 2 米，可供沿途村民提灌和日常生活用水。

（六）板桥河

板桥河，又名麻石桥河，位于板桥村。其发源于上明寺，流经好桅、石庄、国兴、高厂，在谢家拱桥下双叉河口与清水堰插沟水汇合，再经板桥，汇入绛溪河。全长约 10 千米，河床平均宽 3 米。沿河建有石拱桥 4 座，石板桥 3 座。小型提灌设施 4 处。

六、名桥

（一）麻石桥

麻石桥，又称一人桥，被誉为简阳第一桥，位于高厂村一社，横跨板桥河上游。桥板为一块长 550 厘米，宽 142 厘米，厚 52 厘米的整块麻石，重约 10 吨。桥墩高 180 厘米，宽 142 厘米，两侧桥墩的护墩石呈"八"字型排列。桥板、桥墩、护墩石均为癫巴石（麻石）。麻石桥（图 2-8）因此得名。

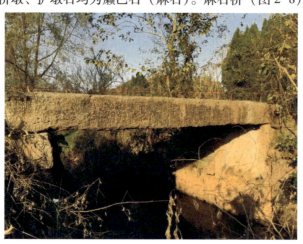

图 2-8　麻石桥

（刘承鑫摄）

相传百年前，一位好做善事的好心人（姓氏不详）在山上把桥板精心打凿好后，在河边安置了桥墩，并铺设了三根枕木，便到四面街坊广而告之：某日某时，诚邀各位莅临此地，共赏"石头走路"的奇观。到了那天，那位石匠备好一捆叶子烟和滚动桥板的树筒及绳索等工具，给每位前来观看的人分发一匹叶子烟，大家随即齐心协力，将桥板滚滑到了预定位置。

时至今日，桥板、桥墩、护墩石依然完好如故。虽然桥板下的枕木不见了，但"一人桥"的传奇故事却久久相传。

（二）三岔老拱桥

三岔老拱桥，原名永济桥（图2-9）。此桥主孔高约9米，跨约50米，宽约6米。桥全长约100米，两端平桥及引桥各约25米，全为条石砌筑而成。古联云："茶楼立江畔，试看绛溪一段，上平桥下平桥，高高拱桥；旅邸傍山偎，遥指驿递三岔，南大路北大路，远远东路。"这副对联恰到好处地说明了三岔镇的位置——它坐落于绛水之滨、青龙山侧，同时又是南北东西的交叉路口。

图2-9　三岔老拱桥

（图由汪一德忆作）

七、三岔古建筑

三岔古建筑包括古婆闰县遗址以及曾经辉煌的三岔古镇，如今已淹没在三岔湖底。

据传，三岔街道原八角楼村一、二村民小组范围内，有一片古建筑群落，最有名的属八角楼。当时建楼初衷是为登高望远，而"望远"的意趣在于远眺八方。同时，建筑八个角也暗含胸怀八方之意。

传统亭台楼阁的格局，更常为四角、四面，颇有局限。而"八"被赋予了太多博大、深远的内涵，"八面威风""才高八斗""马驰八骏"等，这些意象共同孕育了八角楼的建筑形制。

第四节　中国近代史进程中的三岔人

一、清末积极参与"保路运动"

1911 年，清政府试图将已经允许四川商办的"川汉铁路"收归国有，这一举措引发了四川人民的强烈不满与坚决反对。当时，四川人民对帝国主义的侵略怀有深深的忧虑，他们清楚地认识到，帝国主义国家正虎视眈眈地企图通过控制中国的铁路线路来攫取更多利益，进而威胁中国国家安全与稳定。在这样的严峻形势下，四川"保路运动"如熊熊烈火般迅速蔓延开来，它不仅沉重地打击了帝国主义的嚣张气焰，更对清政府的统治根基造成了有力的冲击，为后续辛亥革命的爆发铺就了一条光明的道路。

在这一波澜壮阔的运动浪潮中，三岔坝人展现出了高度的爱国热情和英勇无畏的精神。他们积极响应尹昌衡大都督的号召，迅速行动起来，推选向兴和等二十余名有胆识、有担当的代表，不畏艰险，奔赴省城参加同志会，全身心地投入到"保路运动"之中。这些三岔坝的勇士们，凭借着对家乡的热爱、对国家的忠诚，与全省各地的志士仁人携手并肩，共同为捍卫川汉铁路的权益而奔走呼号、奋力抗争。

他们通过各种方式，如组织集会、发表演讲、散发传单等，广泛动员民众参与其中，使保路运动的声势一浪高过一浪。他们的行动，如同投入平静湖面的巨石，在四川大地掀起了巨大的波澜，激发了更多人反抗压迫、争取权利的决心和勇气。

这次声势浩大的反帝爱国运动，其影响远远超出了保路本身。它所汇聚的强大力量，如同汹涌的浪潮，不仅推动了湖北新军在武昌揭竿而起，发动了具有划时代意义的武昌起义，更进一步促使辛亥革命在全国范围内取得了辉煌的胜利，开启了中国政治变革的新纪元，为国家的未来发展奠定了坚实的基础。

二、近代三岔籍旧军人

这里记述的都是中国近代时期，从三岔这个仅 48 平方千米的地域内走出去的一批军人。他们实际上就是史称的"旧军阀"，其中广为流传的是五军、九旅、二十二团以及督办中的部分代表人物。

先说说军阀是怎么来的？

一提到军阀，很多人可能会想当然地认为是民国的专有产物。实则不然，中国历史上一个朝代的终结往往都会出现"军阀"。"军阀"通常都伴随着历史的进程，比如春秋战国时期的五霸七雄、魏晋南北朝时期的十六国、唐末的五代十国、元末明初的朱元璋和陈友谅等，这些都可以称为"军阀"。古往今来，军阀的终极目的只有一个，那便是渴望有朝一日能够"自己说了算"，民国的军阀同样如此。只不过，历史上的军阀通常被称为

"藩镇割据"。

民国军阀的兴起与晚清政府的逐渐衰落密切相关。当晚清政府统治力式微，北洋政府成为名义上的全国主导者。此时正值历史的转折点，各地将领纷纷建立自己的势力范围，表面上对北洋政府虚与委蛇、敷衍应付。细数民国时期的军阀，基本可以分为北洋军阀、西南军阀、西北军阀等 15个主要派系。

西南军阀中，又分为滇系、桂系、粤系、黔系、湘系以及川军。在川军中，核心人物包括刘存厚、熊克武、刘湘、刘文辉、杨森、邓锡侯、潘文华、王陵基等，他们各自起家于四川，形成了不同的军阀势力。值得一提的是，川军并没有组建共同的战线，而是各自为政。

1937 年 7 月 7 日，卢沟桥事变爆发。在这国难当头的危急时刻，一支被戏称为"叫花子部队"的川军，以其简陋的装备和坚韧的意志，义无反顾地走出大后方四川，奔赴抗日前线。在全面抗战的八年时间里，川军转战大江南北，先后投入 300 多万壮丁参战，其中 26 万将士为国捐躯，35万人负伤，谱写了"无川不成军""四川不灭，中国不亡"的铁血传奇。在这支川军中，三岔籍的川军将领有陈书农、汪匣锋、廖震、刘邦俊、周青廷等，他们号称拥有五军九旅二十二团，外加一督办。从这支川军中走出去的将领中，陈书农、汪匣锋、廖震成为了有名的抗日将领。

（一）陈书农：抗日名将与陈毅的忘年之交

陈书农（1893—1973 年），名廷典、鼎勋，字书农，出生于简州三岔鄢家大沟。他是北洋政府陆军中将，与陈毅结成了忘年之交，并在 2005 年荣获"中国人民抗日战争胜利 60 周年纪念章"。

陈书农先后在四川陆军小学、西安第二陆军中学、保定陆军军官学堂第一期学习。毕业后返回四川，在刘存厚部下邓锡侯的部队中历任排长、连长、营长、团长、旅长、师长等职。他曾被任命为将军府将军，并授予陆军中将衔。1932 年，他担任成都市市长。1937 年出川抗日，先后担任 125 师师长、22 集团军副司令。抗战胜利后，他历任 16 兵团副司令兼 47 军军长及郑州绥靖公署副主任、徐州"剿总"。

1948 年中秋前，陈书农以治病为名飞往中国台湾。1949 年，他回成都后又携家眷飞往中国香港居住七年。1956 年，他与陈毅联系后回到上海，不久参加了北京最高国务会议，并见到了毛泽东主席。之后他回到成都，被安排为四川省政协委员和省政府参事室参事。后来他又移居上海，任上海市政协委员，并加入中国国民党革命委员会。1973 年 8 月 3 日，陈书农在上海病逝，享年 81 岁。

2005 年 12 月，中共中央、中央军委、国务院鉴于陈书农在抗日战争中的突出贡献，颁发给其"中国人民抗日战争胜利 60 周年纪念章"，以示奖励。

（二）汪匣锋：抗日勋章获得者与书法爱好者

汪匣锋（1899—1953 年），名尚方，又名铸龙、龙泉，出生于简州三岔汪氏二沟。汪匣锋家庭富裕，自设书馆。他自幼在家庭教师的辅导下攻读古典文学，并雅好书法，笔力遒劲。1919 年，他考入刘存厚（四川督军）在绥定设立的军事学校学习。毕业后，他在刘军中担任排长，从此开始了戎马生涯。

1926 年，汪匣锋在绥定协助刘存厚开办"军事教练团"。回部队后，他因练兵有方、纪律严明而破格晋升为团长。1933 年，他升为旅长。在被红军打败后，他潜往南京。1935 年，他考上南京中央陆军大学，毕业后回家等候工作安排。1939 年，他应出川抗日将领陈书农的邀请前往湖北参加抗日战争，担任 45 军总参谋长，后升为 125 师师长。1945 年年初，他率领 125 师驻防湖北老河口。4 月初，他成功抗击日军的疯狂进犯，荣获"青天白日勋章"。1947 年，他担任 47 军军长，并被授予陆军中将军衔。

1948 年 10 月，他在淮海战役中被俘。1953 年，他因病去世，享年 54 岁。

2005 年 12 月，中共中央、中央军委、国务院鉴于汪匣锋在抗日战争中的突出贡献，颁发给其遗属"中国人民抗日战争胜利 60 周年纪念章"。

（三）廖震：川军将领抗日传奇

廖震（1890—1949 年），字雨辰，出生于简州三岔坝，曾任国民党 44 军军长。2005 年，其遗属荣获"中国人民抗日战争胜利 60 周年纪念章"。

廖震于 1912 年考入四川陆军军官速成学堂，此后在川军唐廷牧部历任排长、副官，在刘存厚部升任营长、团长，并在国民党军队中担任师长。他还曾担任剑阁县知事、渠县县长、万源县县长等职务。抗日战争期间，廖震先后出任第 150 师师长、44 军军长、第 29 集团军副总司令等要职。1937 年，他率领部队出川抗日，在宿松、黄梅、广济一线取得显著战绩，打死日军七八百人，击落日寇指挥长机"天皇号"，并击毙包括空军大佐渡边广太郎在内的六名飞行员。廖震部在鄂中大洪山坚持抗战一年零四个月，直至日军撤军。

然而，1943 年，廖震作为编余人员离开了抗日战线，回到老家简阳三岔。1945 年，在重庆甲级将官班受训后，他选择请准退役，回家闲居。

据廖震之子廖泳贤[1]在《移民春秋》一书中的描述，廖震因生活环境改变和运动量减少，身体逐渐发胖，并出现头痛头晕、心悸气紧等症状。西医诊断他患有严重的高血压，尽管他严格节制饮食，但效果并不明显。廖震更倾向于相信中医，并曾服用李姓中医朋友开具的中药，睡眠有所改善，但头痛头晕症状仍时有发生。

---

[1] 廖泳贤，廖震之子，四川简阳三岔坝人。生于 1929 年。1952 年毕业于四川大学畜牧系。在四川省甘孜州及西藏那曲地区从事畜牧兽医工作二十余年。1978 年后，在四川省粮油科研所从事饲料科研工作，并担任副研究员。他完成了多项科研项目，发表了四十余篇科研报告、论文及译文。曾荣获部、省级科技进步奖的二、三、四等奖。1991 年退休后，他开始从事文学创作，著有长篇小说《路漫漫》《奉献》以及多篇短篇小说。

随着国共内战的不断升级，国民党军队节节败退，东北、华北相继失守，解放军已逼近长江。蒋介石宣布下野后，李宗仁担任代总统，并派代表到北京和谈，但未取得成果。不久，解放大军渡过长江，占领南京、上海。

1949年10月1日，毛泽东在北京天安门城楼上庄严宣告中华人民共和国成立。廖震每天坐在堂屋门口读报，对中国即将统一充满期待。然而，就在此时，他突然中风晕倒，经医生诊断已无法救治。遵照廖震生前的遗嘱，丧事从简，其遗体被安葬于三岔乡祖坟。

2005年12月，中共中央、中央军委、国务院鉴于廖震在抗日战争中的突出贡献，向其遗属颁发了"中国人民抗日战争胜利60周年纪念章"，并在2015年，向其遗属颁发了"中国人民抗日战争胜利70周年纪念章"。

附：廖震将军家族回忆——"我的爷爷廖震将军"

我的爷爷廖震，字雨辰，名锡贞，号震。他早年毕业于四川陆军军官速成学堂，后深造于陆军大学将官班第二期。毕业后，他在军政界服务长达三十余年。前半生，他曾参与军阀混战，并与红军有过敌对行动。七七事变后，日寇侵华，时任陆军一五○师师长的他，于1938年春主动请缨，率领川军奔赴皖鄂前线，与日寇交战于皖西之宿松城，鄂东之黄梅多云山、九狼山。后奉命在当阳整军，并升任陆军第四十四军中将军长，在汉水沿线阻击敌军，期间击落日寇指挥长机"天皇号"，并毙敌空军大佐渡边广太郎等六名飞行员。之后，他转战鄂中大洪山，坚持抗战一年零四个月，时任第二十九集团军副总司令。1945年抗日战争胜利后，他选择退伍返乡，并拜能海高僧为师，皈依佛门，每日诵经念佛。1949年，他因脑溢血去世。

廖震育有一子一女，分别为廖泳贤和廖盛梅。廖泳贤育有二子一女，分别为廖红丁、廖康和白淳（随母姓）。我的父亲廖泳贤毕业于四川大学畜牧系，长期在甘孜州、西藏从事畜牧工作，退休前担任四川省粮食厅饲料研究所副研究员。晚年时，他将家族历史及自己的工作经历写成了上百万字的回忆录。作为他的女儿，我经常听他讲述廖氏家族的历史，并协助他出书，故对家族历史较为清楚。

关于廖震的去世，外界曾传言他是自杀的，这纯属谣言。据父亲的讲述，爷爷因身体较胖，患有高血压。1949 年，成都已临近解放，已能听到周边的炮声，尽管他在抗日战争胜利后就退出军界，并没有参与解放战争与共产党作对，但还是担心早期与红军交战，负有血债，故心生焦虑。10 月 29 日，他突发脑溢血（中医诊断为中风）。当晚，警卫员前往四川大学通知我的父亲。父亲急忙往家中赶，但途中已实施宵禁，经过多次盘查才赶到家中。由于未能及时施以西医急救，此时爷爷已陷入昏迷。父亲一直摸着他的脉搏，眼看着呼吸逐渐停止。爷爷于 1949 年 10 月 29 日在成都红墙巷 76 号住宅去世，终年 60 岁。父亲一路扶灵将爷爷的遗体送回三岔坝老家祖坟安葬。

我的父亲一生勤奋工作，年近七旬还自学电脑，在键盘上辛勤耕耘，留下了上百万字的回忆录、小说，直至 2020 年 1 月去世，享年 91 岁。他的骨灰撒在三岔湖，回归了故里。作为他的女儿，我从事教育工作几十年，退休后在高新区老年体育协会担任副主席兼秘书长，继续为老年事业做出贡献。

廖震之孙女　白淳

2024 年 1 日 3 日

（五）周青廷：从茶叶小贩到起义将领

周青廷（1898—1979 年），名俊峰，出生于简阳县三岔乡（现简阳三岔光荣村张思湾）。1948 年，他在成都县安靖乡（现属郫县）方家桥购置 20 余亩田地，并于此地落籍。他曾任郫县第六届、第八届人民代表。

周青廷幼时家境贫寒，他于 1913 年到成都皇城坝一家肥肠粉店当学徒，后转而从事山区茶叶贩卖。1916 年，他投身川军刘存厚部当兵，后转投刘湘部，历任班、排、连、营、团长等职务。1937 年以后，他转至六十七军一六一师、一六二师任团长，后升任副师长。1948 年，他担任四十四军三九四师少将师长。同年，廖震请准退役后，由周青廷代理军长。

抗日战争时期，周青廷勇敢对日作战，在湖北襄阳一带曾与中共李先念所率的抗日游击纵队并肩作战，相互支援。1948 年年底至 1949 年年初，他奉命率部开赴川黔边境防守。然而，随着解放军的节节胜利，他败退回川南整训，后又撤退到成都。1949 年 12 月 21 日，周青廷率领所属部队在郫县犀浦起义，加入人民阵营。

起义后，周青廷于 1950 年进入"西南军政大学高研班"学习，1952 年复员回乡参加农业生产。1957 年，他被聘为省文史馆研究员，常驻郫县各界人士学习委员会，并先后被选为郫县第六届、第八届人民代表。在郫县学委会期间，他积极撰写文史资料和对台宣传稿件。1979 年 7 月 21 日，周青廷病故，享年 81 岁。

三、三岔民主革命人士徐鹤轩传

徐鹤轩，字化松，于清光绪八年（1882 年）诞生于四川简州三岔坝（现今简阳县三岔镇），出身于一个破落的小商家庭。他少年时期曾在私塾就读数年。16 岁那年，徐鹤轩前往成都的一家侯姓玉器店做学徒。由于他天资聪颖，擅长书写和计算，很快便能鉴别珠宝玉石，并且善于交际，因此深受店主赏识，被派遣到广州等地负责采购。

在广州期间，徐鹤轩不仅接触到了新思想，还结识了来自四川的爱国志士喻培伦、喻培棣、熊克武、但懋辛等人，并加入了同盟会。1910 年 4 月，他加入了黄花岗起义的队伍。然而，在起义的前夜，他突然身患重病，呕吐腹泻不止，卧床不起。起义失败后，他侥幸存活下来。随后，徐鹤轩前往上海，在同盟会会员的资助下，开始经营川菜馆。当吴玉章、熊克武等同盟会会员到上海时，他都给予了热情的款待和照顾。

1918年，广州军政府任命熊克武为四川督军，徐鹤轩受邀回到四川，担任督军署的参议。1924年，在熊克武与杨森之间的战争中，熊克武的军队败退至遵义，随后又率军前往广州，准备北伐。此时，徐鹤轩重返上海，继续经营川菜馆。孙中山先生病逝后，蒋介石开始排除异己，将熊克武囚禁在虎门。徐鹤轩不惜花费巨资，多方奔走营救，并冒着生命危险前往虎门探望熊克武。之后，他又托付在南京政府任职的友人于右任、曾通一、谢无量等人向蒋介石疏通关系。熊克武获释后，徐鹤轩将他接到自己家中调养身体。在此期间，熊系将领但懋辛、喻培棣、余际唐等人常来徐家，与熊克武商议反蒋事宜。

徐鹤轩在上海最初创办了"美丽川菜社"，后来继任"小花园饭店"的经理。1935年以后，他独资在英租界广西路靠近南京路口的地方开设了"蜀腴川菜馆"，招牌由于右任题写。这家川菜馆是一座四层大楼，装饰华丽典雅，菜肴精美绝伦，堪称上海市的一流菜馆。各界名流经常在这里设宴聚会。四川旅沪同乡会也经常借用这里召开会议。1932年"一·二八事变"爆发后，徐鹤轩以同乡会监事的身份，发动同乡前往前线慰问川军杨森部。

抗日战争期间，徐鹤轩经常掩护"救国会"成员胡愈之、邹韬奋、沙千里、胡兰畦、范长江等人举行秘密会议，并留他们在"蜀腴"用餐。1937年，郭沫若从日本返回上海时，文艺界在"蜀腴"二楼设宴欢迎他。抗日战争胜利后，国民政府的接收大员以及后来的"国大代表""立法委员"常在"蜀腴"大肆宴乐。徐鹤轩常对手下人说："从这些现象可以预测将来。中国有句古话：得民心者得天下。你们等着瞧，好戏还在后面呢。"

1949 年上海解放前夕的一天，胡兰畦领着装扮成夫妇的中共地下党员郭春涛、秦德君去见徐鹤轩，请求他帮忙找一处安全的地方暂住数日。徐鹤轩精心安排二人在挚友马少荃家的楼上住下，楼下是一个名流们喝茶玩牌的俱乐部，他认为这样比较隐蔽，不易被发现。然而，不久之后还是被特务发觉，秦德君被捕，郭春涛幸免于难，但这件事却牵连了徐鹤轩一家。特务们在南阳路南阳公寓的徐宅逮捕了徐鹤轩、他的妻子、女婿以及二女儿等人。

徐鹤轩的弟弟徐润民闻讯后，四处求助，但仍未能救出徐鹤轩。此时，解放大军已逼近上海，特务四处捕杀爱国人士，徐鹤轩一家危在旦夕。幸亏上海警察局一位姓汤的副官（其父与徐鹤轩相熟）出面疏通关系，才使徐鹤轩一家得以保释出狱。

徐鹤轩为人重义轻利。对于到上海后遭遇经济困难的四川同乡，他总是尽力给予照顾；对于那些想要返乡却无路费的同乡，他总是致函民生公司稽查处，安排他们免费乘船回乡。此外，他还资助了两名四川青年在上海读书，并免费供食一年。张群、廖震、陈鸣谦、陈书农等川籍军政人士，先后受到了徐鹤轩的接待或资助。后来，当陈书农在中国香港钱财被骗、身处困境时，徐鹤轩便劝说他通过陈毅联系归国。在陈毅的关怀下，陈书农于 1956 年回到了祖国大陆定居。

中华人民共和国成立后，"蜀腴川菜馆"于 1952 年经政府批准停业。徐鹤轩将房产交给了政府，并只预收了 3 个月的租金，用作辞退工人的经费，此后未再收取分文。当熊克武担任西南军政委员会副主席时，曾邀请徐鹤轩共事，但因徐鹤轩年老体衰，未能成行。1953 年，徐鹤轩遭遇局部中风，导致半身瘫痪，随后移居至上海太原路的金波村。1957 年暮春时节，他因患脑溢血去世，享年 76 岁。

四、早期共产党人在三岔古镇的活动

饮水思源，吃水不忘挖井人。在探讨三岔的今日发展时，我们不仅见证了其日新月异的变化，还在挖掘人文历史的过程中，发现了中国共产党早期先辈在三岔的革命活动。

1938年下半年，抗日战争形势日趋严峻，武汉、广州等地相继沦陷。在国家危难之际，人心惶惶，简阳县三岔小学的几位爱国青年教师，如陈英俊、李涤尘等，在早期共产党党组织的指示下，积极领导学生筹备开展了以抗日救亡为主题的戏剧和歌曲演出，以此宣传抗日战争。1939年春，借春假旅行之机，学校组织师生从三岔出发，途经贾家、石盘、周家、养马、石桥、简城、石板、芦葭等乡镇，沿途公演抗日救亡剧目，赢得了群众的广泛好评。返校后，师生们的抗日宣传热情更加高涨。

1939年4月初，经成都星芒社介绍，印刷厂排字工曾文甫来到简阳县三岔镇小学任教。当时，学校中的陈英俊和曾文甫均为党员，他们成立了一个党小组。陈英俊担任组织委员，曾文甫则负责宣传工作。成都方面的联络工作，则由当时在简阳县城内教书的叶春负责。值得一提的是，三岔小学校长陈英俊、训育主任马益与叶春是省立成都师范的同班同学；而学校教导主任李涤尘、教师严绍清，则与叶春、陈英俊同为成都成城初中的同学。除曾文甫和马益外，其余人均为简阳人。

在工作活动中，严绍清和马益表现积极进步，经曾文甫介绍并由陈英俊同意，两人被吸收为党员。严绍清于1939年5月底入党，马益则在6月底加入。入党仪式均在夜间于三岔镇小学各自寝室门前的空地上举行。1939年6月底，曾文甫返回成都。

1939年9月，中共川康特委派余子臣带着杨仲明的关系来到简阳县三岔小学指导工作，并带来了符玉衡的组织关系。11月，川康特委又派尹志琦来到三岔镇，批准吸收李涤尘入党，并在尹志琦的指导下成立了中共简阳特支部。当时，特支部的职务分工明确，陈英俊为特支负责人，符玉衡负责宣传工作。当时特支部仅有四名党员：陈英俊、符玉衡、严绍清、李涤尘。到1940年2月，中共简阳特支部已发展到六名党员：陈英俊、符玉衡、严绍清、李涤尘、严泽成、傅承筠。

中共简阳特支部成立后，以学校为基地，由省上直接领导，形成了纵的单线联系。特支部注重学习与工作并重，学习材料主要包括上级党组织的油印文件、32开本纸的油印小册子（如《论新阶段》《联共（布）党史》等），以及生活书店、读书·生活·新知三联书店、世界知识出版社出版的各种刊物杂志。

中共简阳特支部的主要活动是在上级党组织的领导下开展抗日救亡工作。在学校师生中加强国难教育，演唱抗战革命歌曲，激发师生对日本帝国主义的仇恨和对祖国的热爱；在学生家长和社会各界中积极进行抗日宣传，开展多种形式的救亡活动；组织师生到成都慰问被日机轰炸的灾民；发动成年学生参军上前线参加抗日，并热烈欢送志愿军战士；向抗日军属赠送"抗战光荣"匾额，并争取二区区长在三岔场宴请抗日军属，过年联欢时学校师生斟酒慰问；多次向第十八集团军重庆办事处钱之光转寄慰问信和捐款，支援前线战事；通过游艺活动募集寒衣和捐款，由钱之光转汇给十八集团军战士；组织师生以街头舞台大小型抗战戏剧演出、口头宣传、绘画抗日壁画等多种形式进行抗日宣传活动；组织剧团有计划地进行各种抗日宣传公演。

1939年下学期，陈英俊、李涤尘等仍在三岔小学任教。中共简阳特支部成立后，特支部成员均成为三岔小学的骨干力量，学校的抗日宣传活动开展得更加有声有色。为了深入持久地开展抗日救亡宣传活动，师生们提议正式成立一个新型业余剧团。然而，当时已近期末，按照当局规定，成立团体需经立案批准。于是，师生们推选陈英俊、李涤尘两人负责办理立案手续。

1940 年 1 月，陈英俊调任平武小学任校长，特支部成员也全部来到平武。大家决定利用寒假期间，将剧团活动开展起来。当时，要取得合法团体的手续非常困难，剧团的宗旨、名称、演员和职员名单都需列表报请审核，稍有疑点，便不准成立。当局还要求演员和职员名单中必须有"地方士绅"参加，否则不予批准。于是，剧团在名册中罗列了一些平武乡的"士绅"（如哥老会舵把子等），并将他们分别列名为"交际""剧务"等职务。在职员名单中，张定宇被任命为团长，李涤尘为副团长。当局明确表示陈英俊不能参加剧团，于是他化名陈见章，担任保管员，但实际上他是剧团的负责人。剧团原定名为"简阳抗敌剧团"，但国民党县执行委员会执行委员徐孟明（1940 年 3 月起任县执行委员会书记长）企图将剧团变成他们的御用工具，认为成员来自平武乡，应冠以乡的名称，并将"抗敌"改为"抗建"，以符合"抗战建国"的宗旨。最终，剧团全称为"简阳平武乡抗建剧团"。

剧团的 20 多名演员大多是三岔小学比较进步且擅长表演的学生，他们以寒假补习的名义来到平武参加剧团演出。1940 年 1 月底，平武抗建剧团正式成立。当天，徐孟明带领一名随从亲自来到平武乡，对剧团的章程和成员进行审核，尤其是对"士绅"的参与情况进行详细询问。尽管他们百般刁难，但最终未能找到任何借口，只好正式发给剧团立案批准文件。

剧团的演员以三岔小学部分学生为骨干，加上平武的一些学生和青年，以及部分教师。在争取剧团立案的日子里，师生们一边排练剧目、制作道具，一边学习课程。到剧团正式成立时，已是农历腊月下旬，剧目排练成熟，道具制作完成。剧团在平武演出一轮后，又到石钟、禾丰等乡镇公演，均受到群众的热烈欢迎。每场演出结束时，观众都迟迟不肯离开，因为剧目中有发动群众抗日救亡的歌剧《流亡三部曲》《救亡三部曲》和《牺牲已到最后关头》。这些大合唱的歌词针对蒋介石"牺牲未到最后关头，绝不轻言牺牲"的投降论调而写。为了便于群众理解歌曲内容，剧团在演出前用大字报的形式全文抄写张贴出去。演出剧目中还有讽刺发国难财的剧目《钻钱眼》和枪毙汉奸的剧目。

剧团在平武演出期间，还开展了抗日游艺募捐活动。观众自愿捐款，剧团不强制查票，而是提供捐款登记本，所集款项均寄往前线作为医药及寒衣捐款。剧团原计划在简阳本地演出到正月初八后，从平泉顺沱江而下，经川东、川北，再北上向抗日前线目的地进发。当时，团长陈英俊、副团长李涤尘、剧务符玉衡等都做好了准备工作，打包了剧团的名片、公章、道具，以及个人的交际用品和行李。然而，由于地方反动势力的阻挠破坏，剧团未能按计划成行。

事后查明，此事件系平武乡队副捣鬼所致。他将一支已上膛的枪借予剧团演出使用，而剧团因缺乏经验，未事先检查枪支。若非一位演职人员在后台绊枪走火伤人，待演出时演员用真枪对准扮演汉奸的演员开枪，后果将不堪设想。回想起徐孟明专程审核剧团时与已卸任的区长樊某的密谈，以及乡队副在演出现场的捣乱行为，众人意识到此乃反动当局处心积虑、借刀杀人的阴谋。

受伤的三岔小学学生李及时被送往成都四圣祠医院治疗，卧床半年之久，花费数百银元，但子弹仍未取出，导致终身残疾。后虽在武汉协和医院取出膝骨内弹头，但仍行走不便。中华人民共和国成立后，李及时在成都洗染厂及旅馆工作，1981年退休后，被聘于简阳三岔水库管理站联合筹建的三岔湖宾馆担任会计主管。此次伤人事件严重影响了剧团的演出活动及离开简阳扩大宣传的计划。假期结束后，抗建剧团的活动亦随之搁浅。

1940年3月，川康特委派一位姓谢的同志带着曾光的关系来简阳平武找陈英俊指示工作，传达当时的形势变化和任务。陈英俊和谢同志在帝主宫茶馆僻静处会晤，交谈约半小时即分手，并另行约定了通讯联系密号。特支部的联系人是成都金沙街外南小学的教师余汉臣，他在特支部的别名是李长松。此后四个多月中来了两次信，之后便失去联系。陈英俊两次派严绍清去成都找关系亦无下落，继到海螺乡去寻傅承筠仍无结果。此后，中共简阳特支部的组织联系中断。

第三章　三岔农耕文化

第一节　文化概述

文化，是指物质和精神文化的总称，凡文化都承载着其传统的历史意义。尤其是兴学倡教、教化民众的活动，对推动社会经济发展都起着巨大的作用。文化，广义上指人类在社会实践过程中所获得的物质财富、精神的生产能力和创造的物质、精神财富的总和。狭义上，则专指精神生产能力和精神产品，包括社会意识形态、自然科学、技术科学等。社会意识形态，有时又特指教育、科学、艺术等方面的知识与设施。

文化包括以下四个方面：

一是物态文化层，由物化的知识力量所构成，它是人的物质生产活动及其产品的总和，是可感知的、具有物质实体的文化事物。

二是制度文化层，由人类在社会实践中建立的各种社会规范构成。这些规范包括社会经济制度、婚姻制度、家族制度、政治法律制度，以及家族、民族、国家、经济、政治、宗教社团、教育、科技、艺术组织等。

三是行为文化层，以民风民俗形态出现，见之于日常起居动作之中，具有鲜明的民族、地域特色。

四是心态文化层，由人类社会实践和意识活动中经过长期孕育而形成的价值观念、审美情趣、思维方式等构成，是文化的核心部分。

文化是人类社会最为整体、系统的特征，是与自然现象截然不同的人类社会活动的全部成果。它包括人类所创造的一切物质与非物质的成果。文化是人类社会区别于动物界的根本标志。社会文化是人类社会所独有的，人类社会的生活方式和行为方式都是按照一定的文化逻辑来进行的。文化具有超生理性、超个人性、传递性以及变迁性等特征。文化包括象征符号、价值观、社会规范和物质文化四个基本构成要素。根据不同的分类标准可以将文化分为不同的类型。

社会学认为，人类社会生活的一切方面，包括社会化、社会互动、社会群体、社会制度、社会变迁等，都可以归结为是各种文化现象的表现。

第二节　农耕文化

农耕文化是影响人类进化的基础性文化形态，是农业生产实践活动所创造出来的物质文化和精神文化的总和。古代农耕文明的四大发源地包括古巴比伦、古埃及、古印度、古中国。中国西南地区龙泉山东麓的三岔地区，因独特的地理环境与气候条件，其农耕文化从古至今都非常发达。其文化内涵包括农事、农具、农艺、农俗、农时、农历、农作物及其饮食文化等内容。以"男耕女织"和"耕读传家"的价值理念为核心的农耕文化，与"日出而作，日落而息，凿井同饮，耕田而食"的农耕生活方式共同构成了三岔人民千百年来沿袭的生产生活范式。

三岔地区地处龙泉山东麓坡脚地带，境内绛溪河、大安溪、龙云河、肖云河、磉磴河、蔡河、板桥河（亦称麻石桥河）和海螺河等河流纵横交错。这些河流长期冲积作用，形成几十个大小不一的河谷平坝和浅丘地貌单元。这里土地肥沃，宜耕易居，常年气候温和，在正常年景下雨量较为充沛，也极少出现洪涝和雹灾，为各种动植物栖息生长提供了良好的环境，故该地区物产甚为丰富，鸡、鸭、鹅、兔、猪、牛、羊、马，以及各种淡水动物均能生长。植物中以稻为代表的禾本科作物，如玉米、小麦、棉花、花生、油菜各种作物均可种植。凡南方能生长的各种蔬菜、水果、中草药材等，在这里也都能茁壮生长。

在这个区域内，农业生产方面特别值得一提的是，棉花在 1973 年、1979 年、1982 年三次实现了平均亩产超过 100 斤，而到了 1983 年，亩产超历史达 132 斤。在养殖业上，三岔地区人均生猪出栏达 0.8 头，人均山羊出栏达 0.4 头，人均家禽年出栏达 1~2 头。简阳市因此成为生猪出栏大县，山羊板皮出口大县，同时还被誉为全国棉花大县，有"棉都"之称，在全国 100 个产粮大县中排名第 34 名。三岔地区为此是做出了巨大贡献的。特别值得记录的是，三岔人民积极参与"东灌"工程建设。尤为值得历史永远铭记的是，1975 年修建"东灌"工程的配套工程——三岔水库，有超过 2.4 万人背井离乡，贡献出近 3 万亩良田沃土。然而，水库建成后，三岔的农业生产不仅不减产，反而实现大幅度增产增收。这充分体现了三岔人民顾大局、识大体的情怀，也是三岔人民的文明意识相对较高的具体体现。

由于农耕文化历史悠久，影响深远，三岔地区逐渐形成了丰富多彩的饮食文化。饮食文化是一个国家或地区、一个民族不可或缺的文化组成部分；它是人类生存发展的历史见证，也是人类文化多样性的生动体现。饮食文化的传承和发展，既反映了一个民族的历史底蕴和文化特色，也关系到一个民族的健康和发展。诸如羊肉汤、各式各样鱼类、面食类的千姿百态的吃法，极大地丰富了人们的生活。正是如此，王象之在《舆地纪胜》中赞称简州地区："土厚水深，民和俗阜，有邹鲁之风，……有江山之胜，处于高仰而有鱼稻之饶。"

一、三岔农业所有制及生产方式

（一）土地所有制

中华人民共和国成立后，按照国家颁布的《中华人民共和国土地改革法》，三岔地区于1951年至1952年进行了土地改革，实现了"耕者有其田"。1953年，该地区进入互助组初级合作社阶段，农民将土地入股并参与分红。1956年，土地归集体所有，取消分红制度，转而实行按劳分配的高级农业合作社。1958年公社化后，土地属劳动群众集体所有，这种状况一直持续到1979年。1979年，党的十一届四中全会通过了《中共中央关于加快农业发展若干问题的决定》重要文件。在此背景下，三岔地区实行了分工分业、专业承包、联产计酬、联产到组、联产到劳等多种形式的生产责任制。

1982年秋，根据党的十二大精神，三岔地区实行了"大包干"生产责任制。各生产队按土地总量，按人头（公职人员除外）平均分配土地（不包括社员自留地和自留山）。粮食征购、税金以及各种费用（如五保户补助、民办教师薪酬、公路岁修、农业税、公粮、水费、斗渠以下维修费、大小队干部误工费、畜禽防疫、广播维护、农业植保、报纸订阅等）均由县级单位下达到乡镇，再由社员自行缴纳。

1999年，根据中央的指导精神，并结合地方人口变化的实际情况，三岔镇开展了第二轮土地责任制承包。农民所需承担的费用逐年减少。

2005 年，为贯彻中央减轻农民负担的宗旨，政府免除了 2005 年以前农民需承担的十多个收费项目实行免收（如集体提留、公积金、公益金、行政管理费、乡镇统筹、教育附加费、计划生育费、优抚费、民兵训练费、交通费、有线广播费、农村卫生费、文化费、农民义务工、生猪统防费、村级提留等）。农民仅需根据国土面积，缴纳水费。这一举措大大提高了农民种地积极性。

从 1984 年废除人民公社至今的四十多年历程中，我国土地经营制度的实践与创新，主要体现三种形式：首先，第一轮土地承包中依靠政策手段配置土地资源的"均田制"，突出了公平原则。不分男女老幼，都可平等地分得土地承包面积，且照顾到劣等地、中等地、上等地的合理搭配。这是一种高度公平而不考虑效率的配置方式。其次，依靠行政手段配置土地资源的"两田制"，突出了公平为主，兼顾效率的原则，把集体土地分为两部分：一部分口粮田，按人口均分到农户，只承担农业税，不承担其他负担；另一部分经济田，按不同方式承包给部分农户，并按地亩承担一些税费。这种方式存在许多弊端，如引发"权利承包"、承包关系不稳、以地谋私等问题，进而损害农民利益。最后，是以效率为主的"企业+基地+农户"的基本方式。我国农村改革发展的实践证明，以农村土地集体所有为基础的家庭联产承包制度，相较于历史上的任何土地经营制度都更为优越。

2006 年，中央全面取消了农民纳税、纳粮的制度。

（二）生产方式

1. 雇工

雇工，是土地私有制下的产物。旧时无地和少地的贫苦农民为养家糊口，靠出卖劳力给占有土地的地主豪绅当长年打短工，待农忙季节一过，短工则被解雇，长年（长工）则成年累月干活。

2. 自耕

自耕，是以自己的劳动能力耕作自己的土地，也特指 1981 年实施土地承包责任制后，农户自己耕作自己所承包的责任地。旧时，国民政府苛捐杂税的沉重，加之灾荒频发，自耕农户负债累累。中华人民共和国成立后，农民遇上灾情，民政部门及时给予救济补助，以保障他们的基本生活。

3. 换工

换工，是农民间自愿结合，平等交换的一种互助形式。栽秧、打谷、下种大忙季节时，为不误农时，调集劳力、工具、抢种抢收。一部分农民即自行协商换工。始兴于互助组时，改革开放，责任田到户后，不少农民外出务工，余下在家劳力不足，则在春播秋收季节采用换工来耕作。

4. 大兵团作战

农业生产经历了互助组、初级社、高级社的发展阶段，至 1958 年进入人民公社化时期。这一时期，大量青壮年抽调至越溪、汪洋、西昌大炼钢铁，剩下次要劳动力、辅助劳动力成立了战斗班组，开展兵团式"三秋"①工作。由于锦标至上，不惜浮夸虚报劳动进度和收获战果，导致农业出现灾害性歉收或无收。"指挥田""示范田""高产田"皆成"泡影"。至1962 年，实行了三级所有、以队为基础的核算方式，大兵团作战的形式得以解除，农业生产开始回升。

5. 定额式劳动计酬

1968 年，为改变过去那种"大概式"的劳动态度，即出工不出力、只图挣工分的消极劳动局面，农村开始实行按《劳动定额手册》评工记分的方式。具体操作是，记分员当天登记参劳花名，再按定额手册相关项目（如面积、窝行距、用水用肥数量、担挖泥土方量等）核算出劳动所得工

---

① 三秋，即秋收、秋耕、秋种。

分。通过计算这些项目，求出人均得分，并征求劳动代表意见，将所得工分分摊到个人，并予以公布。

这种计分形式推行近十年，大大调动了社员劳动积极性，有效克服了投工不投力的消极劳动局面，社员年收入也随之而增加。

6. 请人承包式

实行以户营为主的生产责任制后，农业生产责任制于 1978 年后实行。1981 年之前，实行"生产队统一经营，分组作业，联产计酬"的生产方式。1981 年，推行"统一经营，联产到劳，包干到户"的责任制形式。1982 年，推行"包干到户，以户经营"的承包形式，即实行"完成国家的，上家集体提留，其于全归农户所有"的生产方式。

随着改革开放深化，农村实行"大包干"生产责任制，群众纷纷外出务工（三岔镇常年外出务工人员达 7 800 人左右）。他们各展所长，但一到农忙季节，由于留家劳力受限，为不误农时，便随行就市出报酬请人抢种抢收，这样既双方满意，又各有收获。

在承包式经营中，部分农户为求快捷简便，将责任地的种植和收割，按市场行情承包给个体、专业人员。承包人自备工具（手工或机械），有的主人另给承包人备设一顿午餐。三岔镇先是使用小型简易电动收割机，近年出现了联合收割机、足踏式收割机，用于收割水稻小麦。同时，旋耕机犁田碎土，提高了耕作收割效率，为外出务工人员解除了后顾之忧。

二、种植业

（一）耕地

三岔镇 2005 年有耕地 16 299 亩。其中：水田 8 140 亩、旱地 8 159 亩。人均 0.61 亩，1983 年至 2005 年，23 年间公路建设、渠道修筑、场镇建设、民房修建等占去部分土地。2000 年至 2003 年全镇实施退耕还林 5 000

亩。至 2024 年年初，由于成都东部新区建设需要，耕地尚存 4 000 余亩，实际上是农民退地而未征。

（二）作物

三岔镇地理条件优异，地处水库放水受益首户，浅丘地势且土地肥沃，宜农条件较好。小春主要种小麦、豌豆、胡豆，大春主要种水稻、玉米、红苕、黄豆。经济作物有棉花、油菜、花生、海椒等。

1. 水稻

水稻属五大农作物之一，是主要细粮作物。民国时期，水利失修，田不保栽，农民普遍存在"吃饭难"问题，水田为一年一熟，水稻收割后，田块用于蓄冬水，以防冬春雨少，来年无水插秧，故称"冬水田""玻璃田"，加之传统种植品种，水稻常年亩产近 300 斤。

中华人民共和国成立后，发动群众大修水利，1976 年又建成三岔水库，常年蓄水 2 亿多立方米，大面积农田能流放灌溉，少部分不能流放灌溉，已修提灌站保证用水。在农业技术部门指导下，不断引进培育良种。1977 年开始杂交水稻试点（见图 3-1），杂交水稻单产实收突破千斤关。

图 3-1　杂交水稻试点

（刘承鑫摄）

20 世纪 70 年代后期，又改变了传统种植水稻方式，水稻收割后即开沟排水，翻炕泥土，种植油菜、胡豆、青饲料等。将一年一熟的水田变成了一年两熟种植，过去的冬水田成了丰收的油菜田，大大提高了土地的使用率，单位品种产量不断上升，至 2005 年水稻亩产比民国时期增长 2.5 倍至 3.2 倍。

20 世纪 80 年代前期，主要的杂交稻品种有"汕优二号"和"D 优二号"。到了后期，杂交稻组合增多，以"II 优 63""冈优 22"为普种。

20 世纪 90 年代至今，杂交水稻越来越多，又增加了"K 优""金优""菲优""协优""辐优"等系列。杂交稻不仅提高了水稻产量，还改善了米质，因此深受群众欢迎。

2. 油菜

油菜属油料作物，也是农民的主要经济作物。1949 年以前亩产仅几十斤，1982 年亩产达 283 斤。

20 世纪 80 年代后期，开始引进培育杂交油菜"杂 02 号"和"秦油二号"，油菜亩产增至 300 斤以上。

20 世纪 90 年代至今，杂交油菜普及，有"川油"系列、"德油"系列和"绵油"系列。大面积油菜种植在水稻收割并翻炕后的稻田中，提高了土地使用率，亩产也大幅度增加，2005 年亩产达 450 斤，比 1982 年增产了近 60%。收获季节，外地客商四处设点收购，杂交油菜增产（见图 3-2）使农民增收。

图 3-2 杂交油菜增产

（刘承鑫摄）

3. 玉米

玉米，过去曾是农村主要杂粮之一。现在随着人民生活水平提高，人们追求强身保健的生活方式。在城市里，中老年人将玉米粉作为预防肠粘连疾病的膳食，儿童以食玉米粥为强身壮体之佳品。在农村，农户把玉米作为饲养生猪的催肥饲料。

旧时，由于玉米品种老，耕作陈旧，传统种植，导致常年产量较低。20世纪80年代前期，主要种植老品种"马牙齿""狗牙齿"玉米。从1983年开始，玉米趋向杂交化，但比较单一，主要有"成单4号""成单14号"和"矮三单交"。20世纪90年代至今，农民科学种田意识增强，积极种植杂交玉米。杂交系列增多，有"成单18号、19号、22号"、"川单"系列、"掖单"系列等。杂交玉米种植的普及使得产量不断增加，大面积亩产超千斤。

同时，种植方法不断改进。例如，玉米套种花生、红苕套种玉米、玉米间种海椒等模式得到推广。这种套种、间种模式使得作物双双实现高产。

4. 红苕

红苕，过去乡民俗称"半年粮"，是人畜共用之杂粮。旧时，习惯单一种植，土地利用率低，产量亦不丰。人民公社化后，普遍推广玉米红苕间种法，使玉米红苕双双实现高产。随着人民生活水平提高，红苕"半年粮"已成历史。而今，人们偶尔将红苕作为调节口味之物，故种植面积减少。

5. 小麦

小麦，过去曾是农村主要杂粮之一。现在用途极广，可用于酿酒、制作面食品、副食品加工。城市中老年人为预防肠粘连食用连麸面，同时它还被用作饲料等。故种植面积有增无减。

旧时，传统种植，种子单一老化，产量低。自1949年后，推广了"条播""宽窝两头播""小窝点播""增窝少种"等种植法，提高了分蘖、上林、孕穗率。种子不断更新换代，使用杂交麦种普及。

20世纪80年代前，普遍种植"凡六"系列和"阿波"系列。到了20世纪80年代后，种植杂交麦种有"绵阳""川麦"系列等。使用杂交麦种后，小麦产量连年增加（见图3-3），亩产高达600斤，比1949年增长3.54倍，比1982年增长21%。

图3-3　杂交小麦丰收

（刘承鑫摄）

6. 棉花

三岔镇植棉历史悠久。若按"亚洲棉"（亦称"中棉"）于六世纪传入中国，并引入境内种植时间来计算，至今已有一千多年历史；从清朝末年引入"陆地棉"种植计算，则已是一百多年历史。民国时期，三岔镇的棉花种植面较广，品种多为"中棉"（俗称土花）。20世纪30年代，始有"非洲棉"，亦称"小棉"（俗称小洋花）传入种植，但由于虫害重，常年亩产量仅20余斤。那时交通运输落后，棉花只能用肩挑到成都附近的新都、新津等地卖给商家。但棉花生产在当时仍居于经济来源之首位。

中华人民共和国成立后，政府对棉花生产极度重视，选举出"植棉能手""棉花模范"总结介绍种植经验。政府还示范、引进繁育推广良种，扩大棉花种植面积，先后建立起棉花采购站、种子站等机构。在六七十年代，因种棉功勋卓著，三岔镇出现一位"全国劳模"张四洲（原棉丰公社党委书记）。三岔区新民公社李建文因种棉功绩突出获省表彰。

20世纪60年代初，我国引进了"岱字棉""鸡足棉""洞庭棉""天门号"等棉花品种。到了1979年，开始进行杂交制种和原种培育，并全面推广了"川杂一号""川杂三号""抗杂""73-27"等优良品种。国家对棉花生产在物质（肥料等供应）、经济（价格、奖售）上有扶持，植棉技术不断提高，品种不断改良，棉花产量不断上升。具体来说，20世纪50年代亩产34.6斤，60年代亩产52.8斤，70年代亩产84.5斤。其中1973年和1978年两年平均亩产过100斤，80年代前期亩产仍保持在100斤以上。

1983年至1988年，棉花种植照样积极。1989年起，气候直接影响棉花的收获，秋收季节经常阴雨绵绵，导致植棉户常因此而头痛。不少农户夜晚在灯下手工掰剥黑色棉桃。这种恶劣的气候条件严重影响了棉花产量、质量，使得经济收入逐年减少，严重挫伤了种棉户的积极性，随之由计划种植过渡为随意种植。

2002 年年末，棉花采购站撤除。至今，田间少见植棉，家庭床上用棉也靠外购解决。

（三）肥料

肥料是植物的粮食，是直接或间接供给作物所需养分，改善土壤性状以提高作物产量和品质的物质。肥料种类较多，一般分为有机肥料、无机肥料和细菌肥料等。有机肥料是我国的传统肥料。即人畜粪。无机肥料属化学肥。民国时期，工业落后，农民不仅未用过化肥，连化肥这一词也未听说过。当时农业均用传统的人畜粪。富户牲畜养得多，还购油枯添用，用肥不愁；穷户养牲畜少，又无钱购买油枯，只有采青沤肥和积泥杂肥，由于供不上作物所需养分，故产量很低。

中华人民共和国成立后，政府向农民供应外国进口化肥（硫酸氢）和东北的豆饼肥。合作化时期，集体和社员积极养猪，并发动社员采集青肥、拾野粪、铲草皮、积泥肥以解决生产需要。公社化后，由于主观行动违背了客观规律，造成了房屋倒塌、农业减产、人畜死亡。1961 年，中央发布《农村人民公社工作条例（修正草案）》后，纠正错误，农业生产逐渐恢复。随着国家化学工业的不断发展，碳氨、硝氨、硫酸氢、尿素、磷肥、钾肥等化学肥增多，供销部门按种植类及面积进行供应，各生产队修筑氨水池蓄积肥。20 世纪 80 年代前期，化学肥料均为计划供应。20 世纪 80 年代后期，肥料敞开供应，增加了复合肥，加上政府号召社员兴修化粪池，对人畜粪进行化学处理，提升肥质。20 世纪 90 年代后至今，化肥供应充足，销售部门提供送货上门服务，保证作物获得充足的有机和无机营养，各类作物连年增产丰收。

（四）耕作制度

三岔的耕作制度总趋向为传统作物种植向经济作物种植迈进，掌握科学种田技术，进行耕作制度改革，确保增产增收。

水稻是三岔地区的主要细粮。民国时期，由于水利失修，田不保栽，农民普遍存在"吃饭难"问题。水稻种植上仍墨守成规，用老品种，采取关冬水田，导致水田只能是一年一熟，亩产仅300来斤。

1949年后，逐步改进种植方法，推广"泥水选种"、培育壮秧、少秧密植（窝行距7×8寸[①]）。20世纪50年代后期，尝试将冬水田改为水厢种麦（厢沟距3×1尺[②]）。20世纪70年代杂交稻开始种植，改进培育一代又一代优良杂交稻种。亩产连年超千斤。同时又在水稻收割后，进行开沟排水炕土处理，然后移栽油菜或种上蔬菜、青饲料等。田块、炕土处理后种植的油菜，亩产均比旱地增产30%左右。一田一熟变成一田两熟，大大提高了土地使用率。

小麦，改变了传统稀植点播为密植。先后推广了"条播""宽窝两头播""小窝点播"和"增窝少种"等种植法。近年，大力提倡"双二五"和"双三零"的规格套种作物，套种时，苗状高矮、成熟期早迟，均合理调剂搭配，使之光照充足，抗病虫害力增强，有利于作物生长，同时又为大春作物的种植作好铺垫。

（五）农田建设

1. 改土改田

民国时期，土地私有盛行，地主豪绅占有大量土地，贫苦农民只能依靠租种地主的土地维持生活，只能沿用陈规挑沙、面土。少数人哪怕仅有一席之地，也率家人成天耕耘忙碌，排整水系，保坎砌边，用塘泥掺杂沙土改变泥性，增厚土层。使一家人赖以生存的一席之地变成良田沃土。

中华人民共和国成立后，广大农民通过土地改革，分得了土地，才有

---

① 1寸约等于3.33厘米。
② 1尺约等于33.33厘米。

权培植改造自己的土地。合作化入社后，普遍采取薄加厚，小改大，开沟筑埂，排水防旱等改良土壤工作。到了20世纪60年代，广大农民学习大寨人的经验，组织改土专业队伍，开始了坡土改梯田的群众运动，挑塘泥、田泥上山以改良山地土壤。

20世纪后期，三岔水库建成蓄水，为适应水利化后的生产需要，三岔镇有计划地对一湾一沟的旱地进行改造，依山取势，筑埂平土，成片地将旱地改造成能排能灌的水旱轮作的两季田（水稻收割后排水、炕土、种植其他小春作物）。

2005年，四川省"金土地"工程在三岔镇实施。规划对三岔镇10村65个社进行综合治理，包括三岔镇的石庄、光荣、坚石、四耳、汪家、八角、板桥、高厂、清庙、花厂村。规划整理旱地面积822.40公顷（约1.23万亩），整理后实现净增加耕地面积1 680亩。

该项目对规划面积进行土地平整、土壤改良，并修建了配套的灌、排工程，实行田、林、路、沟渠的统一规划。采取弯埂取直、斜尖改正、以小拼大、挖高填低、大坡改梯、小坡改平的原则。同时修建"三沟"（沿山沟、地边沟、U形排水沟），修建"三池"（蓄水池、山粪池、沉沙池），兴建田间小道，达到土地平整，土层增厚，肥力提高，耕地扩大，既有利于肥水供应，水土保持，又便于机械操作。

2. 沼气建设

1958年，江津等地曾一度掀起群众性办沼气的热潮，当时面小。

1974年，省、地、县政府设立沼气领导小组，抽调人员对各地方进行技术培训，推广沼气池的建设和沼气使用。三岔设沼气办公室，并配备专职技术人员刘治全（三岔镇清庙村人）先后培训农民技术员数十人。1974年和1975年两年间分期分批建起沼气池1万多口。但当时所推广的建池规格不够科学，有的仅一口就启用，没有起到化粪的作用，故产气也少。

1979年，按照省的指标，把沼气工作的重点转入抓质量、抓管理，改进池型结构，按"三结合"、圆小池、活动盖、散水坡，三口布局合理等要求建池。

近年，三岔镇场镇建设和村居建设均要求沼气建设同步一体化，政府、国土部门给建房建池一体化者实行政策性优惠（即建一口沼气池批地15平方米）。至2005年全镇共建沼气池2 632口。环境卫生、环境保护等方面发挥了显著作用。人畜粪通过化粪处理，有机肥肥效增加，庄稼连年丰产。

（六）植物保护

植保，即对植物病虫害之防治，而予以人为的保护。在封建社会，则是上无议，下无闻。把一切归于天命鬼神，则是统治者借以麻痹愚弄人民所喜于闻乐于行的。

中华人民共和国成立后，在农业互助合作运动中，始用上农药、农药器械。1958年，毛泽东提出的"农业八字宪法"（土、肥、水、种、密、保、管、工）中的"保"字即指植物保护，防治病虫害。由此，工农业生产引为重视，轻化工业不断生产农药、药械。农业则普遍应用农药、药械。各地选派专业维修人员到村社维修农药用器械，加强对农作物的除虫防病工作。农技部门则随时进行指导，开展专题讲座、办农技专栏、橱窗，宣传农技知识，使植保技术普及各社队，由此，各类作物大幅度增产。

20世纪80年代前施用农药主要以杀虫剂为主，杀菌剂施用很少。杀虫剂的品种以国产高毒、高残留农药为主，如"1059""1605""乐果""氧化乐果""滴滴锑"和"水铵硫磷"等，杀菌剂只能在少数经济作物上施用。如"番茄""海椒"。药剂种类也只有几种无机农药，如"波尔多液""石硫合剂"等。

20 世纪 80 年代，由于农业技术的推广加强，农作物防病治虫的技术有很大提高。治虫使用的药剂逐步向低毒、高效、低残留发展。如进口"拟菊脂类""沙蚕毒类"，有机磷类也使用中低毒品种，如"三唑磷""乐欺本""辛硫磷"等。杀菌剂使用范围逐步扩大，不仅用在经济作物上，而且在粮油作物上开始兼用。如：小麦使用"三唑酮"防治小麦锈病、白粉病；水稻使用"稻瘟灵"、进口"富士一号"防治稻瘟病，用"井冈霉素"防治纹枯病；棉花使用"多菌灵"防治棉花炭疽病、立枯病等。

在此期间，除草剂开始推广使用。用"绿麦隆"在麦田中除草，用"敌稗"在秧田中除稗草，还有小面积使用"草甘膦"和"克无踪"除空地杂草。当时，除草剂除草，很多农民不能接受，特别是带状性除草（即在有禾苗的庄稼地中用药只杀草不伤庄稼），通过技术部门的示范，方开始接受。在这时期，植物调节剂开始在少数作物上使用，在棉花上使用"缩节铵"使植株紧凑；在小麦上使用"矮壮素"使小麦矮健，减少倒伏；在水稻杂交制种时使用"九二〇"提高母本抽穗，减少苞颈，提高制种产量。

20 世纪 90 年代，化学农药在种植业上的使用更加广泛，使用的药剂品种更加丰富，范围更大，药品的科技含量更高。药剂品种由 20 世纪 80 年代的 20 多种增加至 100 多种；杀虫剂从有机磷类几种扩大到 20 多种；有机氮类从两三种扩大到 10 多种；菊脂类由两三种扩大到 20 多种；杀菌剂由几种扩大到 20 多种；除草剂从几种扩大到 20 多种，既有用于空地的灭生性除草剂，又有多种带状性选择性除草剂，几乎多种作物都存在带状性选择性除草的可能。植物生长调节剂从一两种扩展为十几种，多数作物上都根据不同目的使用调节剂，如：玉米中期使用玉米"矮丰"增加抗倒伏能力；小麦使用"矮丰"、水稻使用"多效唑"均提高分蘖；花生使用

"矮丰"提高结实；果树使用"促花剂"增加开花量，使用"保花、保果素"能保花保果；蔬菜使用不同的调节剂使之提前或推迟上市时间。广大农民对药剂的选择也趋于高档化，很多进口杀虫剂、杀菌剂、杀螨剂、除草剂也广泛使用。国产农药也有很大提高，还大量吸收国外先进技术，采用复配方法，从而使化学农药的效果更好，毒性趋于低残留。

进入 21 世纪，化学农药的走向主要是提倡环保、绿色农产品为方向。淘汰高毒高残留农药，中毒农药开始限制使用。生物农药开始在部分作物、部分地方使用。杀虫剂类有"苏六金杆菌""阿维菌素""捕食螨"等，杀菌剂类有"井冈霉素""春雷霉素"和"多抗霉素"等。

（七）农业机具

随着社会的进步和工业化发展，农业机具发生了翻天覆地的变化，传统的全靠畜力操作的农具已彻底被机械所代替；提灌、加工业由动力机械转化为电力机械。机械化程度及使用率大幅提高。

1. 手工工具

民国时期，农业生产工具一直是沿用传统手工工具，结构简单原始，全靠人力和畜力操作，效能不高，在机械化未普及的今天，部分传统手工工具仍需沿用，如扁担、箩筐、背兜、连盖、镰刀、齿镰、犁、耙、龙骨水车、风车、手锤、钢钎、大锤、二锤等。部分在形式结构、效能上有新的改进和提高。如运输工具"叽咕车"（俗称"鸡公车"）全改进为"铁公鸡"。整车除橡胶轮子外全是铁质品了，且有制动装置。规格品种增加有大号、中号、小号，有加重型、普通型、平板式等，尽管仍用手工操作，但比木质鸡公车耐久、载重增加几倍，操作简单安全，一般家庭都适用，全镇计有 2 000 余架。瓜当、粪桶都以塑代木；锄改进为空心锄、钉锄。

2. 半机械化机械化

民国时期，农用半机械工具，只有皮辊轧花机。1949 年后，人机结合的半机械农用机械越来越多，喷雾器、喷粉器、脚踏式打谷机等。20 世纪 80 年代以后，先后使用了玉米脱粒、红薯切片磨粉、电动打麦、打米机和粉碎机，以及电动式简易稻麦脱粒机。人机结合，功效高于手工操作的十倍以上，解放了生产力，发展了生产，也解除了外出务工人员的后顾之忧。

进入 21 世纪，生产机械化得到广泛推广，家用电力水泵、潜水泵进入千家万户。据 2005 年的统计，三岔镇 80% 的农户家庭用电力水泵抽井水饮用，达到一按电钮水自来化，30% 的农户用水泵随时提水浇灌庄稼、果树，20% 的农户购置了新型稻麦脱粒机，10% 的农户购置了家用碾米、粉碎多功能组合机。全镇已有 5 台简易小型旋耕机，稻田坑土处理使用最多。运输工具大量增加，三轮车、四轮车、六轮车、汽车，用户随叫随到。2005 年，联合收割机投入乡镇田间作业。农业机械化的推广与普及促进了农业生产发展，彰显出强有力的作用。

三、养殖业

养殖业在我国已有悠久的历史。民国时期，由于防疫、饲养、管理守旧，病疫时常流行，损失巨大，养殖业发展缓慢。中华人民共和国成立后，人民政府十分重视畜牧业的发展，制定了一系列方针、政策措施。设置畜牧机构，培训防疫技术，引进改良品种，改进饲料组合，有力促进农牧业生产发展，从而提高人民生活水平。

（一）家禽

1. 鸡

养鸡是农民增加收入最普遍的家庭副业。传统繁殖法依赖母鸡自然孵化法。每窝可孵 20 来个，孵化期 20 天左右。党的十一届三中全会后，农村养鸡迅速发展，为满足市场需求，便采用热水、电批量孵化法，一次即可孵化数千上万只。优良品种越来越多，巴白鸡、九斤黄、吐绶鸡、黄杂鸡、乌骨鸡等。三岔镇常年每户平均养鸡 5 只，2003—2005 年，国兴村、高厂村有两户养鸡大户，户均养鸡 800 只以上。养鸡成为发家致富的好门路。

2. 鸭

过去的冬水田，成为养鸭的主要场所。20 世纪 70 年代后，冬水田改成水旱两季轮作，养鸭只好在池塘、河沟或旱地圈养，故养鸭户不多。养鹅与养鸭情况基本相同，养鸭户比养鹅户多。

3. 鸽

鸽品种有"传书""肉用""玩赏"三类。传书鸽，每小时可飞 70 千米。肉用鸽体重可达 1.5 千克，其营养丰富，有补脑壮神之功。1984 年至今，三岔镇设有定点鸽市场，鸽协会开展活动持续不断。

（二）家畜

1. 牛

农村养牛用于耕作、拉磨和运输。一般为水牛犁田犁地，黄牛拉磨、运输。

1981 年，农村实行责任制后，田土块划小，耕作制发生了新的变化，农户多以锄耕取代牛耕，耕牛便无用武之地，渐被淘汰，至今已不多见。

20 世纪 90 年代至 2005 年，三岔镇内国兴村 4 社和花厂村 4 社先后办起了奶牛养殖场，各场有奶牛 6~12 头，每天产奶 60~120 千克，给当地人民提供了丰富营养保健食品，饲养场经济效益佳。

2. 猪

养猪是农户积肥和零存整取的一项副业收入。占所有副业之首位。三岔镇过去主产本地黑猪。中华人民共和国成立后，畜牧部门先后引进隆昌狮子头、内江猪、约克猪、长白猪、杜洛克等优良品种，并开展自繁自育，使养猪事业不断发展。

过去农户养猪，多采取买小猪，卖中猪（架子猪），富裕户则喂母猪繁殖，出槽后卖小猪（价贵），买中猪（价廉）育肥，投资少出肥快。

公社化后，实行集中养猪。由于"左"的影响，违背客观规律，大办"万头""千头"猪场，饲养管理跟不上，发病率高，死亡率大，造成巨大损失。1962 年，开始纠正"左"倾错误，采取"公养为主、私养为辅"的方针和各种有效措施。养猪事业回升发展。

1981 年实行农村责任制后，撤除集体养猪的方式，鼓励发展社员养猪业，这给人民生产生活带来新的变化。繁殖生产出的仔猪大量销往西藏、贵州、新疆等省、市、自治区。饲养出的生猪畅销全国各地。由于粮食和肉类产量增多，城乡人民在饮食习惯上发生转变，由过去的喜肥厌瘦变成喜瘦厌肥，更加讲究科学，注重营养。

3. 羊

民国时期，县内养羊比较普遍，品种以本地羊为主，体形中等，肉质细嫩，板皮质量优良，全国著名，境内各场有市。因皮之利，饲养者多，境内岁销 6 万只，并有商贩各场收购羊皮，行销省城及重庆制革公司，岁销羊皮约 6 万张。饲养以定桩放牧为主。繁殖方式多用本交。20 世纪 30 年代后，县内曾引进成都麻羊、成都麻羊与美国努比羊的杂交羊，经与本地山羊交化，形成混血种大耳山羊，贾家、养马、三岔等地分布较多。1949 年，全县年末存栏 12.63 万只。1949 年以后，特别是实行土地联产承包责任制以后，三岔片区山羊出栏量大幅上升。进入 20 世纪七八十年代后，三岔片区羊肉汤成为享誉省内外的美味佳肴，山羊肉需求量迅速攀升，甚至供不应求。

4. 狗

狗为人类最早驯养之家畜，乡人多养于看家，但易染狂犬病。各级政府畜牧部门高度重视，按照市委〔2004〕167 号文件要求，认真落实"管、免、灭"统合防制措施。规定绳链长度 3 米以内拴养。三岔镇户养狗率常年达 70%，拴养率达 95% 以上，免疫密度达 85% 以上。近年，人们物质精神生活水平提高，喜好养宠物（各类小狗）赏戏，场镇喂养多于乡村，大城市还专设宠物医院、宠物门诊。

5. 兔

养兔是乡民养殖业中的小型副业。政府、畜牧部门为农民致富、发展畜牧事业、搞活地方经济，曾先后引进青紫蓝兔、日本大耳兔、德国安哥拉兔等。1990 年，引进优良品种加利福尼亚兔，1997 年，引进獭兔饲养繁殖。1998 年，全镇喂獭兔种兔 2 000 余只，每只价值 100 元左右，养兔事业迅猛发展，成批量销往各地，活跃了地方经济，增加了农民收入。

（1）獭兔

獭兔原产于法国。原名"卡司它、力加斯"，法文意思是"海狸王"。因其皮毛平整美观，可与水獭皮毛媲美，故称"獭兔"和"天鹅绒兔"，是一种优良皮用兔品种。它是 1919 年法国用普通兔群中出现的一个突变种培育而成的，其皮毛特点是密、短、细、平、美和牢。全身密生光亮如丝的短绒毛，平均每平方厘米为 1.4 万至 1.8 万根，毛长仅 1.2 至 1.3 厘米。绒毛平均细度为 16 至 18 微米。直立而柔软，弹性好，不易脱落，保温力强。被毛上无突出于绒毛之上的枪毛。遗传性稳定。20 多种天然色彩的獭兔，如黑色、红棕色、纯白色、黑貂色、青紫蓝色、海貂色、蓝灰色、紫丁香色等，其中以白色、蓝色和棕色最为珍贵。各色獭兔一般背部色深。身躯两侧由背到腹，颜色逐渐变浅，腹部颜色最浅，体形不大，发育匀称，平均体重 3.0~3.5 千克，体长 40~45 厘米，头小嘴尖，眼大而圆，耳

102

长中等，动作灵敏，半年内可成熟，产肉率高，年繁殖4胎左右，每胎产仔6~7只。

1997年至今，三岔镇獭兔养殖一直未衰，市场经济走俏，每千克价值16~18元，每只种兔价值100元左右，1998年，全镇计有种兔2 000余只，为当地村民创造了巨大财富。

（2）长毛兔

长毛兔体型较长，成年兔体重3.5~4.0千克，体长43~46厘米，胸围35~37厘米。头部偏尖削，鼻长而高，耳大较薄，耳背无长绒毛，俗称"光板"。额毛、颊毛和脚毛均为短毛，腹毛较短，被毛密度差，枪毛含量较高，不易缠结，毛长为10~13厘米，最长达17.8厘米，毛质较硬。繁殖力强，年繁殖3~4胎，每胎6~8只。母兔泌乳性能好，环境适应较强，耐粗性较好，每只毛量为0.4~1.0千克，兔毛适用于纺绒和做粗纺原料。

1983年至1995年长毛兔养殖率达高峰，当时，市场毛价70~80元/千克。

（三）疫病防治

三岔镇畜牧站的畜牧工作者贯彻执行党和政府制定的对禽畜疫病"防重于治""预防为主"的方针和《家禽家畜防疫条例实施细则》，严格遵循技术操作规程，在日常工作中，以严谨细致的态度确保常年达到畜禽防疫头头注射，只只免疫的标准，同时不断加强检疫工作，使得检疫均达要求指标。同时，畜牧工作者采取了分类指导、精准施策的方式，具体工作如下：

①对小家禽存笼500只以上的养殖户，指导督促农户搞好禽流感、鸡新城疫的免疫工作；

②仔猪坚持阉割时同步免疫猪瘟和口蹄疫苗，并佩戴免疫耳标，种猪、母猪每年接种口蹄疫和猪瘟苗两次；

③抓好山羊口蹄疫、羊痘、羊传胸和羊三联苗四种疫苗；

④按照各级要求，狠抓狂犬病的防治工作，坚持"管、免、灭"综合防治措施，免疫密度达 85% 以上；规定绳链 3 米以内拴养，拴养率达 95% 以上；

⑤上圈青猪坚持春、秋二季普免，兽医或兽防员亲自打针，同时，搞好清圈消毒和发放驱虫保健药剂等工作，消毒面达 100%，同时加强免疫标识管理制度，无标识生猪不得屠宰和销售；

⑥建立健全动物免疫档案，按各类畜禽的免疫要求，做好记载。

1983 年至 2005 年，三岔镇畜牧站在各级党政的领导下，努力工作，有效地控制了各种禽畜疫病的流行危害，提高了农户牧业经济效益，为农民增收做出了巨大贡献。

四、林业

(一) 林业资源

三岔镇位于简阳市西部，属龙泉山脉东南翼断裂层，是由西向东斜的浅丘地。平均海拔 420 米，常年平均气温 17 摄氏度，年平均降水量 882.9 毫米，加之水库常年蓄水 2 亿多立方米。水库水的渗漏，使土壤格外湿润，气温、地质、土壤、水源均铸成优裕的宜林条件。

1982 年落实林业"两制"后，群众对植林造林、护林的积极性普遍提高，陡坡秃岭便开始葱绿起来。2000—2003 年，三岔镇退耕还林达 5 000 亩，各种经济林、生态林如雨后春笋，迁飞的鸟类开始回归。如今的三岔镇已由过去的荒山秃岭变成了葱翠密林掩映于苍岩翠谷，田畴水泽之间，婉转鸟语令人欣悦，果香飘飘，直入万户千家。

①绿针叶林：川柏木、松、杉属镇内主要用材林。川柏木随处可见，成片成林密度较大的有高厂村、汪家村、青庙村、花厂村、八角村、国宁

村等地。其木材是建筑、造船、家具、农具的上等材料，当地人们喜好用作凉椅（单人、双人、三四人座椅）、锄把、扁担、衣柜或办公用品。

20世纪六七十年代，乱砍滥伐现象严重，能做锄把、扁担的川柏木幸存无几。如今，人们所见到的成片密林皆为20世纪80年代初落实林业"两制"后所植。

②落叶阔叶林：桤木、梧桐、榆树、槐树、青杠等。桤木大部分栽培在低谷、田埂阴湿地带。20世纪80年代前多见，现渐少。梧桐喜湿怕水，简三路两侧尤多。榆树、槐树生命力强，随处可植，但木质差，用处少，镇内无成片林。青杠喜坡上成片生长，木质坚硬。

③常绿阔叶林：香樟、桉树、女贞等。散生在路旁及住宅周围。镇内成片林较少。香樟树，石（盘）三（岔）路两侧每距5~7米一株。

④竹类：慈竹、簧竹、斑竹、荆竹历来属人工栽培于房屋周围。其中尤以慈竹为普遍，栽培历史悠久，林相整齐，结构单纯，喜温暖湿润，乡民多取作手工编制箩筐、背兜、睡席或用于建筑草房。20世纪80年代后，大部分销往纸厂做造纸材料或竹编加工。竹类年产值全镇可达18万元以上。

⑤落叶灌木：黄荆、马桑、白栎多混生于山坡、田土埂间，冬伐春长，生发力强，为农村燃料用。

⑥草丛植被：黄茅（即茅草）、白茅（即巴茅）、芦（即芦稿）、苇（铁巴茅），过去农户修盖草屋用材，现作为燃料。其他草类，种属亦多，皆属天然植被。

（二）植树造林

20世纪50年代，林木疏于管理，乱砍滥伐。

1955年至1959年，在毛泽东主席"绿化祖国，实现大地园林化"的号召下，县区社各级采取引进种子、培训技术、育林造林、禁止乱砍伐等措施，发动群众大搞"四旁"（即河旁、路旁、水旁、宅旁）绿化，农村实行林权下放，并规定砍伐制度。

1982 年，贯彻国家对林业的一系列方针政策、法令，进一步落实林业"两制"，群众性的植树造林活动进一步推向高潮，县市各局纷纷利用植树节（3 月 12 日）前来库周、渠旁开展植树造林活动。在护林法规上，根据国家《中华人民共和国森林法》制定了"护林公约"和"五定一奖制"，并辅以《林木采伐许可证》《木材运输许可证》等作为具体保护森林的补充规定。逐户签订《林业管理合同》，形成户户造林，人人护林的局面。

2000 年至 2003 年，三岔镇开展退耕还林，实施还林 5 000 亩，栽培经济林、生态林，进一步扩充森林覆盖面，恢复生态平衡。

（三）林业经济

三岔境内，历来只有零星分散地利用住宅周围土地种上几株桃、李、杏、梨、核桃供家人食用。人民公社化后，一些社队不同程度地引进橘、橙、桃等品种，但失于管理，产量收益均不高。

1981 年，落实责任制后，果林地划分到户，农户通过精心管理，效益渐增，板桥村二社农户的蜜桃、八角村的橙子分别给农户增产增收 10 万元以上。

2000 年至 2003 年，三岔镇实施退耕还林 5 000 亩，其中 80% 的面积植上了"意大利无核血橙"，三岔镇便成了"四川省血橙之乡"。三岔血橙也于 2003 年被授予"无公害农产品"称号，2004 年果子已大量上市，销往新疆、上海等地。花厂村、汪家村种植风水梨、黄金梨、香水梨，板桥村、人民村则重于栽桃，其他村社有的种枇杷，有的栽核桃、柿子等，产业结构调整后，农户产值增长两倍以上。

三岔镇村民房前屋后普遍喜欢栽培慈竹，近年慈竹用处更广泛，除家庭打杂用少量几根外，大部分由商人购买销往纸厂做造纸材料和销往加工厂加工成胶合板，成为建筑装饰的好材料，全镇年平均生长的一年青慈竹计约 915 000 千克，创益 18 万元之多。

随着生活水平的提高，部分村民已改用汽、煤为炊，即使未用煤和汽的农民解决燃料问题用作物稿秆也是足足有余了。砍伐杂木、灌木做燃料的现象已极为少见，促使林业发展迅速，不仅起着护坡固坎、保持水土的作用，而且对环境美化，打造美丽家园也有明显效果。

（四）林政管理

1. 管理机构设置

1960 年至 1982 年，三岔区设林业员 1 人，进行林业日常工作。

1983 年至 1992 年，成立护林领导小组，由 3~5 人组成，下设办公室，工作员 1 人，处理日常事务。各公社、大队设林业员 1 人，负责督促检查管理木材市场，处理违法活动。

1993 年至 1995 年，三岔镇设林业办公室，工作员 1 人，负责区域内森林资源的管护和植树造林。

1996 年至 2001 年，三岔镇设林业站，3 个乡级护林员，下设 17 个村级护林员。

2002 年至 2005 年，设林业站，工作员 1 人，取消乡级护林员，17 个村级护林员调整为 8 个村级护林员。

2. 履行职责

林业站负责区域内的退耕还林、天然林保护工程，荒山造林等工程项目，做好限额采伐，林地占用、林木加工，经营运输管理工作，保护野生动物。

林木采伐：本人申请—村社证明—现场勘测—颁发林业采伐证。

占用林地 1 亩以内：项目单位申请—现场勘测—林地补偿费及森林植被恢复费—市局审批。

五、渔业水产

（一）生产

渔业在我国已有悠久的历史。20 世纪 70 年代前期，三岔境内仅靠塘堰及冬水田养殖草鱼、鲤鱼、鲫鱼。但无养鱼捕鱼专业，随意性强，故成效甚微。20 世纪 70 年代后，冬水田被改为水旱轮作后，仅塘堰可养鱼了。到 1976 年，三岔水库建成后，渔业发展为境内新兴的重点养殖业。

1. 水库养鱼

水库建成后，为发挥其综合效益，1985 年，三岔水库建立渔场，并进行网箱试养。于 1988 年试养成功，并带动了许多养殖户积极参与，水库网箱养鱼迅猛发展。到 1993 年已由 1988 年的十几箱发展为几千箱。成群结队的渔车来三岔水库装载，鲢鱼、草鱼、鲤鱼在车厢里活蹦乱跳，销往重庆、泸州、南充、昆明、广州等地。网箱养鱼成功带动了地方经济的增长。由不断膨胀养殖发展到养殖混乱而无法控制，1994 年网箱养殖已达 12 000 多箱，造成了环境影响，省市领导高度重视，并进行专项整治，要求压缩控制在 2 500 箱以内。1995 年起，网箱养鱼逐年减少。2001 年"一山两湖"开发，网箱养鱼已控在 4 000 箱内，水库效益开始从养殖业向旅游业方向转移。2004 年，水库主坝白蚁整治，水库放水至死水位置，网箱养鱼暂停养殖。

三岔水库水域面积 27 平方千米，常年捕鱼量达 260 万千克，年产值 2 700 万元。

水库养鱼开始养殖草鱼、白鲢、花鲢、鲤鱼、三路鳞等。为市场发展需求，现已向中高档绿色品种发展养殖鲈鱼、丁鲑；江团和斑点差尾鱼等，充分体现三岔水库的"名""优""特"。

2. 塘堰养鱼

三岔镇地理条件优越，有水库"得天独厚"和"近水楼台先得月"的环境条件，全镇有塘堰147口，面积达440余亩，常年蓄水达29.3万立方米。其中有37口用于蓄水栽藕，年产值计18万元。有110口用于养鱼，常年产值达170万元。

四耳村鱼场2001年保坎整治，租田并塘扩建，投资几十万元，现已达110亩。2000年前只有几十亩，多用于孵化水花鱼苗，少养成鱼，年收入十几万元。2005年养殖幼鱼苗出售，收入36万，养成鱼收入18万元。

承包田块养殖幼鱼苗出售成为当地人们的致富门路。1996年至2005年三岔镇内先后在四耳村、坚石村、花厂村、国兴村有六户人家养殖幼鱼苗出售，常年收入少者几万元，多者几十万元。幼苗鱼种主要以花鲶、大口鲶为畅销品种。

20世纪90年代初，清水村、国兴村有二十户人家从平泉周杰明养殖场引进甲鱼（俗称团鱼）进行试养，试养十分成功。但由于当时市场需求量小，经济效益不佳，故渐萎缩。现有几户人家养殖，年产值均达2万元以上。

（二）水面利用

三岔水库是一座综合利用的水库。1985年，三岔水库进行网箱养鱼的试养工作，1988年试养成功，并得到有关部门的鼓励和倡导，使网箱养鱼迅猛发展，到1993年已由1988年的十几箱发展到几千箱，1994年达12 000多箱。政府及有关领导十分重视，采取措施压缩、控制网箱的膨胀，限额控制在2 500箱以内，水库效益开始从养殖业向旅游业方向发展。

三岔水库水域面积27平方千米，是省市规划"两湖一山"的旅游区，自水库建成以来，迎来国内外游客150万人次之多。常年接待5万人次，高峰时年接待游客24.87万人次。游客们有的驾乘水上自行车漫游，领略迷人的水上风光，有的乘坐快艇感受高速冲浪的刺激。夜晚，陪伴家人乘坐环湖游艇，繁星点点，山水相映，岛上那醉人的民族歌舞和别具情趣的篝火晚会带来的欢笑声令人流连忘返。

三岔水库每年发放钓鱼证 1 000 份，成都、简阳各地钓鱼爱好者纷纷驾乘车投其所好。仅此项收入，年获利几十万元，自古以来，人们皆有钓鱼可磨炼修养之说。

（三）渔政管理

三岔镇设水利水产管理站，工作员 2 名，依据《中华人民共和国渔业法》推进全镇渔业发展工作，负责指导引进新品种鱼苗的繁殖工作；调解个别养殖户发生的纠纷问题；监督管理维护承包塘堰从事养殖生产者的使用权和所有权，不受任何单位和个人的侵犯；处理偷捕、抢夺他人养殖的水产品，破坏他人养殖水体、养殖设施的坏人坏事。

三岔水库水域辽阔，20 世纪 80 年代成立了渔业监督管理站。负责巡逻、管理、处罚乱炸、乱捕鱼等违法行为。2001 年成立渔政中队综合执法股，主要负责水库渔业资源保护，调解处理养殖户发生的纠纷，保护养殖户的合法权益不受侵犯，协调渔事服务相关工作，负责划分水库网箱养殖区域，实现旅游与养殖区域明确化。

渔政管理科学合理、制度建立健全，渔业发展为地方经济发展服务。

六、农村收入分配

自土地改革后，农业生产进入互助合作集体生产，由初级、高级社到人民公社化，国家在每个阶段均制定了符合国家、集体、个人三者利益的收入分配政策。公社、大队、生产队按年进行小春预分试算、大春预分预算、年终决算，向社员公布投劳、投肥任务完成情况、清理核实作物产量、核实生产投资费用、进行预、决算；按政策规定进行物质经济的分配，进行张榜公布，应分实物、现金当众兑现。

1949年以后，实行三级所有，以此为基础后，农民每年要交足国家的粮食、棉花、油菜等农产品任务，至2006年后才取消了粮食征购和农业税缴纳。

据统计调查：1962年至1982年的分配情况，实际上交国家的征购粮食只有黄谷、小麦等，剩下的是一些粗粮和杂粮才是农民的口粮。现金收入，人均一年都在90元以下，少的只有15~30元。

七、水利

（一）水文及地下水

1. 水文

绛溪河为沱江西岸干流，发源于龙泉山脉仁寿县境内，于简城北注入沱江。流域面积889.9平方千米，县境内干流长68.5千米，自赤水河汇流处溯流而上，横贯三岔区境55千米。其右侧有八仙桥河、海螺河、盐井河、泉水河、龙河堰、肖公河、官河堰、蔡河；左有石板河、金鸡河、大安溪、板桥溪、龙云河等十余条支流汇入。1976年在上游修建三岔水库，该水库已拦蓄集雨面积161.2平方千米，有水库渗漏水和龙泉山引水工程余水补给。其流量已发生变化，在考虑洪水析减修正后，其洪峰流量计算值为：频率 $P=20\%$，1 124.3 立方米/秒；$P=5\%$，2 355.7 立方米/秒；$P=3.3\%$，2 759.4 立方米/秒；$P=2\%$，3 268.2 立方米/秒。

关于地表径流水及其利用情况，沱江以西地表径流量为33.28万立方米，占全县径流总量55.6%。加上县外来水（即东风渠2.0亿立方米，天然流水0.6亿立方米），沱西地区多年来平均来水量为59.5亿立方米。

沱西现有水利工程对地表径流利用率为38.5%~41.7%，东风渠引水在沱西得到普遍利用，而天然外来水则利用较少。

2. 地下水

地下水形成的特点及活动规律。由于地质构造，简阳西部为龙泉山背斜东翼，褶皱比西翼相对平缓，东南部为贾家场向斜和威远旋卷构造波及区，褶皱宽阔平缓，近于水平。因而构造裂隙不甚发育，地下水的形成往往不如构造裂隙基础上发育的浅层风化裂隙，故浅层风化裂隙是县境内占主要分布的最普遍的地下水类型。

由于降水充沛，地面水文网密布，含水岩系遭受切割破坏，形成低山丘陵地形，岩体间往往孤立，无水力联系。除裂隙发育外，由砂泥岩互变或突变组成的多层复合式含水岩体，彼此间有隔水层隔离。各含水层间无水动力联系，地表径流途径短，补给面小，主要靠降水补给等因素，使地下水循环交替较为强烈，就地补给，就地排泄，涌水量较小，受季节性和降雨等因素的影响。

沱江水系为各地局部侵蚀基准面，相对比高 30~60 米，决定了浅层裂隙水循环交替强烈。30 米以下的地下水因母岩中的可溶性盐长期遭受溶滤，水质良好，矿化度多在 0.3~0.5 克/升之间，为重碳酸钙型水。而 30 米以下，因交替循环缓慢，基层中可溶性盐分亦未被充分溶滤，乃至微咸水及咸水界面明显，水质多为硫酸钙钠型、硫酸氯化钙钠型。此特征说明：基层风化带裂隙水运动的基本规律，为开采红层地区风化带裂隙水的合理深度，提供了依据。

地下水的贮量及利用情况。据县水利部门对现有机井的调查资料，日出水量 60 立方米的占 45.4%，50~100 立方米的占 30%，100~200 立方米的占 7.8%。初步估量，简阳全县地下水储量为 0.54 亿立方米，可开发量为 0.27 亿立方米。其中沱西储量为 0.28 亿立方米，可采量为 0.11 亿立方米，较沱东地区偏少。全县现已配套机井 35 口，年平均供水量 75 万立方米，其中沱西 4 万立方米。总之，县境内地下水储量有限，但水质较佳，广泛适宜小型生活用水，或解决局部灌溉，不适用于大型灌溉（见《简阳土壤普查资料》）。于此，亦证实省内地下水资源的分布特点，即"盆地西多东少，盆西平原最丰富，位居全省之冠，盆东次之，盆中最为贫乏"[①]之说。这与三岔区的实际情况是相符的。

（二）旧时水利状况

1. 水源利用

河堰是利用溪流拦河扎堰的古老取水灌溉设施。区境内绛溪河上，即有河堰56节，系古代劳动人民以石墩、石板排列装砌而成，用以拦蓄流水形成1至2米落差，籍水力冲转筒车提水灌溉，沿绛溪两岸十余条小溪，亦分段用乱石垒砌为堰计244节，但流量小，不能安扎筒车，仅作积水之用，至需水时，靠人力操纵龙骨水车、爬爬车提水。

塘埝是山地蓄水的主要设施。区境内旧有541口平塘，用水时由高放低灌溉农田，或以人力挑运用于旱地浇灌。由于年久失修，部分蓄水能力低失，至有毁埂复耕者。如民国《简阳县志》载："以埝作稻田，贪目前之利，忘久远之谋，比经旱歉，或知积水之利大矣。"到民国二十年（1931年）后，因缺水而改田为土种植旱粮者较为普遍。

古井、泉凼、蓄水池。在既无溪流又无塘埝的沟谷地带，则多井、凼、池之设。这是在土地私有制下，劳动人民的创造，为少占耕地，又利用泉水或潜水而掏掘成的。区境内有此种井1 000余口。（饮用井除外），有泉、蓄水池300余个。到需水时，则以桔槔（撑杆）或戽蓬取水、但灌溉面极其有限。

2. 取水工具

筒车，相传为春秋时鲁般所创。其形如巨轮，主要用竹料结扎而成

---

① 杨海庆. 四川省地下水资源基本查清［N］. 四川日报，1983-10-25（02）.

（附图），每年于秋汛后扎制至次年夏汛前拆除以避洪期。区境内绛溪流域每堰一架，面长河公社傅家坝因自然与人为的落差较大却是一堰双车，故乡人名其为"双筒车"。全区 56 堰即有 57 架，最大者轮径达 18 米，最小轮径亦在 7 米。利用河堰水力冲动，竹轮循环转动将每一竹筒盛满的水旋上一定高度，倾入接水木槽，再通过竹制水管输入农田。在正常情况下，每架能保灌 30~40 亩稻田，并可从稻田中取水浇灌大量旱地作物。

爬爬车，旧时提水工具之一。亦用竹料结扎而成，形似筒车而简便。没有叶笆，不需水力冲动，但需人力在车圈内攀爬使之转动，故名。一般大者轮径 5 米，小者 4 米，按需水高度，因地而设 2~5 架，呈分级提灌式。提水形式与筒车略同，一般用于抗旱。

龙骨水车，相传于三国时马钧所创，是旧时普遍使用的提水工具。由车架、叶链带、水雨、大轮、小轮组成，用人力踩动，将河、塘、凼、池内的水提到高处，作灌溉农田，或排除积水之用。在 20 世纪 70 年代水利化未建成之前，全区农村近 700 个生产单位均有此种水车，自改冬水田为两季田和使用动力提灌后，龙骨水车在大部分生产单位已失去作用。

枯槔，三岔人称"撑杆"，一种原始的提水工具，远在春秋时代已经应用。系以一横木、架在支柱上，一端系石块、一端以绳或竹系一水桶，呈杠杆式，用人力操作，使两端上下运动，以吸取井中水或泉凼水作农田灌溉。

戽蓬，又名戽斗，一种人力灌溉提水工具。元代王桢《农书》云："凡水岸稍下，不容置车，当旱之际，乃用戽斗，控以双绠，两人掣之，抒水上岸，以溉田稼。"旧时境内乡民于取水时，亦常用之。

3. 权法纠纷

在土地私有制时代，水权水规均属土地占有者所特有和把持的。规定甚严，名曰"古规"，如"先上后下，先主后客，修则按份，用则轮班，古界古缺，不准妄自开填"等。到急需用水时，亦不敢越雷池半步，违者非挞即罚，重则送官究办。到遇旱年，不是上卡下，便是下卡上，因挑水、放水、车水以致吵闹、打架、砸粪桶、砸瓜当、砸水车等纠纷，非止一端。严重者，更诉讼于官府解决，结果是权势者占优，吃苦者农民。乡民苦于用水之难，致多放干田种旱粮者。由于水田减少，大米奇缺，如民国三十四年（1945 年）《简阳县政概况》云："所产水稻，不敷民食，时仰赖川西各县运输供给。"致米贵如珠，老百姓吃饭更难。

4. 抗灾办法

区境内，夏秋多雨，溪流横溢，淹田漫坝，毁稼毁舍，尤以沿绛溪流域为烈，见清光绪戊戌年（1898 年），民国壬戌年（1922 年）的洪灾。冬天春旱加夏旱，大小春作物歉收，民不聊生，如陷水火，见清光绪壬寅年（1902 年）、民国甲子年（1924 年）的旱灾。地方政府对抗旱所采取的办法则是：请僧、道设坛念经祈雨、请水，抬川主菩萨（即李冰）游乡求雨，禁屠宰、吃素，打清醮，撵旱魃，笑狗，抬狗等荒诞不经的迷信活动，以愚弄老百姓。至于集镇、庙宇所应时而兴的捐、施、济、开稀饭厂或派人到灌口（即灌县伏龙观）背水之类，不过是官绅们沽名钓誉的所谓"义举"而已。

（三）开发与利用

1. 引蓄设施

中华人民共和国成立后，广大农民在党和政府领导下，按照共同意愿，开始了大兴水利。随着互助合作运动的发展，工程由小到大，由少到多，由低到高，由土到洋，土洋并举，先后进行了培旧堰、筑新堰、改旧塘、挖新塘、淘古井、打泉凼、修蓄水池、建山湾大堰等。至 1957 年全区共改造和新建河堰 431 节，平塘 701 口，泉凼、蓄水池 540 个，山弯大堰198 口，蓄水能力年平均灌田 3.4 万亩，占总田面积 67%，土 6.3 万亩，占总土面积近 50%。

1958 年人民公社化后，为适应农业生产发展的需要，草池、长河、回龙、玉成、福田、建国等公社先后在绛溪河、大安溪、龙云河上新建 7 座小型水力发电站，安装水轮机，利用水力作提灌，取代了筒车，开办了打米、磨粉等农副产品加工。其中草池、玉成、福田还开始了发电照明。此外，先后修建了义勇、龙河堰、转马儿、钻板堰、儒林寺五个小水库，使全区蓄水灌溉面积进一步扩大。

1970 年龙泉山水利工程开工，至 1977 年三岔水库建成。三岔区按照任务和分工，先后调派民工（包括技工）1.5 万人次参加扩东风渠、开南干渠段、建绛溪渡槽、修筑副坝、凿建低放水洞等枢纽工程，以及修建草池、兴隆、红豆湾、棉丰支渠和区境内 39 条斗渠（全长 164 千米）等。其中仅枢纽工程投工即达 1 400 多万个工日，与兄弟区并肩战斗。在这有史以来的重大水利开发中，展现了渠首、库区人民的主人翁力量，致全区有效灌面达 13.6 万亩，其中旱涝保收面积达 12 万亩。

1979 年，为解决山区农业用水问题，经县水利局批准，于同年 12 月在丹景公社保安大队新建小（二）型水库——保安水库。该水库主坝顶高108.7 米，宽 4 米、长 108 米，正常水位 105.10 米，相应库容 30.7 万立方米，淹没面积 57.3 亩，移民 3 户 18 人，配套一、二级提灌渠 6.1 千米。总工程量 15 万立方米，总投资 37.4 万元（国家拨款 12.2 万元），投入工日 26.5 万个。该水库控灌 3 个大队，12 个生产队的 1 893 亩农田，对山区抗御干旱、促进农业生产起到了重大作用。

2. 提灌设施

中华人民共和国成立后，在国民经济恢复时期和第一个五年计划期间，仍沿用旧式工具提水。尽管动用了大批劳力，但鞭长不及马腹，远不适应集体生产发展的要求。1957 年，福田乡开始购置"120 型汽油机"抽水灌田（后调去越溪支援炼钢）。人民公社化后，曾组织木工大搞工具改革，在工具改革中曾试图以木代铁试制抽水泵、压水机等，并引进了北方"解放式水车"进行推广，因限于技术和条件，未成实效。尽管如此，这些尝试虽浪费了不少木材，却集中了群众智慧，为实现农业机械化给人们增添了新而广阔的启迪，提供了可供研究的雏形。

1961年，长河公社君桥大队由永磨雕电站供电，兴建了两处电力提灌站。此后，各公社因地制宜，先后兴建了电力提灌站70处，装机72台，容量2 412千瓦，2 903马力①，控灌面积达1.4万余亩。

1962年春旱，区委号召各企业将所有动力机械下乡支农抽水，此为动力提灌之始。此后，各公社及下属生产单位陆续购置柴油机达636台套，共计5 351马力。每到耕、插、管季节，四野机声隆隆，此呼彼应。1971至1973年连续干旱，绛溪河所有塘、凼的水被抽干，诸如"金钟现顶""水里宫辰""龙宫""白马"等迷信传说，统统被掌握了现代科学设备的人们彻底揭穿，在大旱之年仍连续取得丰收。

1976年后，多数提灌站既担负农田灌溉，又利用相应能力和设备开展农副产品加工，属乡镇企业管理范畴。

1977年，在第二次农业学大寨运动中，为解决山地灌溉问题，吸取外地经验，大搞山地喷灌池。各公社、大队先后购置安装喷灌机具461台套，共计2 970马力，将山地浇灌改善为喷灌，面积达1.48万亩。

---

① 1公制马力约等于735瓦特（W）。

第四章　战天斗地建"东灌"

第一节　"东灌"工程由来

　　千年以来，四川简阳就是旱灾频发的地区。20世纪六七十年代，简阳县旱灾频发，全县生产和生活遭受严重影响（见图4-1、图4-2），人民盼水迫切。"打通龙泉山，引（都江堰）水灌良田"成为基层干部群众的共同心声。简阳县委、县革委顺应民意，排除各种困难，经过长时间的论证和筹备，在邻县退出共建时坚持启动建设，在动工三年后争取到国家立项支持。

图4-1　简阳受旱情况

（图由简阳规划馆提供）

图4-2　受旱群众排队挑水

（图由简阳规划馆提供）

简阳举全县之力，精诚团结，攻坚克难，在各方支援下，历时 10 年，建成了规模宏大且可永续利用的都江堰龙泉山灌区水利工程。这一工程不仅用于灌溉还兼顾人畜饮用，创造了简阳历史上前无古人的奇迹。龙泉山隧洞竣工通水已 50 周年，半个世纪以来，该工程在简阳的经济建设和社会发展中发挥了重要作用。

该工程建成后，三岔地区实现了自流灌溉或提灌。不论是工农业生产、畜牧业生产及人们的饮用水，都享受着"东灌"工程的惠及。"东灌"工程，即都江堰东风渠第六期扩灌工程，又名都江堰龙泉山灌区工程，是简阳人习惯称呼的"东灌"。该工程由引水枢纽（引水干渠、龙泉山隧洞、张家岩水库）、囤蓄水库（三岔水库、石盘水库）和输水渠系（干、支、斗、农渠等）三部分组成，于 2019 年被评为中华人民共和国成立 70 年来简阳市最具影响力十大项目之首。笔者通过对若干亲历者、当事人的走访、座谈，并查阅相关档案、资料，概要整理出兴建"东灌"工程的背景和来龙去脉。

（一）民意推动引水动议

简阳十年九旱，群众总结为："十年一大旱，五年一中旱，三年两头旱，插花干旱年年现。"

1967 年 2 月，贾家区信用社主任张文德在路过新南干渠时，看到渠道水流，想到本区旱情和年年需要贷款抗旱，于是产生了集中抗旱贷款打洞子引水的想法，经过反复思考更觉得这是一个百年大计的好办法。当月，在讨论新建扇子山水库方案的区水利会上，他向区委副书记王天灼提出集中抽水贷款打洞子引水灌本区的建议。由于贾家区长期缺水，抗旱贷款负担沉重，因此这一建议在会上得到赞同。随后，区委副书记李升扬安排了由张文德等人组成的勘察组，到柏合寺进行查勘引水地点。同年 4 月，由李升扬带队，区公所生产干事吴仰知和张文德参加，再次勘定引水地点。

1967年4月12日，三岔区根据永胜乡书记郭映光、乡长李绍才的反映，由区委书记樊高凯带领分管农业的副区长曾福龙和区水电管理站站长周洪安等人，徒步翻山越岭到双流县土祖庙的渠道工地察看，发现渠道规模很大，到仁寿的输水渠道已经挖通，川西平原老灌区青山绿水与本区干旱面貌形成鲜明对比，深受启发。回程途中，经研究分析，认为川西地势高，本区地势低，打个洞子就可以把水引过来解决全区农业缺水问题。回区后即电话向县水电局报告了这个情况，要求上级考虑打洞子引水解决本区农业用水问题。不久，县水电局水利股股长罗正发率技术人员到三岔区，沿着区上踏勘路线又再次进行了现场勘察，认为有可行性但需作进一步研究。

1967年6月下旬末至8月上旬，简阳遭遇严重伏旱，46天仅降雨63.3毫米。在这种情况下，8月13日，县水电局会同县计委经过方案比较，联合拟文向省、地计委和水电部门上报了《关于报送都江堰东风渠简阳灌区引水工程设计任务书的报告》。该报告提出，从都江堰东风灌渠新南干渠之天宫桥渡槽前取水，凿龙泉山隧洞5.63千米，引水灌溉简阳县沱江以西丘陵地区之耕地73.9万亩，并规划龙泉山隧洞进入简阳老君场后，采取南北干渠分水直接引水灌溉，未作囤蓄水库规划。

1968年，简阳持续遭受夏旱，从5月至6月中旬末的50天内，降雨量仅为33.3毫米。6月，省水利设计院第七规划队队长李元乔带领勘测技术人员刘立彬、徐光中、司马立勋等7人抵达简阳，不顾烈日与酷暑，在龙泉山顶展开勘测工作，初步确定了引水隧洞轴线。省第七规划队同志回忆："当时简阳社会秩序不太稳定，武斗事件时有发生，我们到简阳和去贾家一路上都很担心，但上山勘测时，当地老百姓非常支持。"

1968年6月份左右，简阳县农业小组张恩和向屈仁才政委转达了水电局副局长庞征意见，即准备修工程引都江堰东风渠水灌简阳，要打一个山洞，把水引到简阳。届政委表示赞同，并要求撰写报告。

1968 年 8 月，县革委组织人员上龙泉山踏勘，有县革委副主任郑嘉龄、县武装部苏政委苏方元、县政协主席鄢永洲、县革委政工组组长张培光、生产组组长洪其全、农水组组长张恩和、水电局副局长庞征等，以及一名部队司机和当地向导卢志成。他们从简阳乘 431 部队的车辆到达龙泉山顶三大湾后，因无公路，冒着酷暑徒步二三十里[①]，先后实地察看了山王庙进口点、张家岩和郭家沟出口点。尽管鄢永洲、苏政委年纪较大，但仍然坚持全程考察。根据察看情况，他们开会研究并初步确定了出口位置，返回后将情况报告了县革委。

1969 年春，四川普遍干旱，继 1967 年伏旱和 1968 年严重夏旱后，简阳又遭受了中华人民共和国成立以来最严重的春、夏、伏连旱，从 3 月上旬开始到 8 月初的 110 余天，降雨量仅为 83.8 毫米。沱西地区的群众要求打通龙泉山引水灌溉的呼声日益强烈，加之县上得到仁寿县正在筹备打通龙泉山麓二峨山隧洞，从东风渠新南干渠引水修建黑龙滩水库的消息。这两个方面情况促成龙泉山引水工程被正式提上县革委议事日程。最后，具有军人作风的县革委主任届仁才果断拍板，明确支持上报兴建这项工程。

（二）项目得到上级支持

1969 年 4 月 6 日，县革委会生产指挥组将《关于坚决要求把都江堰东风渠简阳灌区引水工程纳入 1969 年基建项目并催批此项工程设计任务书的报告》，分别报送省、地革委会生产指挥组，以及省、地水电部门业务组、省水利设计院、省农水局革委，请求批准该项目。

在旱情持续和未获文件批复的情况下，6 月上旬，简阳县革委会主动争取省第七规划队和内江地区水利勘测设计队支持，双方联合组成"都江

---

① 1 里等于 0.5 千米。

堰东风渠扩建工程简阳灌区勘测设计小组"。在县水电局配合下，6月16日，30余人上山展开全面的勘测工作。

6月23日，县革委主任屈仁才带领副主任陈元忠、张泗洲、郑嘉龄及县武装部政委苏方元和县水电局副局长庞征上山，步行至小堰口、郭家沟察看隧洞进出口位置，并对多个隧洞方案进行了比较。7月3日，经勘测和比较，最终在7个方案中选定"小堰口"方案。7月10日，由庞征执笔，代县革委起草报告，确认采用穿小堰口至郭家沟的方案。为解决水源矛盾，初步规划在简阳地段修建5座骨干囤蓄水库，结合小型塘、库设施，采取引蓄结合、以囤水为主的办法解决用水矛盾，同时要求引水过沱江解决简阳沱东地区用水问题（该建议未得到省上同意，因规划已列入毗河引水工程）。

7月12日，县革委派县农工部长杨昌尧、庞征及县农业局局长袁先达将该报告专程送内江地革委，但分管水利的负责人王辅成未予接见，建议他们去找军分区司令员、地革委主任陈崇礼。7月17日，地革委会讨论简阳引水方案报告时仍然存在分歧，但陈崇礼力排异议拍板表态，在报告上签字后上报省革委。

1969年7月19日至21日，省革委农业组召开会议研究简阳引水工程方案，会议由水电业务组向真善主持。简阳陈元忠、杨昌尧、庞征和内江地区水电局周泰富、古传庆，省第七规划队和都江堰管理处、东风渠管理处、仁寿新南干渠指挥部的有关同志参加。会上，陈元忠、庞征作了龙泉山引水工程方案汇报，经讨论，会议同意"小堰口"方案，并对简阳引水工程表示支持。

由于龙泉山引水工程得到了省上的明确支持，简阳县革委随即紧锣密鼓地开始工程组织筹备。8月10日，龙泉山引水工程先遣队8人上山开始工程前期筹备。8月13日，省第七规划队和内江地勘队80余人到简阳承担工程勘设任务。8月下旬，县革委批准成立"灌区工程指挥部"。

8月25日，省、地勘测队正式上龙泉山，分4个组在隧洞进口段的小堰口、中段牛心山和隧洞出口段的郭家沟安营扎寨，分三段展开隧洞地形测量和隧洞技术设计，同时进行张家岩水库和南干渠的勘测。龙泉山上的3个点往返路程近25千米，沿途地形崎岖，荆棘丛生，无路可寻，即从当地调集50名青年社员帮助扛测量杆协助勘测。经过3个多月的艰苦努力和辛勤工作，至年底完成了灌区初步规划、隧洞主体工程的勘测设计和张家岩水库通往资阳的主干渠测量，写出了《灌区工程规划要点说明》，提出新建简阳张家岩、学堂湾、燃灯寺、芭蕉林、雷通堰和资阳铁匠、石堰桥等骨干囤蓄水库。

1969年9月下旬，省革委主任、成都军区政委、开国中将张国华路经简阳，听取引水工程情况汇报后，表示支持，同时要求铁二局派人支援。在工程酝酿期间，得到屈仁才、陈崇礼、张国华等省、地、县领导坚定支持，区委干部主动作为，这充分体现出党的干部权为民所用，心为民所系的建党思想的具体实践！

1970年2月20日，龙泉山灌区工程在无正式批文的情况下，在龙泉山隧洞2号斜井正式破土动工。

原省水利局规划处干部张光华回忆：龙泉山引水工程有省上1959年规划做基础，省水利局在1968年做全省"四五"水利规划时仍将其纳入，并于当年在乐至县召开的全省水利工作会议上获得了同意。1970年4月，在全省计划会议上，由省革委会生产指挥组李林枝（原副省长）主持，对水利计划作了专题讨论。当时提出了龙泉山、黑龙滩、玉溪河、人民渠七期、绵阳武都引水、罗坝、金堂下五区共7项工程，会上有征求意见稿，会后又发布了会议纪要。之后，这些方案向省委书记李大章作了汇报并征求意见。李大章同志询问全省列7个水利项目是否过多了，最终省里确定的是龙泉山、黑龙滩、玉溪河、人民渠七期4个，即"四大水利工程"。1970年8月1日，省革委以川革发〔1970〕116号文正式将龙泉山引水工程列入国家重点水利建设项目，并命名为"东风渠简阳扩灌工程"。按上报水利部的立项顺序，仁寿黑龙滩水库灌区已先期列为"东风渠第五期扩灌工程"，龙泉山灌区则列为"东风渠第六期扩灌工程"。

1971年7月，内江地区水电局根据省水利局要求将资阳、资中纳入东风渠第六期扩灌工程的指示，组织省第七规划队、内江地区勘测队和地、县有关单位成立东风渠第六期工程规划组。该规划组结合地区"四五"和"五五"规划对灌区工程作了补充规划，并于1972年1月向省水利局和省上有关部门提交《关于东风渠六期工程规划的报告》，同时随龙泉山隧洞工程初步设计一并上报。

1973年1月23日，省革委计划委员会、省革委基本建设委员会以川计函〔1973〕21号、川革建〔1973〕25号文审查并批准龙泉山引水工程列案，下达国家投资6 000万元。值得注意的是，在该文件下达前，龙泉山隧洞和张家岩水库已由简阳县施工建成。

第二节 分步实施，十年功成

龙泉山灌区工程由简阳县委、县革委在全县范围内抽调劳动力，由县工程指挥部具体负责组织施工。该工程采取国家补助、民工建勤的方式，结合农民专业工程队常年施工与群众性突击，分步实施，历时十年最终建成。工程的一期项目为龙泉山引水工程，涵盖了引水总干渠、龙泉山隧洞、张家岩水库以及南北干渠。

1970年2月20日，隧洞工程破土动工，但随即面临诸多挑战。在铁二局小分队的支援下，工程采取了增开多座斜井、分段加速施工的策略。当年冬天，组织了 3 万多劳动力投入一期工程的全面施工。经过两年多的不懈努力，成功打通了 6 274 米的龙泉山隧洞和 25 座总长 4 700 余米的隧洞，架设了 15 座总长 2 000 余米的渡槽，建成了库容达 1 440 万立方米的张家岩水库，并开挖了 58 千米的干渠以及 539 千米的支、斗、农、毛渠。这一系列的成就实现了"打通龙泉山，引水灌良田，奋战三冬春，洞、库、渠相连"的目标，极大地鼓舞了工程人员的士气，并激发了全县人民支援工程建设的热情。

1972 年 10 月 1 日，龙泉山引水工程迎来了试通水的历史时刻。当日零时，都江堰东风渠罗家河坝的简阳进水闸缓缓升起，都江堰的岷江水汹涌澎湃地涌入引水总干渠，随后通过龙泉山隧洞注入张家岩水库。10 月 2 日中午 12 时整，张家岩水库准时开闸放水，岷江水分别涌入南北干渠，滋润着简阳这片久旱的土地。试通水的现场热闹非凡，龙泉山隧洞的进出口、张家岩水库的沿岸以及南北干渠的两旁，挤满了参与工程的民工和附近的群众，他们的脸上洋溢着喜悦与激动。在长达 58 千米的干渠上，每隔 50 米就有一名工程民工和一名当地社员坚守岗位，确保渠道的正常通水。

10 月 16 日上午 11 时 30 分，根据省上的要求，东风渠罗家河坝的进水闸准时关闭，结束了这次为期半个月的试通水。在此期间，共放出了 1 300 万立方米的水量，为南北干渠沿线的 20 余个公社、100 余个大队的近 10 万亩田地提供了宝贵的小春用水。简阳人民首次体验到了"打通龙泉山，引水灌良田"带来的惠及。

为了进一步促进灌区尽快实现全面通水并造福于民，从 1972 年冬天开始，灌区配套渠系的修建工作紧锣密鼓地展开。按照施工规划和简阳县委、县革委以及工程指挥部的统筹安排，灌区内的 54 个公社组织了 10 万劳动力，投入到这场千里长渠的建设和渠系配套的战斗中。经过两个冬春的艰苦努力（见图 4-3），新修了 3 条总长 48 千米的干渠、15 条总长 196 千米的支渠、51 条总长 226 千米的斗渠以及 610 余条总长 862 千米的农渠和毛渠。同时，还开凿了 79 座总长 7 000 余米的隧洞、架设了 70 座总长 8 000 余米的渡槽、铺设了 3 处总长 703 米的倒虹管，初步形成了完善的灌区配套渠系。到 1974 年春天，灌区的大部分社队已经受益。

1973 年 2 月 25 日，简阳县委、县革委盛大地举办了"简阳龙泉山引水工程第一期工程竣工通水大会"。主会场设在龙泉山隧洞出口，同时在南北干渠设立了 3 个分会场，共有来自工程一线的民工和灌区群众 10 余万人参与了此次大会。会场上人山人海，人民群众洋溢着喜悦之情，水利工作者们也满怀激情。省、地两级政府以及成都军区、省军区的相关领导，省级各相关单位和部门的负责人共计 200 余人出席了大会。省委书记李大章亲临现场发表讲话，并主持了剪彩仪式。此外，还有 40 余个单位到场祝贺或发来了贺电。中央、省、地、县的广播电台、电视台对大会进行了广泛的宣传报道，使得这次通水大会成为了蜀中的一大盛事。在典礼上，三岔民工、社工测量技术人员陶泽渊同志代表十万民工发表了感言。

为解决囤蓄水问题，省、地、县从 1973 年 5 月开始规划三岔水库和石盘水库的建设。三岔水库是一项经水利部批准的大（二）型囤蓄工程。在完成了施工前期的筹备工作和移民搬迁的动员准备后，该工程于 1975 年 3 月 1 日正式破土动工，标志着第二期工程的开始。经过上万民工一年多的艰苦努力（见图 4-3），1976 年 10 月 1 日，三岔水库成功引水充库。同时，在 1975 年和 1976 年的两个冬春季节，完成了库区 4 910 余户、2.4 万余人的大规模移民搬迁和对口安置工作，拆迁并新建了 3 个区、公社场镇，增建和扩建了 53 千米的支渠，修建了 8 处库区电灌站和 1 座 35 千伏变电站。1977 年春天，三岔水库开闸放水，灌区管理处全面接管了灌区的管理工作。灌溉范围扩大到了 5 个区、45 个公社、320 个大队、2 855 个生产队，共有 52 万亩耕地受益。

图 4-3　三岔水库大坝清基工程

（图片来自简阳展览馆）

　　1977 年上半年，开始筹备修建石盘水库，这标志着第三期工程的启动。石盘水库工程是为了解决北干渠后段和养马干渠的灌溉用水问题而增建的中型囤蓄工程，它利用北干渠的中、前段作为灌溉充水渠。1977 年 8 月 20 日，石盘水库正式动工修建，1978 年 8 月下旬开始充水囤蓄，到 1980 年 10 月，水库全面建成。至此，整个灌溉系统的灌溉面积突破了 60 万亩。

　　整个灌区工程自 1970 年动工至 1980 年建成，共完成了 1 630.58 万立方米的总工程量。其中，土石方开挖回填量为 1 556.77 万立方米，干、浆砌条块石工程量为 67.64 万立方米，浇筑混凝土和钢筋混凝土工程量为6.17 万立方米。在材料消耗方面，共使用了钢材 2 925.5 吨，木材 19 935立方米，水泥 45 559 吨。整个工程的总投资达到了 16 912.5 万元，其中国家投资为 9 080.1 万元，社队投劳折资 7 832.4 万元，总投工量为 7 059.74万个（包括沱江以东非受益区的 543.71 万个投工）。根据工程总投资和1982 年灌区水利工程复查时简阳的有效灌溉面积 60.52 万亩来计算，亩平总投资为 279.45 元（其中国家投资部分为 150 元），亩平投工为 116.65个，显示出该工程投资节省且效益显著。

1980 年，灌区主体工程全面建成后，灌区管理机构在确保安全运行和农业灌溉的基础上，全面开展了电、渔、林、游等综合利用，加强了灌区渠系的病险整治工作，改建和新建了部分干渠、支渠以及斗渠、农渠，进一步完善了以自流为主，引、蓄、提相结合的农业灌溉体系。2004 年，还实施了三大水库的除险加固工程和干、支渠的节水更新改造，极大地提高了水源保障能力。至 2020 年年底，有效灌溉面积已达到 74.28 万亩，其中收费面积为 67 万亩，为灌区农业生产、防洪抗旱、城镇供水、生态环境用水和经济发展提供了可靠的水资源保障。

1973 年春，龙泉山隧洞贯通后，灌区开始受益，当年的灌溉面积达到了 20 万亩。到了 1985 年，灌溉面积增加至 61.20 万亩，灌区内的粮、棉、油、林、牧、渔产业得到了全面发展。与 1972 年相比，到 1985 年，粮食总产量增加了 118%，棉花总产量虽然种植面积减少了 88 479 亩，但仍增加了 2.3%，单产提高了 26 千克，油料总产量增加了 135.1%。这一工程从根本上改变了灌区的生产条件，使原来 95% 以上的冬水田转变为一年两熟或三熟的水旱轮作稳产、高产田，复种指数由原来的 169% 提高到229%。同时，改旱地为水浇地，扩大了水稻种植面积 3.87 万亩，从而改变了灌区历史上"红苕半年粮"的食物结构，口粮中稻谷的人均年消费量由过去的 109 千克提高到 189 千克。人均收入方面，1972 年为 141 元，1978 年上升至 170 元，1985 年则达到了 535 元。此外，该工程还增强了抗御洪灾的能力，在遭遇百年不遇的 1981 年特大洪灾时，三岔、石盘、张家岩三座水库共计拦截洪水 5 654.7 万立方米，有效削减了下游洪峰。

这一伟大工程建成后，至今仍然发挥着永续利用的作用。除了引蓄水灌溉外，它还确保了简阳城区、资阳城区、天府机场、成都东部新区等地区约 300 万人的饮用水供应。这一工程还成为了天府机场落地简阳、简阳回归成都代管以及成都东进发展的重要基础，为成渝地区双城经济圈的建设提供了有力支撑。

第三节 三岔人民在"东灌"工程中的贡献

三岔人民在党的带领下，为解决千年之苦，为子孙后代造福，为人民做好事，在"东灌"工程建设中做出了不可磨灭的贡献。下面将选列几位三岔党员干部群众在工程中所作的贡献以及三岔拆迁工作中展现的无私奉献精神。

时任三岔区委书记的樊高凯回忆道："我是 1960 年从县级机关调到三岔区委工作的，先后任区委副书记、书记。1978 年任县委常委，1981 年兼任农业部部长，1985 年任政法委书记，1990 年任人大常委会主任。在区上工作期间，我经历了整个龙泉山水利工程建设，亲自参与并组织带领民工上工地，打通龙泉山隧洞，挖通'南干渠'，修建三岔水库、石盘水库以及相应的配套工程。现将我的亲身经历回忆如下。"

一、萌动初期，从愿望到实地踏勘

三岔区毗邻仁寿、双流县界，有 18 万亩耕地、14 万多人口。由于长期缺乏水源，十年九旱，农业生产受到影响。1949 年以后，尽管全区人民兴修水利，建了不少山平塘、小水库、石河堰等小型工程，拦蓄当地径流，仍不能满足生产生活用水的需求，农业产量长期处于低而不稳状态。翻过龙泉山脉就是都江堰灌区的川西坝。

1967 年春，永胜乡党委书记郭映光、乡长李绍才向区上反映，仁寿已从东风渠相接，挖通了灌黑龙滩水库的引水工程，三岔区如能从龙泉山打个洞子将都江堰水引过来，就解决了农业缺水的问题。基层同志的愿望和想法使我受到了启迪。于是我带着这个问题，进行调查、研究、论证了引水的可行性。在区委的统一领导下，亲自带领分管农业的副区长曾福龙和水电站长周洪安等同志长途跋涉，翻山越岭到双流县土祖庙输水渠道工地察看，发现仁寿的引水渠道已经挖通，渡槽正在建设，好像一条能行大木船的运河，川西坝老灌区青山绿水一派生机与我区缺水干旱局面而形成鲜明对比。回程中又在龙泉山的脊梁上一脚踏三县处分析研究认为，川西地势高，我区地势低，打一个洞子从东风渠引水过来完全可以解决全区的农业缺水问题。回去后立即向县水电局报告了这个情况，并请求上级领导可否考虑打通龙泉山引来都江水，以解决我区农业用水问题。不久，水电局派了罗正发副局长和几个技术人员下来，又沿着我们查勘的地方再次进行了现场踏勘。罗正发同志说："你们反映的情况很好，水电局领导非常重视。"过了一段时间得到的信息反馈是，贾家区也有从东风渠引水的要求，县水电局也在酝酿。究竟从三岔还是贾家、养马穿洞引水的方案还要比较。最后得知在郭家沟开洞引水，并于 1969 年正式开工。

二、率队上山，四营奋战在三王庙

1969 年下半年，经过精心准备，在当时县革委的核心小组领导下，龙泉山引水工程组成工程指挥部，龙泉山隧洞、张家岩枢纽水库和挖通南北干渠的第一期工程正式开工。我以区革委副主任的身份被指派带领 1 000 名民工去到双流县窑子坝乡三王庙安营扎寨，任四营教导员，在工程指挥部领导下，负责完成三王庙至灯捍堡 1 000 米地段隧道工程。当时的条件很差，设备简陋，生活都极其艰苦。民工按完成的日工作量每天补助半斤粮、0.3 元的生活费。我们这些国家干部按出差每天补助 0.125 元的补贴（比规定标准减少一半），其他就再没有什么。但是干群上下非常齐心，认为有幸能参加这样的大型引水工程建设，能为子孙后代做一件好事，以彻底解决河西地区几十万亩耕地的旱涝保收是值得的。于是任务再艰巨，条件再艰苦也毫无畏惧，心中只有一个信念，坚决完成任务，千方百计实现每天隧道进尺目标。我在四营战斗了两年，坚持在工地过了两个春节，直到 1972 年春与其他几个营一道完成 6 300 米隧道全线贯通之后，经县委任命我仍作恢复区委后的三岔区委书记。

在打通龙泉山隧道的整个过程中遇到了不少问题，克服了许多难以想象的困难，保证了任务的完成。我营工作段的四号斜井进到 100 米处快进工作面时，以一台手摇式卷扬机改装成的电动卷扬机，由于进场深度，牵引不动运渣的斗车，改用拖拉机安装转向滑轮拉斗车又不成功，眼看就要停工停产。在这种情况下，为了保证工程进度，只好发动群众，包括地面民工和营机关领导干部、后勤人员全部组成作业班，采用鸳篼、水桶、面盆等排成两行长龙向洞外传递出渣。保证了没有停产，保持了每天进尺。坚持三天三夜，直到指挥部调来替换的卷扬机安装投入生产后，才停止了这一人海战术，受到了指挥部的表扬。后来总结我们的经验，并要我在指挥部组织的活学活用毛主席著作的经验交流会上做了大会发言。随着工程进展，隧道前进到200多米处，遇到了断层地带，塌方严重，安全受到很大威胁。为了解决这个问题，我和工程技术人员反复研究，本着既保证安全又要继续前进，作了加大支撑力度的决定。但是由于上面的岩层是松散的泥土，巨大压力压在支撑木上，使腿子木与横梁木交接处深凹，仍得不到安全保证，于是在每一排架上又增加两根腿木。只保留一个斗车单道运行。这个断层带，指挥部根据地质资料的说明显示："有40米左右的断层，并要我们有意识地在坑道边放好铁管，一旦出现大塌方关'猪儿'，以便能使管道通风，输送食品进去。"但是实际上不只40米断层，而是约100米。所以进到这个地段，我们营的同志都非常紧张，担心出大的安全事故，也想了很多办法，保证工程安全和施工进度，现在想起当时施工情景心里都有些后怕。

隧道工程是在几百米以下深度的地下作业，保证通风是很重要的条件，通风不良不但有引起瓦斯爆炸的危险，而且会缺少氧气使作业人员产生窒息昏迷。随着工程进度的进展，通风设施非常简陋，尽管在铁二局的支持下，借来了两个柱轮式抽风机，而通风管是用竹编纸糊制成通风管道，最初还有一定效果，后来随着隧道长度延伸，接头增多，加上洞内潮湿，竹管道背纸容易脱落。通风效果越来越差，多次出现因通风不良、氧气不足，使作业民工整班地窒息昏倒在地的情况。经及时抢救，洞外通风苏醒之后又投入战斗。当地老百姓见状都感到惊奇。为了解决这个问题，不影响工程进展，采取了划小作业班，轮流上阵作战，以减少在工作面上逗留的时间，直至竹编风筒改为白铁皮风筒和新增新四号斜井形成空气对流才避免了缺氧昏倒现象。为了保证工程如期完成，经指挥部同意，又新打了一个240米的单管道斜井，相对增加了两个工作面，从而加快了工程进度，保证了按指挥部要求的时间提前完成了任务。

此外，我们四营还遇到一个最大难题，那就是有名的洞内"泥石流"。由于我们地段有一段正处在两条小溪沟交会处地段，流经溪河的地表水通过破碎地带不断渗透在已经开挖而来不及衬砌的隧洞下面，加上这一段的地质很坏，经不断浸泡冲刷，松软页岩不断随水下流而形成泥石流，像装香肠一样堵在洞中，每天清除也无济于事。逐步形成一个直径二三十米宽，二三十米高的大窟窿，造成洞内二十几米长的边墙无法衬砌。拱顶无法进行，不惜代价使用圆木搭架支撑又没有成功，险些成重大的伤亡事故。要解决这个难点，当时有人主张揭天窗，从上面挖开施工，然后再复转去。但鉴于地形限制根本不可能而被否决。为了解决这个问题，经过充分发动群众献计献策，并在支援工程的铁二局郑子良副指挥长和工程技术人员的帮助下，制定方案，集中精干力量，采取先堵后制，将继续垮塌的砂石用条石在两端堵住，使它沉积起来，然后在积渣上打导坑，改条石为高标号混凝土，拱顶戴帽，然后砌边墙再灌浆处理，按照这个方案，从两端一点一点地循序渐进。经过一个多月的苦战，终于征服了泥石流，解决了我们施工作业的最大难关，全面完成了我营所承担的光荣任务。

三、奋战泥石流

1971 年冬天，四营（三岔区）在凿洞过程中遇上了 11 米长的"豆渣岩"。洞的上面是河滩，搭拱架十分困难，第一厢拱架刚搭起，上面的页岩很快被水渗透，岩层就塌下来把厢架压垮了。隧洞下面是成堆的"豆渣岩"，上面垮成一个喇叭口。民工们依然冒着生命危险坚持架厢，下午 3 点到深夜 4 点钟上面不断掉渣，下面在紧张抢险。民工们浑身湿透一身泥浆，只看见两只眼睛在转，又时值寒冬腊月冷气逼人，组长叫不架厢了，民工们都不愿下来，最后只有强行命令，工程才停下来，到第二天早上 8 点，夜间搭的拱架又被全部压垮了，前功尽弃。怎么办?! 指挥部的意见是开天窗，就是从地面上打下去，把洞顶打穿；有的提出改道。因这两种意见都费时费工没有采纳，但又没有更好的办法，只有硬着头皮重新干。后来采纳了铁二局提出的在松渣上开挖的意见，即挖一公尺，浇筑一公尺混凝土，一米一米向前的办法。到了腊月 22 日，正是大雪纷飞，寒风刺骨的时候，工程又遇到了"拦路虎"，就是处理塌方后的最后 5 米隧洞时，上面的河滩穿了，水流下来，寒风灌进来，民工们又冷又饿又累，仍然坚持架厢，垮了又搭，搭了又垮，就这样反复出渣、边搭拱架连续作业。

在这些艰苦的战斗中，区、乡干部全部都与民工同吃同住同劳动，民工三班倒，干部则本班干了，下一班还得在工地上与下一班一起劳动。一是监督管理安全，二是督促工程进度。使得民工们看到各级干部为了人民利益不辞辛苦，为了工程早日完工，为了子孙后代不受干旱之苦，我们为自己修水利工程，没有理由退缩或不努力完成工程任务。

在如此伟大工程中，处处体现我们共产党员的先锋模范作用，如三岔原兴隆公社一农民党员万孝周，组织安排他在工地负责，他就担当起应由公社干部担当的责任。在一天深夜，由于工棚失火，在一块的民工因为疲劳睡着了，他一个一个喊起来，送出火场，继而还发现有中央文件未拿出来，又转回抢救文件而烧至重伤，送至成都华西医院也抢救无效而壮烈牺牲，年仅 42 岁。

还有一位共产党员，原建国公社（现三岔镇）国宁村的一名农民党员，同时也是一名木工。组织上安排他担任连长，他毫不推辞，义无反顾地担当起全公社民工连长的责任，处处身先士卒地干工作，直到安排的工作完成。在此期间，他仅仅享受着农民工的待遇。回生产队评工分，每天仅有 0.35 元的补助和 0.3 斤粮食补助，这就是我们共产党员践行党的思想，一切为人民服务的典范。原建国公社一民工徐崇元，在庙儿山隧道施工中不幸被条石击中身亡，其家属得到的补助不足 100 元，后来徐崇元被追认为烈士和共产党员。

第四节　牺牲小我建水库

龙泉山引水隧洞打通以及张家岩水库和南北干渠的完工，使长期缺水的灌区群众深受鼓舞，使常年干旱缺水的情况得到缓解。我区处于南干渠的中上段，所在的建国、新民、柏树、兴隆等乡，采取既放又抽的办法基本满足了大部分田灌溉用水需求。但是由于水源不足，我区下游镇金、石板等区有关乡镇的大片农田仍得不到水而产生矛盾。尽管县委石大椿书记当面做工作进行调解，仍不能解决问题。这时人们又担心起来。认为花了这么多功夫，把引水洞、南北干渠修通了，到了大量用水时却没有足够的水放过来。针对这一问题，县委和指挥部又提出："要彻底解决这个问题，必须要有自己的蓄水设施。在老灌区不需用水时，将都江堰的水引过来蓄存，以避开川西老灌区集中用水的矛盾。"并号召各区进行小水库的规划。我区按照这个精神，通过规划勘测确定了九个水库，占地 3 000 余亩，蓄水 2 800 多万立方米。

在这个时期。县上也在考虑集中搞大型蓄水设施。一天水电局副局长庞征同志带领石素清等技术人员来到我区察看三岔水库大坝地址时，谈到考虑修三岔水库要淹没我区新民、建国两乡的大部分好田土和区所在地的场镇，并表示省上也是支持的。突然听到这一消息后，我当时处于又喜又忧的心情。喜的是，能修蓄水几亿立方米的大型水库，可以解决几个区的水源问题，也免得各区去修分散的小水利设施。忧的是，三岔水库主要是淹没我区 3 万亩好田土，损失太大，搬迁 4 000 余户，必然引起思想混乱，增大工作难度。如果处理不好，还会影响当前和今后相当一个时期都安定不下来，影响生产工作任务的完成。

然而，思考问题一定要从大局出发，尽管对局部来说损失较大，也会增加许多工作难度，但从全局看是一件好事，应该服从大局。正式确定修建三岔水库之后，群众的反应非常强烈，认为占这样多的好田好土修水库是错误的，是瞎指挥。面对群众意见，我们只好宣传好处，强调做好群众工作。1973年三岔水库正式上马，指挥部分配区的任务，除保证动员安置近4 000户搬迁任务外，还要组织上千人的队伍负责泡桐树附坝和低放水洞的施工任务。搬迁工作涉及大量的思想教育和具体工作。按照县委搬迁委员会制定的政策和部署，起初，群众的抵触面较大，搬迁委的同志在建国和平大队试点时遭到围攻，说实话，当时我的思想也有畏难情绪。于是只好下最大的决心去做工作。首先，在统一区委一班人思想的基础上，分工负责层层包干。其次，把有搬迁任务的支部委员以上的党员、干部集中起来进行动员与部署，明确任务和做法。最后，很快打开局面，形成搬迁安置热潮（见图4-4）。经过40余天的大动员、大搬迁，我区应该搬迁的近4 000户群众和两乡一区所在地机关场镇居民全部迁出，有安置任务的社队组织力量修建房屋安置。这就为三岔水库的修建蓄水创造了条件。区所在地的三岔镇经过充分讨论，比较多个方案，最终建在新三岔现址上。整个场镇所有机关、商店、居民用房需新建房5万多平方米，全部采取工程征地，投工等民办公助办法进行，只有少许的材料补贴。迅速使各单位、居民得到妥善安置，为三岔镇后来的发展打下了良好的基础。

图 4-4　群众搬迁安置

1976 年，占地 3 万余亩、蓄水 2.3 亿立方米的三岔水库建成，为灌区的农业生产用水提供了可靠保证。但是，作为三岔地区来讲，骤然减少了三万多亩耕地，约占全区耕地的近 20%。如何做到减地不减产，减地要增产，这是摆在区委面前的一项艰巨大任务。在县委领导下，区、乡、村各级干部同心协力，抓住有水源保证的条件，充分调动群众积极性，大打人民战争。我们不仅抓紧开挖支、斗、农、毛渠，把水引到田块，完成配套工程，还同时大挖排水渠，将 4 万多亩冬水田彻底放干，变一季为两季，并大力进行土地改良，以提高单产、增加总产。1976 年和 1977 年，在耕地减少 3 万亩的情况下，我们不仅没有减产，而且总产量还有增长。随着土改田的扩大，冬水田变两季田的质量提高，全区产量连年获得丰收。水稻亩产由原来的 500~600 斤提高到 1 000 斤，有的两季亩产量达到上吨。总之，由于大搞农田水利建设，基本实现了旱涝保收，使三岔区与河西其他几个区一样，农业生产有了很大发展，农民生活水平有了很大提高。

第五节　世界名湖——三岔湖

一、三岔湖概说

三岔湖位于四川省成都市简阳市境内，紧邻龙泉山丹景台东部。北经合江镇至成都市 55 千米，东距简阳市区 32 千米。西接仁寿，南连资阳，交通方便，有五条公路通往三岔湖旅游区。景区出入口和三岔场镇紧密相连，三岔场镇作为游览三岔湖的旅游集散地，高楼林立，街道整洁，绿树成荫，空气清新，环境幽雅，商贾云集，餐饮发达，堪为畅游三岔湖后的理想休憩之地。

建湖前，因其位于资阳至成都，简阳到仁寿的三岔路口，岔内纳金河、蔡河、肖家河之细流，湖之主坝正堵截三河之口绛溪河，导引岷江水淹没原三岔老场镇以成湖，故名"三岔湖"。因湖内岛屿星罗棋布，又称"百岛湖"。

三岔湖是简阳百万人民在 20 世纪 60 年代末至 80 年代初为摆脱"十年九旱、暴雨成灾"的自然灾害而修建的引蓄结合，集灌溉、旅游、林业、发电为一体的人工湖，属全省大二型水库；又是川南大型防洪保安湖泊，系东风渠第六期引水工程的配套工程。三岔人民为此付出了巨大牺牲，涌现出了无数可歌可泣的英雄事迹。简阳人、三岔人无数感人的英雄事迹，可在胡其云的《龙泉八记》和简阳市政协文史委编印的《功在千秋》《东灌记忆》中品读体味到。

三岔湖于 1977 年建成，被誉为天府明珠，总投资约 1 亿元。主要建有土石渣主坝一座，巍峨挺拔，副坝 18 座，宛若玉带，导流防空洞一座，溢洪道一座，高低放水洞各两处。主坝在北，堵水在南。南北长18千米，东西宽7千米。库容2.23亿立方米，灌溉农田近百万亩。湖岸线长240千米，流域面积161.25平方千米，水域面积27平方千米。湖内孤岛113个，半岛160多个，疏密相间，高低错落，于洋洋碧波之中，似沉若浮，其中遐迩闻名者首推花岛，半岛160个，岛上种有四季水果和薪炭林数万株。湖内养有品牌鱼类，年产上亿斤，远销云南、贵州、重庆、成都等地。

1993年，三岔湖被列入《世界名湖录》；2001年被评为国家AA级旅游景区，为四川省第二大人工湖泊。三岔湖生态环境优美，湖光景色宜人。三岔湖自然美，环境美，处处美，处处堪游。

二、天府明珠赋

2024年，成都东部新区三岔湖高级中学老校长彭家贵为三岔湖（见图4-5）作《天府明珠赋》。

图4-5 天府明珠——三岔湖

（由彭家贵供图）

甲辰之岁（2024年），三岔街道编撰《成都东部新区三岔人文历史概况》，余览其人文地理，心驰神往。三岔湖者，天府明珠也。感其灵秀，赋以颂之，愿传其美于四海，扬其名于后世。

是为小序。

钟简阳之灵秀兮，毓天地之精华。三岔湖应运而生，烟波浩渺映苍穹，天府明珠誉寰中。毗邻蓉城，承古都之繁华；独拥山水，揽自然之神奇。

忆昔乙卯（1975年）之年，简阳儿女，筚路蓝缕，肩挑背扛，十载艰辛非等闲。凿通龙泉山，引水都江堰，筑坝成湖，造就胜景。四万顷水域，百余座孤岛，湖容逾二亿方。灌良田，润沃土，稳保农业岁岁丰收。故"西部百岛湖，天府新乐园"之美誉，"天府明珠"之盛名，实至名归，更登《世界名湖录》，当之无愧。

三岔古镇，素有"小成都"之美称，如今沉睡湖底，化作一段传奇，让人遐思遐想。三岔交通，四通八达，便捷快畅。环湖路如练绕碧水而蜿蜒，高速路似网覆青山而纵横，地铁若龙穿地脉而奔跑，高铁似箭贯长空而飞驰，飞机像鹏击九霄而凌翔。迎天下旅客，融四海商贸，赏三岔美景，走天府财运。

若夫登胜揽景，美若瑶池，令人沉醉。登马鞍山观景台，极目湖光山色，尽收眼底：雄伟大坝横亘，如长虹卧波，锁住一湖碧水；浩瀚碧波，苍茫辽阔，水天一色，鸥鹭竞飞，蟹屿螺洲，星罗棋布。马鞍山码头，游艇画舫，游客悠然，人在舟中坐，舟在画中行。

泛舟寻奇，美不胜收：花岛繁花似锦，四季花开，花苞绽放，香气袭人，乃度假胜地也；金桥映翠，拱桥飞跨，倒影如画，绿树环抱，相映成趣；凌烟雨阁，古色古香，烟雨蒙蒙，似一幅水墨丹青画卷，雄鹰空中飞翔，游鱼水中欢跃，万物生机竞自由；小三峡风光，碧波荡漾，清幽绮丽，山清水秀惹人醉；水上迷宫，岛屿散落，航道交错，舟行其中，仿若置身幻迷仙境；柳岸花明，过虾子山，双峰对峙，悬崖陡壁，绕木鱼石，忽又见汪洋，山花漫遍野；月亮岛，形似弯月，静谧清幽，夜幕降临，月光湖水，静影沉璧；斩龙岛，孤岛空寂，昔人悄然已远去矣，徒留传说伴浪生；佛卧夕阳，龙泉山峦，似佛仰卧，霞光照映，庄严肃穆；渔舟唱晚，声响湖滨，声声入耳，余韵萦怀；古镇凭吊，遥望西魏乾封遗址，甑子山祈雨山依在，感叹三岔历史沧桑。

湖之东南西北，名胜众多，人文荟萃。成都世界园艺博览园，汇聚天下园艺之精华，展陈寰球花卉风采。三鱼萌狮，三鱼同首，石刻千年传妙韵；石雕萌狮，艺承百代显精微。朝阳洞东汉石棺，摩崖凿刻，石窟造像，古朴斑驳，见证岁月沧桑。牛角寨大佛，中华第一胸佛，庄严肃穆，饱经风雨，蔚为壮观。五龙朝丹景，丹峰高踞，五山朝拱，宛如奔腾苍龙；民间传说，蜀君臣拜，引人遐想。古刹佛兴寺，香火旺盛，佛音袅袅，慰藉众生心灵。蜀汉千年银杏，参天耸立，雄姿卓然，历经风霜雨雪，仍然叶茂枝繁，见证历史变迁。龙泉山丹景台，城市之眼，伫高望远，饱览天府锦绣山河，赏尽新城秀美景观。

至若湖周人文遗迹，历史厚重，留存繁多。仙姬送子，传说动人，流传千古，寄托百姓美好愿望，生生不息。淳风洞，相传唐高道李淳风修炼处，仙气缭绕，神秘幽深。五代王归璞，宋朝许奕，状元文采风流，为家乡增光添彩。三国旧踪，丹景张飞营、石刻群、忠烈柏、垮龙山、劝学庵、阿斗读书台、阿斗骂黄荆，桩桩三国往事，仿若就在眼前，英雄争霸，策马扬鞭，战马嘶鸣，驰骋沙场，书台遗啼痕。民国时期，中共支部陈英俊先辈，早期在三岔革命活动，为这片土地注入红色基因；国军五军九旅二十二团抗战史实，亦载入史籍。这片沃土，人才辈出，文人墨客、英雄豪杰，如璀璨星辰，光彩夺目。

庚子年（2020年），三岔湖归属成都东部新区，迎来千年之巨变。母亲湖效能迸发，社会效益增倍，辐射千里。湖畔学府，拔地而起，旧貌换新颜，大中小学，书声琅琅，共育未来英才。空港新城崛起，高楼鳞次栉比。未来科技城、医学城、奥体城、产业园，构筑创新高地，助推经济发展。成都天府国际机场，联通五洲四海，为三岔湖插上腾飞翅膀。中外投资商贸，观光游客，纷至沓来，实乃成都发展新引擎、新热土也。

嗟夫！三岔湖天赐宝地，人杰地灵，物华天宝。其自然之美、人文之盛、发展之速，令人惊叹。愿天府明珠之明天，承天地之德，秉日月之辉，更璀璨夺目，永耀巴蜀，福泽绵长，惠及八方。

赞曰：

天赐瑶池落蜀川，人文地脉两相全。

昔凭血汗开鸿蒙，今借东风写巨篇。

百岛浮青承玉露，千帆破浪向云巅。

明珠恒耀蓉东城，福泽绵长万代传。

三、三岔湖记

甲申冬，书画艺术名家邓启宽撰文并刻《三岔湖记》于三岔湖主坝端"都江堰龙泉山灌区水利工程纪念碑"上，其文云：

"三岔湖，渠接都江水，越龙泉山，环湖五百里①，皆山中有四万亩碧波，三亿方②净水，百余座孤峰，无数处楼台亭阁，斯湖之大观也。始为洪排涝，振兴五业，集百万军民，凿洞引流筑坝为湖。绘成阳安水利之蓝图，斯治水之伟，巴渠输百里，灌九十万亩良田，泽惠万家，致千秋幸

---

① 1里等于0.5千米。

② 1方等于1立方米。

福。兴旅游事业，促经济腾飞，斯湖之功能也。今湖历三十春秋，鸢飞鱼
跃，鸟语花香，千帆竞渡，烟雨迷离，湖山交错，浩瀚无垠，郁郁葱葱，
相映成趣，斯湖之美景也。且历史悠久，人文荟萃。东有阳安八景，南有
观音古刹，西有牛角大佛，北有丹景五龙。尚遗三国旧踪，淳风古洞，仙
姬送子，千年银杏，斯湖历史文化之底蕴也。更玉阁琼楼，光彩夺目，琪
花瑶草，香气袭人，园林掩映，多姿亭台，错落有致，轻歌曼舞，怡神美
脍，香羹悦口，迎来送往，笑语欢声，别具天真，难以言喻，诸宾馆之盛
况也。每当工余假日，泛舟湖上，临景揽胜，寄情于山水之间，置身若天
缱绻地之外，藉以缱绻祛劳，其乐何极。平湖恩波浩荡，功在千秋。今充
氧输血，焕发青春，为斯文者冀能悼英灵，慰前贤，谕今人，励后生，同
护资源，发扬光大。是为记。"

四、长歌三岔湖

三岔工商所退休干部、简阳市诗词楹联学会会员曾启发著《长歌三岔
湖》：

"仗剑倚天斩绛溪，马鞍半壁筑长堤。百万人民献血汗，十年辛苦成
湖渠。湖岸迂回四百八十里，纵横面积八十四平方千米尚有余。蓄水二亿
八千九百七十万立方米，方圆万顷，移麦桑麻齐受益。干渠分南北，网络
见谋机。支斗龙配巧，引水到资西，丹顶放眼看，群岛湖中立。荡漾碧波
里，松柏显奇姿，轻风拂游思，细雨涨春池。老眼不识路，游艇方向迷。
惊飞白鹭起，雪花与天齐。忽而烟云散，彩舟结虹霓。山花香十里，水天
一线曦。亭榭立岛屿，曲桥伫仙姬。君可见——湖中有湖添异趣，岛里藏
岛亦稀奇。鱼跃鸢飞翔天地，茂林修竹掩画堤。绿荫深处多情侣，携手并
肩步徐徐。白虎岩底水奇异，飞鸟游鱼共一池，万紫千红绣湖底，村姑侧
影笑怩怩。放眼湖外还有新天地，七千米隧洞连川西，牛角寨石佛立天

地，五龙朝丹顶，千载神话着人迷。媲美桃花源，清幽雅趣，敢与蓬莱论高低。耐人流连忘返……春夏秋冬，游客满脸笑眯眯。"

湖景春秋

万紫千红湖底天，百舸竞渡响雷船。

金鳞万顷连天赤，蜜桔红橙挂满园。

岛趣

百岛千牵入水游，千姿百态枕清流。

落霞入画添水秀，鱼跃于渊击小舟。

五、三岔湖景区简介

三岔湖旅游风景区与成都市仅一山之隔，从成都出发，可乘坐 18 号线，若往双流方向则可乘其他交通方式。通过成都第二绕城机场高速路，即可到达三岔湖。两地之间的现有交通距离为 54 千米。

三岔湖是简阳百万人民为了摆脱"十年九旱、暴雨成灾"的困境而修建的。它是一个以农业灌溉为主，集旅游、林业、渔业、发电为一体的综合利用的大型人工湖，现为四川省第二大水库。其常年蓄水量的 30% 来自天然径流，70% 来自引蓄都江堰岷江水源。这些水源通过 6.27 千米长的龙泉山隧洞横穿龙泉山脉，连接成都平原的东风渠，引水到张家岩水库，再经几十千米的渠道最终引水到三岔湖。

三岔湖主坝居北，湖区呈南北走向，南北长 18 千米，东西宽约 7 千米，水域面积 27 平方千米，库容 2.23 亿立方米，岛屿 113 个，半岛 160 余个，湖岸线长 240 千米。遥看湖区，形似珊瑚，素有"天府明珠"之美誉。2004 年 5 月，时任四川省委书记张学忠欣然为三岔湖题词为"西部百岛湖，天府新乐园。

三岔湖自然风景，概括为"碧"与"清秀"。一年之中，四季不同，一日之内，晨昏有异。水天一色，水上迷宫，金桥映翠，凌烟雨阁，渔歌唱晚，佛卧夕阳，鱼跃鸟飞，小三峡风光……湖内众多景色，令人流连忘返。

三岔湖于 20 世纪 80 年代开始发展旅游事业，曾一度掀起水利旅游的热潮。在不断扩大对外招商引资开发的过程中，全湖旅游投入已达上亿元。目前，已建成宾馆、度假村近 10 座，有农家乐数家，总共有床位近千张，配备各类游船近百只，日可接待量达上千人。三岔湖于 2001 年被评定为国家 AA 级旅游景区。三岔湖自然美，三岔湖环境美，三岔湖处处美，处处堪游。

（一）三岔湖水乡风光

三岔湖风情万种，水乡风光如若仙境，空濛山色如诗如画，四季如春。岛上树荫葱茏，百花绽放，鸟语花香。岛中园中园比比皆是，湖中鱼群戏逐，水鸟欢歌，鹤舞鸥翔。湖水盈盈，托起小舟，游人轻歌曼舞，荡情在水天一色，湖光山色之中。微风轻拂，波光潋滟，山水交融，绿水轻吻着翠岛，翠岛环抱着碧水，山水依恋，若沉似浮，隐约中如临海市蜃楼。夕阳西下，彩霞满天，倒映在水面上，波光粼粼，浮光跃金。晨曦初照，湖面如镜，鸟影翠枝，亭亭玉立，清明秀丽，欣然为荡荡波涛向天外；日出柔山露露藏藏百座岛屿入水中。

夜幕降临，旅游景点灯火辉煌，红粉丽人翩跹起舞，歌声悠扬。湖中渔歌唱晚，点点渔火时隐时现，击船声，鱼跃声，声声交织出一曲优美动听的交响乐，把年轻的湖泊点缀得生机勃勃，妩媚动人。湖之南北，恰似一个巨大的玉珊瑚，西北望，幽峪峭壁，背景层峦叠嶂，恰似一幅天然的山水画卷。西南岸，湖岔迂回，竹丝中农舍半掩，岚气轻绕，柳荫下小舟纵横，恰似一首轻吟的田园诗。天高日朗，惠风和畅，登上马鞍山顶，百座岛屿尽收眼底，镶嵌在碧绿明秀的水面上，真可谓湖中有湖，岛中有岛。游人荡舟湖上，欢歌笑语，怀旧抒情，游艇拖起长长的银浪，小舟爬

145

上浪尖让你陶醉。美丽的水上风光，柔和纯净的空濛山色，使你心旷神怡。浩瀚的湖水，翻动的碧浪洗掉你的疲惫和烦恼。

（二）三岔湖自然景观

三岔湖处处美，处处堪游。但画龙点睛之处，还在于三岔湖的迷人风景。

1. 凌烟雨阁

三岔湖主坝，十分雄伟壮观。坝高 35.5 米，坝长 1 000 米。它是简阳人民为修建水利工程，搬走马鞍山、移山筑坝的劳动硕果。此坝由土、石渣堆积而成，能拦蓄两亿多立方湖水。在坝的中央有一建筑物——导流放空洞。游湖至此，登上坝顶，在这里，看着宽阔的湖面、浩渺的烟波、此起彼落的水鸟，诗情画意，顿起心头。时任四川省省委书记何郝炬曾来此观景，即兴填下《摸鱼儿·在三岔湖上》一词，词中有"山渐转，水似镜，飞来高坝凌烟雨"之句。游人每每到此，总要合影留念，这里是一处难忘的自然景观。

2. 水上迷宫

湖西月亮岛一带，岛屿星罗棋布，港汊曲折迂回，形成山外有湖、湖内有山的自然景观。初入湖者，游到此处往往会辨不清南北东西，迷途往返，忘却归路，非向导而不得出。这里被游人称作"水上迷宫"，又称"水上八阵图"。当年，省文联林旭中先生有诗句曰："水上迷宫记畅游。"

3. 水天一色

湖南船码头，水域辽阔，一望无垠，烟波浩渺，水天一色。远处，船舶如飘叶，林木如稿秆，隐隐约约，若隐若现。游船行进之处，水鸟拍岸而飞，惊起鸥鹭，水上薄雾不时升腾，此起彼落。真是"水天净一色，船鸟逐浪飞"。

4. 金桥映翠

湖南的三岔湖大桥，是横跨在三岔湖上的一座大型单孔桥。其单孔跨度之大、建造之雄伟，均不多见。在春光明媚、万里无云的日子里，乘船南行，在遥远的碧波上就会出现一道长虹。渐近，便可见水上长虹与水下倒影合成一排七彩洞，好像三岔湖的银水就是从各个洞中流向四方的。银水浇灌得两岸青山吐翠，林间桃花映红，七彩洞中又镶嵌上了许多桃花，使人不得不想起《桃花源记》中的桃源洞。这时，好似自己也身居世外桃源之中，而"不知有汉，无论魏晋"了。

5. 古镇凭吊

在三岔湖东南岸，有西魏恭帝二年（555 年）至隋开皇十八年（598年）年间的古婆闰县遗址，还有千年乾封古镇遗址。清代，这里还是风景优美的"江湖红锦衣，盆水清且涟"。而今，遗址虽多被水淹，但湖周村舍典雅朴实，充满着野趣和乡土气息。农舍半掩在竹丝中，小舟横浮在柳荫下，蜻蜓点水于碧波上，蝴蝶纷飞在野花中。山林间桂花飘香，村落里鸡鸣狗吠，路旁杂花争放，岸边野树绿茵。行船至此，虽不见婆闰县的风貌，也不见城关古镇乾封的繁华，但山形水势变化不大，甑子山、祈雨山和岐山还依稀可见。正如前文提到的清代秀才李凤年所言："我到乾封凭吊古，苍然山色有无中。"

6. 柳暗花明

乘船西行，过月亮岛，到西坝嘴穿虾子山大桥，忽见两岸高山对峙，陡壁悬崖，其峰如削。湖面由宽而窄，眼前一山挡道，好似山尽水穷，已达终点。正欲打舵回转，又见一丝水源，峰回路转，绕过木鱼棒山，又是一片汪洋，真是"山重水复疑无路，柳暗花明又一村"。当你回游再过峡口时，就会发现其间景色与长江三峡何等相似。只是这里水平如镜，没有三峡的水急浪高，没有三峡的峡长，也没有三峡的山高罢了。

（三）历史人文景观

三岔湖历史人文景观十分丰富。湖东有阳安八景；湖西有蜀人古屋遗址；湖南有张三丰、李淳风洞遗址和状元许奕遗迹，还有牛角寨大佛和观音寺；湖北有丹景山、佛兴寺、三国遗址等。清末，洪秀全之侄洪宗师曾在三岔万寿宫收徒传艺，造就了大批武林之士。民国初期，不少人参加了推翻满清王朝、反对袁氏称帝的斗争。所以，民谣曰："三岔地区是五军九旅二十二团外加一督办之地。"其中，有抗日将领三人，起义将军一人，三岔湖实为"物华天宝、人杰地灵"的文武名人云集之乡。

第五章　三岔饮食文化

　　三岔的农耕文化积淀深厚，产生了丰富多彩、远近闻名的饮食文化。改革开放以来，在人们的不断创新，政府的推介下，使得三岔的饮食文化走出了三岔，走出了简阳，走出了四川，走向了全国各地，甚至享誉海外。

第一节　川菜文化

　　川菜是我国四大菜系之一，在巴蜀饮食文化中占有很重要的地位，它不仅是巴蜀人民日常生活中不可或缺的一部分，更获得中外食客的高度赞誉，有"食在中国，味在四川"之说。川菜作为巴蜀文化的重要组成部分，在很多方面都体现了巴蜀文化的鲜明特点。

　　川菜继承了巴蜀地区自古以来的饮食风俗和精于烹饪的优良传统。《华阳国志》对蜀人特点做过总结，其中便有"尚滋味""好辛香"，可知1 700多年前蜀人便有崇尚味觉享受、喜爱味觉刺激的饮食风俗，这与现代四川人追求味觉的极端变化有异曲同工之妙，可见巴蜀饮食文化的确是一脉相承、源远流长。而早在先秦时期，巴蜀地区便已发现了不少铜制和陶制的饮食器具，艺术造型和工艺水准均相当出色。秦汉时期，巴蜀地区的画像砖和陶俑中亦有很多反映庖厨、宴饮、酿酒的图景，扬雄《蜀都赋》中也有不少关于汉代巴蜀饮食的描写。这些记录表明早在汉代，巴蜀饮食即已相当完备与精美，故《华阳国志》云："汉家食货，以（巴蜀）为称首。"

川菜的美味反映了巴蜀地区得天独厚的自然条件和丰富的物产资源。四川盆地是中国独一无二的"聚宝盆"，冬无严寒，夏无酷暑，降水充沛，热量充足，土地肥沃，具备了种植各种农作物的有利条件。川菜的很多菜式只有用当地特有的原料才能做出其精髓，这就是很多外省的川菜馆无法做出地道川菜的原因所在。

川菜拥有独特的文化内涵。"文宗自古出巴蜀"，很多四川文化名人亦是烹饪大师，最著名的无疑是苏东坡，不仅东坡肘子、东坡鱼、东坡羹、东坡饼跟他有关，而且他还是位"造酒实验家"。另有《东坡养生集》传世，堪称巴蜀饮食文化的一代宗师。清代蜀中三才子之一的李调元也是一枚资深吃货，著有大量关于做菜的艺术与做法的论著。李劼人不仅自己研究川菜的做法和艺术，还在成都指挥街开过川菜馆，这样的例子还有很多，就不赘述了。而川菜（包括小吃）的很多经典菜式，如宫保鸡丁、夫妻肺片、麻婆豆腐、张飞牛肉等等，几乎每一种都能引申出一段典故。

川菜是巴蜀移民文化的集中展示。以四川盆地为中心地域的巴蜀，历来就是移民活动的高发地区。自秦并巴蜀以来，大规模的移民活动共有六次，而川菜便是形成于"湖广填四川"之后，以成都这个四方汇聚之地为中心发展而成的。它撷取诸省烹饪特色，调和南北味，博采众长，再糅合巴蜀传统味型，搜罗巴蜀各地土特名产精雕细作，终成独树一帜之川味大餐。巴蜀文化的特点是由移民文化为载体而体现的兼容，借由川菜观之，可由一管而窥全豹矣。

川菜反映了蜀人敢为天下先的勇气和魄力。无论是"周失纲纪，蜀先称王，七国称王，而蜀又称帝"，还是"天下未乱蜀先乱，天下已治蜀后治"，无论是王小波李顺起义首倡"均贫富"，还是荣县军政府的"首义实先天下"，蜀人历来卓尔不群，特立独行，敢为天下之不为。反映在川菜上也是如此，例如新派川菜的异军突起和不断推陈出新就显示出了川菜超强的创新和吸纳整合能力，而开遍全球的川菜馆和火锅店则展示了巴蜀人开拓进取的雄心壮志和冲出夔门看天下的开放意识。

川菜是海内外巴蜀儿女的情感载体和精神寄托。川菜即是家乡味，即是儿女情。在巴蜀人民心中，最好吃的菜永远是家乡味。维桑与梓，必恭敬止。爱祖国始于爱桑梓，爱桑梓其实始于爱乡馔。余光中说："乡愁是一枚小小的邮票，我在这头，母亲在那头。"其实，乡愁也是一盘美味的家乡菜在一定程度上，川菜就是高度物化了的乡情。

综上，川菜和巴蜀文化其实是一个不可分割的整体，二者缺一不可。弘扬巴蜀文化，推广川菜可谓一条捷径。在这个遍地是"吃货"的世界，川菜大可以作为宣传的使者，大显身手，架起一座巴蜀与世界互相了解沟通的桥梁，如此，则善莫大焉。

第二节　成都东部新区与川菜

成都，这座历史文化名城，是川菜的发源地。川菜色、香、味俱全，麻、辣、鲜、香成为了川菜的代名词，吸引着五湖四海的食客纷至沓来。而在成都东部新区，三岔片区宛如一颗璀璨的明珠，其川菜文化在成都饮食文化的版图中占据着重要地位。

从古至今，三岔片区的人流、经济流、物流皆以成都为中心，在岁月的长河中，与成都紧密相连，其饮食文化也自然而然地成为成都文化不可或缺的重要组成部分。这里有着"鱼稻之饶"的农耕文化，深厚的文化积淀孕育了丰富的物产。肥沃的土地、清澈的水域，为食材的生长提供了得天独厚的环境，也为三岔片区川菜的发展奠定了坚实的基础。

三岔片区的川菜，与全省和成都的川菜一脉相承，却又有着许多独到之处。当地厨师们在传承传统川菜精髓的基础上，充分发挥当地的食材优势，比如三岔湖翘壳鱼，不断创新与融合，打造出一道道独具风味的美味佳肴。

三岔片区的川菜，不仅在食材上独具特色，在烹饪技艺和口味调配上也有着独特的风格。厨师们巧妙地运用各种调料，将麻、辣、鲜、香的味道发挥到极致，同时又注重口感的层次变化，让每一道菜肴都充满了惊喜。这些美味佳肴，不仅在当地家喻户晓，更是享誉全省，香至全国。

从传承的角度来看，三岔片区的川菜承载着成都川菜文化的历史记忆，是川菜文化延续的重要载体。它见证了岁月的变迁，将传统的烹饪技艺和口味代代相传，让后人能够品尝到正宗的川菜风味。而从独韵的角度而言，三岔片区凭借其独特的地理环境和物产资源，赋予了川菜别样的魅力。这种独特韵味，是三岔人民智慧的结晶，也是成都饮食文化多样性的生动体现。

在未来的发展中，成都东部新区三岔片区的川菜应继续坚守传承，同时不断创新，让这份独特的韵味在时代的浪潮中熠熠生辉，为成都乃至全国的饮食文化增添更加绚丽的色彩。

第三节 三岔片区美食

一、蜚声省内外的羊肉汤

羊肉汤不仅是一道适口的美食，而且还有许多药膳食疗功能。《本草纲目》记载，羊肉汤具有温中散寒、健脾和胃、滋补养颜、强肾壮阳、助消化、增强抗病能力和提高人体免疫力等作用。简阳三岔羊肉汤（见图5-1）被载入《中国名菜谱》，被称为"中华名吃""汤食一绝"，享有"天府第一汤"的美誉。2024年12月25日，成都市人民政府发布了第九批非物质文化遗产代表性项目名录，三岔羊肉汤制作技艺入选其中。

图5-1 简阳三岔羊肉汤

（由刘承鑫供图）

简阳三岔羊肉汤的原料全部用本地产山羊。本地山羊养殖技术传统，绿色环保。山羊肉肉质鲜美、精瘦细嫩、营养丰富，含脂率低、胆固醇含量低、且无膻腥味。山羊肉富含蛋白质、钙、铁、锌、维生素B1、维生素B2、尼克酸等营养成分。在五行中，山羊肉属火，性甘温，具有补体虚、祛寒冷、温补气血的作用。《本草纲目》讲其具有补虚的功效，因此对阳虚、有内寒的患者比较适合。有胃寒之慢性胃病者，长期食用羊肉，对温胃养胃，有药物难以替代的辅助作用。

羊肉汤在制作过程中，只用羊油，不添加其他油脂，速冻羊肉汤远销外省，不需添加防腐剂和其他香料，是非常环保绿色的美味佳肴。

关于三岔羊肉汤的发祥地、发明人，存在诸多争议。有人说是玉成的胡国光发明，也有人说是简阳胡国光的传人发明，众说纷纭，莫衷一是。至今，笔者通过走访调查，发现三岔乃至简阳流行的羊肉汤制作技术的发明人，是原龙云乡的汪云光。汪云光（1907—1963 年），龙云乡人，1949年前，在一家姓高的馆子当学徒，后自己开羊肉汤馆，其羊肉汤及系列均为独创。当时的胡国光曾在龙云乡合作商店跟汪云光当学徒。在 1954 年至1955 年，龙云乡和董家埂乡同属简阳的十七区，即简阳草池区管辖（草池区于 1966 年迁三岔，更名为三岔区）。这期间，胡国光从龙云乡合作商店调入玉成乡合作商店，成为合作商店做羊肉汤为主的掌勺人，并传承发扬了汪云光创制的羊肉汤及系列菜品。

1969 年至 1980 年期间，修建"东灌"工程时，省级机关和省级单位支援"东灌"工程的各级干部、职工、技术人员要途经玉成，并时常在玉成合作商店就餐。就这样，口口相传，玉成羊肉汤逐渐声名远扬。改革开放后，大家都效仿胡国光的制作工艺，加之胡国光于 1982 年退休回龙云乡养老，龙云乡政府食堂就请胡国光制作羊肉汤。1992 年 8 月撤区并乡，龙云乡并入董家埂乡，胡国光又至董家埂乡食堂掌勺。县上领导常到董家埂搞接待或请胡国光去简阳专门制作羊肉汤。随着时间的推移，胡国光羊肉汤制作技术就传遍简阳。在胡国光的羊肉汤制作技术未传到简阳之前，简阳羊肉汤主要是大锅冒汤，后来才改为氽汤羊肉汤及系列菜品。

21 世纪初，简阳市委、市政府搭建平台，举办羊肉汤节若干届，将玉成三岔羊肉汤推至成都大街小巷，让这道美食家喻户晓，成了招待贵宾、馈赠亲朋好友的上等美食佳品，特别是冬至前后直至春节，不少速冻羊肉汤送往全国各地，成了一道靓丽的风景。

至于羊肉汤出名的原因，主要在于它的三道特色菜。第一道菜是假鸡肉，这道菜选用每只羊的两块后腿肌腱肉，切成鸡肉块状，用秘制的调料拌上后装盘上桌。因其形状如鸡肉，故得名"假鸡肉"，特点是麻辣鲜香。第二道菜为羊肉汤，其制作过程颇为讲究。用热锅放上羊油，待油化开就将切成片状的羊肉加几个姜片，连同羊杂等入锅反复爆炒，后加入鼎锅中的高汤，反复熬制，过程中不断打去油沫，烧至3~5分钟后倒入一个空盆中，将锅洗净烧热，再用点羊油入锅，待油化开加热后，将第一次烧的羊肉汤再回锅中烧开，打去油沫。若有时间，可重复烧一遍，以使汤更浓更白。然后放入盐和味精（有些可不放味精），起锅前放入葱花。这道羊肉汤的特点是汤白而浓，鲜香不膻，鲜香味美。第三道菜是羊血活炒，将混合油放入锅中烧至滚开，将备好的生血块，佐料一起入锅，炒上数秒钟，待血块凝固即可起锅放葱花就可上桌。这道菜的特点是麻辣鲜香，入口即化，香而不腻。但遗憾的是，此道菜已失传，无人再做。失传的原因复杂，火候难掌握是其中之一。

此外，随着改革开放的发展和人民生活水平不断提高，羊肉的吃法也更多样了，其中烤全羊（见图5-2）便是一种新兴的制作方法。烤全羊的特点是香酥、麻辣、鲜嫩味美，是吃夜宵、佐啤酒的美食之一。

图 5-2　烤全羊

（由刘承鑫供图）

二、特色味美的淡水鱼

三岔地区背靠着占地 27 平方千米的湖泊，湖泊内生长着各种淡水鱼，如翘壳鱼、花鲢鱼、白鲢鱼、鲫鱼、草鱼、鲤鱼等。因此，这里催生了许多特色鱼肉餐馆，如翘壳鱼馆、鲫鱼馆、鱼火锅。在中餐馆里，也少不了有酸菜鱼、麻辣鱼、鱼头汤等（见图 5-3），让你在品尝中餐的同时，还能享受到你喜欢的鱼食美味。

图 5-3　特色味美的淡水鱼

（由刘承鑫供图）

淡水鱼的功效作用主要包括：①补充营养，淡水鱼类富含蛋白质、维生素和矿物质，有助于提高身体抵抗力。②益智健脑，丰富的蛋白质、钙和不饱和脂肪酸，有助于大脑发育和健康。③健脾开胃，增强食欲，促进营养吸收。④促进消化，肌纤维短，蛋白质结构松散，易消化吸收。⑤维护骨骼健康，富含维生素 D，有助于钙的吸收和骨骼健康，有助于骨骼生长。⑥控制肥胖，鱼类肉质脂肪低，胆固醇相对低，有利于控制肥胖，控制心脑血管病，保证我们身体健康。

总之，淡水鱼肉是我们人类肉食中上佳的肉类。若能坚持每周吃 1~2 次鱼肉，将非常有利于我们的身心健康。

三、历史悠久的"九大碗"

三岔地区因其物产丰富，食材品类繁多，使得当地人们在饮食结构和菜肴加工方面独具匠心。我们的祖先就创制出了各种美味佳肴，其中，红白喜事时主人必定用九大碗招待客人，这已成为了该地区饮食文化中的一道靓丽风景。

"九大碗"的主要菜品包括：

咸烧白：以五花肉为主料，采用生油炸香酥表面，然后切片码入碗内，面上放芽菜，上笼蒸透。其特点在于质嫩肉细，味道香醇，肥而不腻。见图5-4。

图5-4　咸烧白

（由刘承鑫供图）

甜烧白：以五花肉为主料，但制作时先将肉切成两片，中间包上芝麻、花生、核桃加白糖、红糖等舂成的夹沙和香料，再于碗内上面放糯米饭，上笼蒸透。其特点是香甜可口，肥而不腻。见图5-5。

图5-5 甜烧白

（由刘承鑫供图）

酥肉：这是一道经典名菜。选用油炸过的五花肉、豆腐包蛋卷等数个品种，加上海带丝、香料、高汤等，上笼蒸透。这道菜老少皆宜，色、香、味俱全，有基础性疾病之人也可放心食用。见图5-6。

图5-6 酥肉

（由刘承鑫供图）

粉蒸肉和粉蒸排骨：选择五花肉和排骨，加上粳米与香料一起粉碎后制成的米粉，上笼蒸透，同样鲜香可口，老少皆宜。见图5-7。

图 5-7　粉蒸肉和粉蒸排骨

(由刘承鑫供图)

蒸肘子：用整块猪肘子，用油炸至表面酥黄，加上香料和高汤，上笼蒸透。其特点是酥、嫩、香软、肥而不腻。见图 5-8。

图 5-8　蒸肘子

(由刘承鑫供图)

红烧肉：选用正宗五花肉，先改刀成条，然后在滚烫的锅中烫皮后刮净肉皮，用清水浸泡冲洗干净，再改刀成大拇指大小的块。投入油锅中炸成金黄色，炸出多余油脂，再炒糖色，把五花肉倒入大桶中加入糖色，加生姜、八角、三奈、干辣椒节、花椒、葱、胡椒粉。用大火烧开打出浮沫，转小火慢炖，起锅时加入盐、味精，这样做出来的红烧肉原汁原味、软糯可口、肥而不腻。见图 5-9。

图 5-9　红烧肉

（由刘承鑫供图）

回锅肉：作为川菜名品，这道菜必不可少。见图 5-10。

图 5-10　回锅肉

（由刘承鑫供图）

炖鸡：加上香料、沙根、海带丝和高汤，上笼蒸透，是一道上好的补品。见图 5-11。

图 5-11　炖鸡

（由刘承鑫供图）

　　红烧鱼：选用新鲜活鱼，先将鱼处理干净，刮去鱼鳞、去除内脏和鱼鳃，在鱼身两侧改上花刀，以便入味。接着在锅中倒入适量油，烧至七成热时，将鱼放入锅中煎至两面金黄，煎出鱼皮的香味。另起一锅，锅中留少许底油，放入适量白糖，小火慢慢炒出糖色，待糖色变为红棕色且冒出小泡时，往锅中加入适量清水，同时放入生姜片、八角、三奈、干辣椒节、花椒、葱段、胡椒粉，大火烧开。把煎好的鱼放入锅中，让糖色均匀地裹在鱼身上，转中小火慢炖。炖煮过程中，适时用勺子将汤汁浇在鱼身上，使鱼充分吸收汤汁的味道。待汤汁变得浓稠，鱼完全熟透入味时，加入适量的盐和味精调味，然后小心地将鱼盛出装盘，最后淋上锅中的汤汁。这样做出来的红烧鱼，色泽红亮，原汁原味，鲜嫩可口，香浓不腥。见图 5-12。

图 5-12　红烧鱼

（由刘承鑫供图）

至于此，各种时令蔬菜小炒，若干的凉拌菜，成就了一桌上好的"九大碗"。这些菜肴不上火、不肥腻、老少皆宜，充分展示了我们的先人们对食材的选配、科学养生的讲究。几百年来，长盛不衰的饮食习惯值得推崇和传承。

四、三岔零食之麻花、豌豆花

简阳地区有一句广为流传的顺口溜："简州包子石桥面，要吃麻花草池堰。"然而，这句顺口溜的后半句其实并不完全准确。实际上，早期的麻花手艺人是汪姓家族，他们分别居住在老回龙场和兴隆场四耳村。这些手艺人在家中制作好麻花后，会拿到草池街上摆摊销售，因此草池麻花才逐渐出名。所以，虽然人们普遍认为麻花出自草池，但实际上它们是在回龙场和兴隆场生产出来的。如今，三岔四耳村的几户人家仍然很好地传承了这门手艺，每年的产值能达到 200 万左右。

三岔麻花和豌豆花一直以来都是密不可分的一套零食组合。尽管麻花与豌豆花都是油炸食品，但它们色泽金黄、口感酥脆、多吃不腻，且不含任何有害添加剂，是老少皆宜的绿色健康食品，非常适合作为旅游零食。三岔麻花是由纯面粉经过老面酵种发酵，揉搓定型后炸制而成的（见图5-13），而豌豆花则需要将成熟的豌豆用清水泡开，混合面粉调制好后，用勺子定量放入特制的圆形模具中进行炸制（见图5-14）。这两样美食的传承和发展历史已有上百年之久。

图5-13　三岔麻花

（由刘承鑫供图）

图5-14　豌豆花

（由刘承鑫供图）

四耳村的汪师傅介绍，仅他们一家的年产值就可以达到三十万元左右。他们坚信，只有使用优质的原料才能制作出口感极佳的产品，也才能让这门手艺得以传承，并拥有更广阔的市场发展空间。

尽管麻花和豌豆花的销路不成问题，但由于手工制作的速度相对较慢，其产量依然难以满足日益增长的市场需求。此外，在快递运输过程中，如何有效保护这些特产的完整性也成为了一个亟待解决的问题。不过，人们仍然坚信，随着三岔地区旅游业的发展，这门传统技艺终将得到更好的传承与发展。

第六章　三岔教育

第一节　旧时教育状况

社会随着生产力的发展和剩余产品的出现，便分化出了从事教育工作的教师，从而也产生了专门的教育机构——学校。

我国古代称"学"。《礼记·学记》云："古之教者，家有塾、党有庠、术有序、国有学。"《孟子》"设为庠序、学校以教之"，均说明当时教育措施的设置，已被人们日益重视和开展。西汉景帝末年（公元前141年）文翁为蜀郡守，倡教化、建学宫名"石室"，以教育下县子弟，称"文翁学堂"（即成都"石室中学"地址，今成都第四中学）。学堂之名即从此始。三岔地区自古就重视教育，也才有唐武则天时的太史令、数学家、天文学家李淳风和宋朝时宁宗皇帝钦点状元"骨鲠之臣"许奕的出现，也才有刘声扬、陈金仲等武举人的出现，也才有"五军九旅，二十二团"中若干抗日名将的出现。

辛亥革命后，民国二年（1913 年）公布《壬子癸丑学制》，十一年（1922 年）又公布《壬戌学制》改称学校，兴办近代教育。但乡间沿用旧私塾制，教孔孟书者比比皆是。在抗日战争时期，私塾虽有取缔，但偏僻乡村仍有私设，贫困户多无力供给子女读书，即使有条件，亦因封建礼教，重男轻女思想的束缚，而限制女子入学；豪绅富户亦有设家塾延师以课子女者。

《简阳县概况》载：民国三十四年（1945 年）全县总人口975 891人（包括龙泉、洛带两区）中，不识字者556 919 人，占百分之57，其中男性496 593 人，文盲占百分之47，女性479 298 人，文盲占百分之67。

一、私塾

私塾，指旧时私人办理之学堂。有塾师自设者，有绅、商设立者，亦有以祠、庙地租收入或私人捐款举办者。每塾一般只有塾师一人，采用个别教学，教材一般是旧的启蒙读物和《论语》《孟子》以及《诗》《书》《易》《礼》等古典文学，学习年限不做要求。

清咸丰初年（1851—1861 年），乡人汪鼎元曾设"蒙泉书院"于三岔场外；光绪时乡人捐资设义学于三岔场外万寿宫。

清光绪（1875—1908 年）年间，乡人苏高吾在其家（原兴隆场板桥村二社，原板桥至兴隆上坡左手边，现成都东部新区鱼羊里美食街口处）办私塾。三岔兴隆场白石岗人，前清武举人刘声扬之子，旧军阀，川、陕两省督办刘存厚及四弟刘邦俊（四川军阀四川陆军第一军军长）均为苏高吾之私塾弟子。

辛亥革命后（1911 年），国民政府对私塾仅采取改良和限制的方针，民国二年（1913 年）县举办私塾教师讲习会，其教学内容及形式虽有改变，但基本上仍沿袭清制。三岔坝有毛氏族校一所，陈氏族校五所，此外尚有塾师自设学馆不计其数。塾师沿"师道尊严"之教，终日正色据案，教育方法仍旧，对学生有不秉教者，则以体罚从事（打手心、罚站）。境内较有名之塾师有陈国藩、廖雨田、汪雨池、孟声知、汪赞襄等。

民国二十四年（1935 年）秋，四川省府颁布《四川省县市私塾管理章程》后，私塾有所取缔，但保国民学校中仍有部分是"换汤不换药"的私塾，偏僻乡村亦有私之设，至 1949 年始告停歇。

二、幼儿教育

幼儿教育即"学前教育"，源于欧洲。民国三十五年（1946 年）始在三岔场镇女学堂内开办"幼稚园"。

三、小学教育

小学教育是启蒙教育，是国民基础教育。近代初等教育体制确立于清光绪二十八年（1902 年）的《钦定学堂章程》。辛亥革命后改称学校，以四、二制（初级小学四年，高级小学二年）实施最久。据民国十六年（1927 年）的统计，三岔乡初小七所，高小一所，兴隆初小一所。

民国二十五年（1936 年）教育部令各乡镇办一至二所"两级学校"（即兼有初、高级）称"中心国民学校"。至民国二十九年（1940 年），三岔乡中心校，高级班四、初级班九、成人女生班一、教员十八人；兴隆乡中心校高级班二、初级班三、成人女生班一、教员六人。

四、中学教育

三岔境内中等教育，始于民国二十七年（1938 年）在三岔小学附设的初中班，但仅历时二年即停办。民国三十六年（1947 年）乡人陈祝三私人出资创办"用舒中学"两班于三岔上街女学堂内，后因经费拮据，靠变卖私人田产维持，仅办两期，亦即夭折。西南财经大学教授汪孝德、西南政法大学教授吴明童等就读于此。

第二节　中华人民共和国成立后的教育大发展

中华人民共和国成立后，人民政府对旧学制进行根本性的改革，1950年中央人民政府政务院颁布了《关于改革学制的决定》，制定了教学大纲，统编了教材。根据政治经济的要求，为实现教育目的，毛泽东指出："我们的教育方针，应该使受教育者在德育、智育、体育几方面都得到发展，成为有社会主义觉悟的有文化的劳动者。"（《毛泽东选集》第五卷）1958年，《中共中央、国务院关于教育工作的指示》指出："党的教育工作方针，是教育为无产阶级政治服务，教育与生产劳动相结合。"教育工作必须加强党的领导，从而使教育事业日趋发展。三岔于1960年就建起了11所福利小学，学生310人。

1950年由农会自筹经费办"人民初级中学"于三岔场口外。西南财经大学汪孝德教授、西南政法大学教授吴明童就读于此。1956年开办了三岔六初中，三岔区始有正规的公办普通中学.

1958年9月，三岔、兴隆等乡根据国务院规定，相继开办了农业中学，三岔民中亦于1963年诞生，1966年经县批准改为农中。

1974年，因修建三岔水库，分别迁建三岔初级中学，后改为三岔高级中学和三岔小学附设初中至现址。

中华人民共和国成立后，三岔坝人一直视教育为头等大事，办"农民夜校"等各种扫盲班，至一九九一年，经上级主管部门考核、考察，农村文盲百分之九十以上达扫盲标准。

中华人民共和国成立后由国家办学为主，鼓励社会办学，从而使学校教育得到了很大的发展；尤其是 1986 年 4 月 12 日公布了《中华人民共和国义务教育法》，1995 年 3 月 18 日公布了《中华人民共和国教育法》等关于教育的法律法规后，学校走上了依法治校、依法治教的正常轨道，使学校教育进入了一个新的历史时期。

新时期的学校教育，坚持党的四项基本原则，全面贯彻毛泽东同志提出的，"教育必须为无产阶级政治服务，必须同生产劳动相结合。劳动人民要知识化，知识分子要劳动化"。学校教育执行国家统一的学制、大纲和教材，开齐课程，开足课时，严格考试制度，自觉接受党和政府的领导，接受教育行政部门的督导，完成提高全民族素质，促进社会主义物质文明和精神文明建设的历史使命；学校教育面向现代化、面向世界、面向未来；学校全面提高教学质量，真正做到让学生成才，让家长放心，让人民满意，树立文明校风。

一、民办学校

20 世纪 90 年代，我国实行改革开放，由社会主义计划经济向社会主义市场经济过渡后，各行各业有了飞跃发展，教育得到长足发展，但国家办的各级各类学校越来越不能满足广大人民群众物质文化生活的需要，不能满足广大人民群众送子女入学的迫切愿望，于是国务院 1997 年 7 月 31日发布了《社会力量办学条例》，企业、事业组织、社会团体及其他社会组织和公民个人利用非国家财政性教育经费，面向社会举办的各类学校先后出现了，从而填补了学校教育的不足。三岔镇民办学校发展较快。

1986 年 8 月，宋玉英首先利用自己购买供销社的房屋，经过装饰办起了幼儿园，取名"蓓蕾幼儿园"。当年就收了幼儿 68 人，办 2 个班，有教师 3 人。直到 2002 年 8 月，因主客观因素，转租给徐三贵，当年有教师 3

人，幼儿 76 人。2003 年 9 月，又将学校迁进自己投资的绛溪街 59 号修建的新校址，取名"QQ 幼儿园"，教师和幼儿都逐年增加，到 2005 年年底有教师 11 人，6 个班，幼儿 256 人，管理人员 3 人。

2002 年 2 月，周素芬同志又将自己三岔镇长兴街湖滨路的房子装饰开办了一所幼儿园，取名"快乐宝贝幼儿园"，办有 5 个班，有管理和保育人员 3 人，专任教师中有大专学历的 3 人，幼师毕业的 4 人，当时幼儿园 246 人，到 2005 年年底有 258 个幼儿。

这些幼儿园的开办都是经简阳市教育局批准的，办学条件符合要求，教辅用房齐备安全，大中小型玩具达到上级要求，办学指导思想明确，教育教学工作认真负责，突出了幼儿教育的特点，受到社会、家长的好评。

还有民办舞蹈、书法、缝纫等培训班。

二、幼儿园

幼儿教育即"学前教育"。中华人民共和国成立后，国家非常重视，政务院（国务院）于 1951 年颁布了《关于学制改革的决定》，规定我国实施幼儿教育的组织为幼儿园；幼儿园应在有条件的城市首先设立，然后逐步推广。这样，幼儿园就不断地得到发展。1972 年发展到高峰，城镇不用说，农村基本上是各生产队都办有幼儿园，后来由于师资素质较差，待遇不落实，部分生产队幼儿园（班）时办时停，使幼儿入园人数较大幅度下降。

1979 年 7 月，全国托幼工作会议提出了恢复、发展、整顿、提高的工作方针，使幼儿教育进一步规范，农村基本统一以大队办幼儿园为主，有条件的中心小学附设幼儿班。1983 年，内江地区、县幼儿教育研究会成立，有计划地开展教学科研活动，先后编写了《幼儿园教学大纲》《幼儿园各科教学参考资料》和《语言与认识》《音乐》《美工》等七种教材，使幼儿教育进入规范发展阶段。

1983—1984 年，根据中央和省关于多渠道筹集办学资金的指示精神和政策规定，采取"地方财政拿一点，社队公共积累挤一点，社队企业抽一点，勤工俭学凑一点，群众逗一点"的办法，在改善中小学办学条件的同时，彻底解决了幼儿园的校舍、教学用具、幼儿桌凳等问题。而且，绝大多数村幼儿园都靠近村小，业务纳入中心校幼儿园辅导管理，使幼儿园整体水平有了提高，入园率也不断提高。2005 年年底，三岔镇幼儿班 18 个（其中，民办 12 个），在园幼儿 619 人，入园率达 82.3%。

为提高教师素质，一方面加强教研活动的开展。由教育主管部门牵头组织，先培训骨干教师，而后以校园为单位，培训到每位教师。培训形式主要有专题讲座、研究课、示范课等；另一方面，鼓励教师参加脱产或不脱产进修学习，并组织专业知识考试，对于合格的教师，颁发专业合格证书。1995 年暑假开始，三岔教办承办了一届幼师专业函授班，从而较大地提高了教师素质和专业水平，为幼儿教育事业的发展奠定了良好基础。

至 2023 年年底，三岔街道共办起了 2 所公办、2 所民办幼儿园，入园率达 100%。

三、小学

小学教育是基础教育，历来备受重视，尤其粉碎"四人帮"后，经过拨乱反正，中央 1978 年下发了 84 号文件，原国家教委公布了《全日制小学暂行工作条例（试行草案）》《小学生守则》，使小学教育又走上了健康发展的道路。

1980 年 12 月，中共中央、国务院发布了《中共中央、国务院关于普及小学教育若干问题的决定》，1983 年 8 月教育部颁布了《关于普及初等教育基本要求的暂行规定》，11 月省教育厅又制发了《关于试行教育部

〈关于普及初等教育基本要求的暂行规定〉的意见》，1984 年 6 月内江地区行署制发了《关于加速全区普及初等教育的决定》，11 月又制发了《内江地区普及初等教育检查验收细则》，将小学教育工作重心转移到全力普及初等教育方面。形成了从地区到县（市）、区、乡，层层确定一名领导干部分管普及初等教育工作，县教育局局长亲自抓，区教办确定两名工作人员具体抓，各乡中心校组织教师分片包干，落实责任，反复动员学龄儿童入学和流失生返校学习，使普及教育的软件达标；同时，从 1983 年起，根据中央和省、地的规定，广泛开展集资办学工作，改善办学条件，基本排除了危房，结束了用石头做学生桌凳的历史。通过大家共同努力，1985 年11 月，经过省、地的检查验收，简阳初等教育的"四率"和"六项办学条件"，均已达到省的规定，基本实现了普及初等教育，省人民政府颁发了合格证书，而且坚持了一年一度的复查工作，尤其是 1986 年 4 月 12 日公布《中华人民共和国义务教育法》后，普及初等教育工作的成果得以巩固。三岔被评为普及初等教育先进单位，受到简阳市政府的表彰。

1995 年 3 月 18 日，公布了《中华人民共和国教育法》；1996 年 3 月 9日，原国家教委又颁发了《小学管理规程》；1999 年 1 月 13 日批转了教育部 1998 年 12 月 24 日的《面向 21 世纪教育振兴行动计划》。各级教育行政部门，各类学校认真组织学习，进一步提高教育工作依法治校，依法治教的理念，规范办学行为，运用现代教育技术，添置远程教育设备设施，实现优化教育资源共享，促进全面贯彻教育方针，面向全体学生，实现应试教育向素质教育转轨。加强校风、教风建设，全面提高教学质量，不断提高办学总体水平，涌现出了一批校风示范校、素质教育示范校、示范小学。

三岔镇兴隆场小学 2000 年被评为资阳地区"校风示范校"；三岔镇中心小学 2000 年被评为地区校风示范校；兴隆场小学 2002 年被评为简阳市

"素质教育示范校";三岔镇中心小学 2002 年被评为简阳市"素质教育示范校";2004 年三岔镇中心小学被评为简阳市"示范性小学";2005 年兴隆场小学被评为简阳市"示范性小学"。

四、初级中学

中学教育也和小学教育一样,在国家的统一部署下,在当地党政和教育行政部门的直接领导下,不断提高和发展。

1983 年,原建国公社境内和原兴隆公社只有 1 所学校,即 1977 年建成的"三岔初级中学"(该校于 1968 年开始附设初中班)和建国公社中心小学校。1992 年 7 月,行政区划发生变化,撤区并乡建镇,原建国乡、兴隆场乡和新民乡合并建立了三岔镇,学校的管辖地区也随之发生变化。这时三岔镇境内除了 1 所高中,还有 3 所小学附设初中班。1995 年 12 月以后,新民重新建乡,新民的学校也随之归属于新民乡。

为了巩固普及初等教育成果,更好地发展中等教育,在国家的统一部署下,经过当地政府和人民群众的努力,各地先后停止了小学附设初中班,设立了初级中学。1991 年和 1995 年,三岔镇初级中学和兴隆场初级中学先后成立,结束了小学附设初中班的历史(三岔镇初级中学 1991 年获批建立,颁发公章,因新建教学楼,1992 年才迁出三岔小学)。

三岔镇初级中学建于 1992 年结束小学附设初中班之际。学校运动场经扩建、硬化后,在全市农村乡镇初中堪称一流。校园占地面积较小,有"袖珍学校"之称,但"庙"小名气大。在不断改善、充实教育教学设备设施的基础上,三岔镇的中学教育教学质量不断提高,受到各级政府的充分肯定和人民群众的赞誉。1977 年,恢复考试制度后,三岔镇的中考成绩连年获市(县)第一,高考成绩也名列全市(县)农村中学前列;三岔镇初级中学 2004 年被评为"资阳市校风示范校""实验教学示范校""示范性初中"。

办学指导思想先进。学校遵循教育规律，转变教育观念，全面落实科学发展观，坚持育人为本，全面提高学生素质。坚持"教书育人"的座右铭。坚信没有不可教育的学生，只有不善教育的教师；永远尽量多地教育好每一个学生，同时，更要永远尽可能多地尊重每一个学生；多一把衡量的尺子，就会多出一批好学生。

管理科学规范。学校力行创新管理，制定了各岗位职责、各种规章制度、考核评分细则、奖惩制度，构建了一套规范、科学、合理的管理体系。领导班子工作基本要求如下："三勤""三禁""四必须"。"三勤"，即勤管、勤政、勤学。"三禁"指禁止搞特殊化、禁止争名夺利、禁止弄虚作假。"四必须"，包括必须参加教研活动；必须参加教育科研，探索教改新路子；必须深入班级听课，了解指导教学；必须任教统考学科教学，成为一门学科的带头人。

师资队伍素质高。敬业、勤奋是其最大的特点。教师具有终身从教的敬业精神，热爱学生的园丁精神，投身教改的创新精神。"捧着一颗心来，不带半根草去"。勤奋、拼搏、敬业、奉献、业精之美誉远扬。2005 年年底有资阳市学科带头人、青年骨干教师 3 人；简阳市中青年骨干教师 7 人；中学高级教师 3 人（多数乡镇尚无中学高级教师）。

千方百计提高质量。优化导学策略，授之以法，推行"目标导向—阅读感知—设疑启迪—归纳总结—训练达标—辐射拓展—力求创新"的自主、合作、探究式导学策略。备尝艰辛，构建了学法指导的课堂教学操作模式——"三环八步操作法"。

创新教学。以《农村初中语文教学培养学生创新能力的探索与研究》为课题（市级科研课题），历时四年，成果已面世，并将其辐射拓展施行于多科教学之中。

向教研要质量。学校主研项目及其成果举隅："学法及学法指导"研究，构建了课堂教学的"三环八步操作法"；实验教学研究，探究总结出了切实可行的实验教学操作模式——"演示实验"操作模式、师生互动的"学生实验"操作模式。

分类指导，分层要求。对优生，注重"夯实基础+灵活+综合+解决实际问题"之指导；对"后进生"奏好"五步曲"（了解、理解、感化；改革教法；制订落实"后进生"跟踪辅导简表；降低要求，寻其闪光点，促其进步；提出近期目标，促其进步，且及时鼓励），"后进生"转化率力求 100%。

教学质量闻名于"市"。二十世纪八九十年代考上中专、中师的人数之多，尔后升上简阳中学的人数之众，长期传为佳话。《简阳报》曾以《三岔初中创中考十九连冠奇迹》《三岔初中育人质量再攀新高》为题作过赞许性报道；《资阳日报》以《三岔镇初中创造了中考 24 连冠奇迹》《风景这方独好——三岔初中 2006 级中考再居简阳市第一》为题作过长篇褒扬性报道。

殊誉如潮——"改革开放以来，三岔初中教育教学工作取得丰硕成果，在我市农村初中创造了一个又一个奇迹"（《简阳报》）。三岔镇初中拥有"一流的管理、一流的队伍、一流的规模、一流的质量、一流的业绩"（资阳市人民政府教育督导室领导在评估验收三岔初中为资阳市首批示范性初中时的评价）。学校被命名为资阳市首批"示范性初中"、资阳市"校风建设示范学校"、资阳市"实验教学示范学校"、资阳市"依法治校示范校"；荣获简阳市"目标管理优秀级学校""最佳文明单位""卫生先进单位""十佳青年文明号""优秀团组织""先进党支部""争创四好班子先进单位"。

五、高级中学

三岔湖高级中学建于 1977 年，始名"简阳县三岔初级中学"；1987 年 12 月，升级为"四川省简阳县三岔中学"。2005 年年底，占地面积 100 余亩，有教职工 130 余人，其中中学高级教师 33 人，教学班 38 个，学生 2 500 余人。

特色办学理念——立足农村，打造特色，和谐育人。

学生管理自主化——推行"中学生自我教育、自主管理"的德育工作模式。

教学管理动态化——实行课堂巡视制度，对教师的教育教学活动进行全程监察，发现问题及时指出、纠正和整改，实现过程管理动态化。

教育科研校本化——1998 年，设计了地级科研课题"农村高中数学、英语分层次教学实践模式研究"方案，历时 3 年，于 2001 年结题，获资阳市人民政府首届教育科研成果二等奖；2000 年，设计了市级科研课题"农村高中学生自我教育、自主管理教育研究方案"，于 2005 年结题，获资阳市人民政府第二届教育科研成果二等奖。

艺体教育人本化——学校针对相当一部分学生学科基础知识薄弱，但艺体颇有潜质之实际，决定实施艺体强校战略，变文化考试的"低入口"为超常规的升学"高出口"，为学生谋求更广阔的发展平台。

学校新征土地 50 亩，先后投资 800 余万元，新建运动场、艺体馆。已建成主次看台共 3 200 个看位、400 米环形跑道、1 个标准足球场、8 个羽毛球场、5 个篮球场、34 个乒乓球桌、260 平方米室外体育场。艺体馆 2 000平方米，室内建有音乐室、美术室各 3 间，280 平方米舞蹈房一间，400 平方米体操房一间，购置了大量的电子设备为艺体教育服务。在全市学校中独一无二，堪称一流。

学校建立专兼职艺体专业师资队伍。有体育教师 7 名，音乐舞蹈教师、美术教师各 2 人。

连续 6 年艺体本科上线人数名列简阳市第一名。

自然生态的现代校园——学校成功建成了生态化、园林化、花园式校园。校园内共有中式花园 3 000 平方米，西式草坪 4 000 平方米，常年鲜花斗艳，四时碧草青青，校园美化、硬化、亮化，堪称一流。

艺体生升学人数年年上升：2002—2004 年艺体院校分别录取艺体生 39 人、42 人、77 人；2005 年 112 名艺体生参考，文化、专业双上线 106 人，被高校录取 99 人。

近年来，学校荣获简阳市高考工作先进单位、资阳市教学先进单位、资阳市办学水平综合督导评估优秀学校、资阳市最佳文明单位、资阳市依法治校先进单位、资阳市示范性普通高中、简阳市传统体育项目学校、简阳市教育科研示范学校、资阳市体育教育特色学校、资阳市艺体教育特色学校、资阳市教育科研示范学校、四川省绿化示范学校、四川省实验教学示范学校、四川省现代教育技术示范学校、四川省校风示范学校、四川省卫生先进单位等 60 多项荣誉称号。

三岔湖高级中学具有辉煌的办学成就，拥有全市农村中学一流的硬件设施、雄厚的师资力量，把学生培养成一流的优生，走出了农村高完中办学的特色之路，谱写了光辉灿烂的篇章。

第三节　成都东部新区三岔教育

改革开放以来，三岔的教育一直受到各届党委政府高度重视。党委政府将教育视为首要责任、重大民生工程，因为教育是祖国和人民的未来和希望。特别是行政区划调整后，2016 年简阳划归成都代管，继而三岔又划归成都高新区代管，三年后又相继建立成都东部新区。三岔作为成都东部新区的空港新城核心区域，得到各级党委政府高度重视，致力于加强办教育、办好教育，为引进建设人才、培养更多的本土人才，除办好原有学校外，还引进了成都体育学院，引入了全国首所轨道交通学院，引进了成都七中东部校区，并且新建了成都东部新区浅山幼儿园和成都实验小学东部校区。

现将三岔境内各类学校展示如下：

一、多元特色的幼儿园

1. 成都东部新区浅山幼儿园

成都东部新区浅山幼儿园生态良好，环境优美。地处成都东部新区三岔街道环湖路外侧，蓝绸带社区中部，背靠成都体育学院新校区，紧邻成都实验小学东部校区，是一个交通便捷、文化积淀丰富、信息渠道多元、开放程度较高的区域。幼儿园以"儿童为本"为宗旨，在园所文化建设中秉承中国传统文化"和而不同、精进求新"的理念，依托园所周围资源，以"运动"为幼儿园特色活动，培养幼儿勇于挑战、善于合作、勤于探究的特质。

2. 成都东部新区三岔湖幼儿园（八角井分园）

成都东部新区三岔湖幼儿园位于美丽的三岔湖畔、龙泉山东麓，毗邻成都天府奥体城，是成都东部新区党工委管委会文化旅游体育局筹办的一所独立建制的公办幼儿园。幼儿园基于对"未来需要怎样的孩子""如何以孩子为本"的融汇，秉持"以大自然为尺度，许儿童可持续发展的未来"的办园思想，结合"湖伴成长，自然童年"的办园特色，以"有山有水'氧'童年"为办园理念，以"亲自然 悦生活 爱运动 慧创造"为培养目标，以"爱育生命 乐享生活 悦动成长"为课程理念，努力办好老百姓家门口的优质幼儿园。

3. 成都东部新区快乐宝贝幼儿园

快乐宝贝幼儿园坐落在风景如画的三岔湖畔，是经成都东部新区教育处批准并直管的一所民办幼儿园。该园创办于 2000 年春，是一所全日制的综合性幼儿园，该园从刚开始的几十名幼儿，发展到今天的几百名。全园共有教职工 30 多名，有专职营养师、保健老师，教师学历均是幼师和大专学历以上，其中学前教育专业、英语专业、美术专业、音乐专业等占 90%以上。快乐宝贝幼儿园功能齐全，设施一流，配备现代化教学电子白板，园内设有监控等电子设备，有户外大中型游乐体育设施，室内玩具多样化，教学资源广，教学管理科学规范。

快乐宝贝幼儿园在园长的正确领导下，教学观念不断更新，闯出了自己的办园特色，园长更是连续六年被简阳市教育局评为"优秀园长"。快乐宝贝幼儿园实施创特色、创名园的发展战略，在短短 21 年中，已经取得了十分喜人的办园成果。教学理念为展现本性，简单活泼，寓理于乐。教学方法为用玩的方式引起兴趣，用兴趣去明白道理，用道理去受用一生。在未来的日子里，快乐宝贝幼儿园将会让管理轻松有效、家长的工作水到渠成、教师的规划更加科学、竞争力越来越强，塑造幼儿园品牌形象，并最终赢得社会和家长的一致好评！

4. 成都东部新区英品幼儿园

成都东部新区英品幼儿园创办于 2003 年，办园 20 年，获得了家长的一致好评。幼儿园拥有一支高素质、高学历、经验丰富、责任心强的专业教师队伍。引进先进的教学理念并结合当地实际情况，为孩子量身打造系统课程。开展以春稻田音乐美学教育课程、多元整合课程为主的课程体系，培养有综合能力的孩子，注重孩子语言表达能力、理解能力、思维能力的培养。幼儿园秉承"传播真正使人受益一生的教育，让世界充满爱与尊重"，用爱陪伴孩子成长的每一个时刻。幼儿园占地面积 2 600 平方米，建筑面积 3 290 平方米，环境优美，配套设施设备齐全，是一所高起点、高规格、高品质的民办优秀幼儿园。幼儿园的教育理念和教学目标一体，实现了教学环境融入教育目的和教学功能的设计，室内环境不仅安全、卫生、明亮、温馨，还实现了一品一物、一花一草、一景一貌皆为教育的特色教育理念，对教师及孩子产生了极大且丰富的、潜移默化的力量。

二、焕然一新的小学

1. 成都东部新区三岔湖小学

成都东部新区三岔湖小学原位于三岔古镇，始建于 1940 年，现没于湖底。今迁建于三岔湖畔，占地面积 35 740.73 平方米，现有师生 3 000 余人。学校功能室齐全，各类设备先进。学校初步具备了生态化、现代化、国际化特点。学校始终践行"万物生长竞自由"的办学理念，坚持以生为本，以理想信念教育为根、德育为首、智育为基、体育美育劳动教育为要、创新教育为品，落实立德树人根本任务，促进学生"向上、向内、向外"自由生长，努力把学校办成党建引领下的集环境优美、氛围和谐、设施先进、师生自信、特色鲜明、质量上乘、充满生命活力的优质学校。

近年来，学校先后获得全国青少年校园足球特色学校、教育部第三批新样态实验学校、全国首批中外人文交流特色学校、全国品质课程实验学校、四川省绿色学校、四川省小作家培养基地校、四川省教师职业技能示范学校、成都市阳光体育示范校、成都市艺术教育特色学校、成都市党建标准化建设示范学校、成都市教育系统先进基层党组织、成都市教育科研先进学校、成都市科技活动基点学校等殊荣。

2. 成都市实验小学东部新区校区

成都市实验小学东部新区校区（成都东部新区蓝绸带小学校）是成都东部新区实施"教育立城"发展战略，科学配置优质教育资源，构建未来之城高质量教育体系，打响优质教育品牌，高起点规划、高标准建设的一所全日制公办小学。学校位于成都东部新区天府奥体公园核心区，占地50余亩，总建筑面积约2.34万平方米，设计规模36个班，提供专业学位1620个，教职工预计110人。学校赓续百年名校的优质教育基因，借力成都优质教育——青羊教育和"双一流"西南大学教授团队与教育学博士工作组，坚持以人的全面发展为核心，办学生喜欢、家长放心、教师幸福、社会赞誉的高品质未来学校。

三、标杆引领的初级中学

1. 崭新的三岔湖初级中学

三岔湖初中创办于1950年，其前身位于三岔古镇，后因三岔湖建设，原校址现没于湖底。1975年，学校迁建于三岔湖畔新三岔场镇。1992年，学校独立建制。2022年秋，学校整体迁入位于三岔街道办事处附近的新校区，是成都东部新区一所高起点、高标准、高规格的公办初中。新校区投资1.3亿余元建成，占地面积34 525.97平方米，建筑面积37 791.09平方米，运动场面积9 678平方米，绿化面积9 000平方米，设计教室32间，功能室50间。学校现有教职工120人，其中专任教师119人；现有29个班，1 478名学生。2023年学校本科及以上学历101人，其中1人为研究生学历。截止到2023年，教师中有17人具有高级教师职称，33人具有中级教师职称。办学理念：让每一滴湖水都卓尔不群。

办学理念解读：

每一滴"湖水"代表全校教师员工和历届学生。滴滴湖水，只有汇聚在一起才能永不干涸，传递出和谐共生、团队为先的价值理念。同时，也是为了紧扣三岔湖的地理特征。"卓尔不群"指才德超出寻常，与众不同，不独来独往。希冀培养的学生都有一技之长、独立个性，走向社会成为有用之才。

学校文化体系建设如下：

①办学理念：让每一滴湖水都卓尔不群；

②办学愿景：立东部未来新城，创成渝卓越初中；

③办学特色：湖畔盛景，人文校园；

④校训：修身强体，乐学报国；

⑤校风：传"东灌"精神，撒上善碧水；

⑥教风：敬畏教育事业、静修教学之法、竞育时代新人；

⑦学风：学做人做事之礼、思天地万物之精、行至仁至善之道。

2. 新迁建的兴隆九义校

成都东部新区兴隆学校是一所九年一贯制学校，学校由原兴隆场中学和兴隆场小学于 2007 年 7 月撤并组建而成简阳市三岔镇兴隆九年义务教育学校，2017 年 4 月划入成都高新区更名为成都高新三岔镇兴隆九年义务教育学校，2020 年 5 月划入成都东部新区更名为成都东部新区兴隆学校。学校先后荣获"资阳市校园文化建设示范学校""资阳市德育工作先进学校""资阳市后勤工作先进单位""资阳市绿色学校""简阳市优秀级学校""简阳市中考先进单位""简阳市科研示范校""简阳市安全单位""简阳市城乡环境综合治理先进学校""高新区青年武术、跆拳道锦标赛突出贡献奖"等称号。学校坚持正确的办学方针，确立了"让每一个孩子绽放最美的自己"的办学理念，以"崇雅行雅，厚德博学"为校训，形成了"情趣高雅，举止优雅"的校风，"好学乐学，知书达理"的学风，"和蔼儒雅，潜心育人"的教风。学校坚持"立德树人"的育人目标，以武术特色为龙头，促进艺体特色教育全面开花，全力构建书香校园，阳光校园，和谐校园。

因成都东部新区规划建设发展需要，该校整体迁建至原坚石村 3 组、6 组地块。项目规划总占地面积约 81 亩，其中一期占地 41 亩，二期占地 40 余亩。该校一期建筑面积 21 080 平方米，设置 24 个初中教学班，可提供 1 200 个学位。

四、开拓创新的高级中学

1. 新崛起的成都七中东部学校

城市"东进"，教育先行。成都七中东部学校是在成渝地区双城经济圈建设战略背景下，基于四川省委、省政府决定设立成都东部新区重大战略部署，以及成都市委、市政府支持成都东部新区建设全面体现新发展理念的未来之城的意见精神，经成都市教育局同意，由成都东部新区与成都七中重磅合作打造的一所高起点、高定位、高品质的 12 年一贯制公办学校。

学校旨在将优质教育资源向三岔、贾家、草池等成都东部新区边远农村地区和成德眉资同城化区域教育薄弱地区辐射，满足高层次人才子女享受优质教育资源需求，提升成都东部新区教育公共服务质量和水平，打造"教育强市"新兴增长极，推动成都融入"双循环"、唱好"双城记"，服务成渝地区双城经济圈建设。

成都七中东部学校地处面向世界、面向未来的现代化成都东部新区，学校坐落于成都东部新区墨池路 777 号，紧邻三岔湖。

成都七中东部学校由成都七中完全领办，与成都七中一脉相承，学校传承成都七中"审是迁善、模范群伦"的校训和"全球视野、中国脊梁"的培养目标，凝练"崇德求实、守正创新"的办学理念；确立了"修身行学，向上向善"的育人理念以及"向东向新，创办中国名校"的办学目标。

成都七中东部学校管理先进，环境优美，总占地面积约 272 亩，总建筑面积约 18.2 万平方米，满员可容纳 120 个教学班、近 6 000 名师生，学校已于 2023 年 9 月 1 日正式开校，现有小初高就读学生共 677 人。

2. 开拓创新的三岔湖高级中学

成都东部新区三岔湖高级中学始建于 1977 年，学校紧随三岔水库兴建的步伐，在荒山上开挖，在石场中拓展，在修建中开学。最初名为"简阳县三岔初级中学"；1987 年经四川省教育厅批准为"四川省简阳县三岔湖高级中学"，升格为普通完全中学；1994 年简阳撤县改市，学校更名为"四川省简阳市三岔中学"；1996 年通过内江市教育委员会办学基本条件达标验收；2003 年成功创建为资阳市首批示范性普通高中；2017 年 4 月 1 日划归成都高新区，更名为"成都高新三岔中学"；2020 年 5 月，成都东部新区成立，学校划归成都东部新区，更名为"成都东部新区三岔中学"，2021 年 7 月更名为"成都东部新区三岔湖高级中学"（见图 6-1）。

图 6-1　三岔湖高级中学

（由施俊峰供图）

四十余年来，三岔湖高中人始终坚持党对教育事业的全面领导，坚守"育好人，教好书，办好学校"的教育初心，秉持"内敛外放，自主多元"的办学理念，恪守"自强不息，立己达人"之校训，致力于"立德树人，自主发展，因材施教，多元育才"，坚持"看最好的别人，做更好的自己，创更好的学校"，秉承"自力更生、艰苦奋斗、开拓创新、不怕牺牲"的"东灌精神"，促进了全体学生自主发展、全面发展、和谐发展、个性发展、多元成才，实现了学校的内涵特色发展。学校先后被评为四川省的文明单位、校风示范校、绿化示范校、绿色学校、实验教学示范校、现代教育技术示范校、卫生先进单位、阳光体育示范校、无烟单位；成都市教育教学优秀学校、党建标准化建设示范学校、文明校园、阳光体育示范校、艺术特色学校、依法治校示范学校、首批劳动教育试点学校、成都市教育科研先进单位。

在四十多年的发展历程中，学校逐渐凝练形成了"自力归真，多元育才"的教育特色和"一训三风"。

学校的发展目标：一是乘教育改革东风，抓"东进"战略契机，力争2024年成功创建为成都东部新区第一所四川省二级示范性普通高中。在2025年，把学校建设成为"新时代县域普通高中科学教育标杆学校"。二是积极打造"山水"教育品牌，以"山"厚德，以"水"润智，力争在2026年，把三岔湖高级中学建设成为成效显著、特色鲜明、品牌突出、内涵丰富、群众满意、辐射引领作用彰显的"公园式智慧化书香名校"。

学校的育人目标：培养健康文明，自信自强的时代新人。

目前，三岔湖高级中学正在全面打造现代化校园，争创四川省示范性普通高中。

第七章　三岔医疗卫生

　　医药卫生，在中国具有悠久的历史。"上医医国"出自《国语》，"病入膏肓"出自《左传》。《黄帝内经》说："上工治未病。"极言"防重于治"、未病先防的重要性。历代方书丰富，医学名家辈出，实为中华民族健康发展之源。

　　三岔地处简阳西部，历史悠久，历史文化底蕴深厚，医卫文化也较为突出。民国时期，当地无国家医疗机构，六个场镇就有中药铺共26家。当时中医医生数量尚可，但西医医生尤其缺乏。医生或坐堂行医，或在家坐诊，或流动赶场为患者治病。他们皆师承名重，各行其术。群众身患重病，或长期不愈，或药到病除。乡民对不治身亡者，则统统谓之"急病"。

　　中华人民共和国成立后，毛主席要求："今后必须把卫生、防疫和一般医疗工作看作一项重大的政治任务。"办好"人民的医疗卫生事业"，管的是"全国人民的生老病死问题"。党和政府十分关心人民疾苦，重视人民健康和医疗卫生事业。在党的统一领导下，按照"面向工农，预防为主、治疗为辅"的医疗卫生方针，对各种传染病进行防治，消灭了天花、霍乱及其他的乙类、丙类传染病12种。钩虫病、血吸虫病、疟疾等地方病，经防治后基本绝迹。由于加强妇幼保健工作，开展群众性爱国卫生运动，推行公费医疗，对人民群众、机关事业单位职工的身体健康、家庭幸福都起到了积极作用，取得了前所未有的成效。

由于党和政府一直高度重视人民生命健康，截至 2023 年年末，中国人口平均寿命从解放初期的 40 岁提高到了 77.93 岁，其中男性平均寿命为 72.38 岁，女性则为 77.37 岁。

第一节　医生

一、中医

民国时期，三岔区境内有草池堰、毛家场、玉成桥、兴隆场、三岔坝、回龙场六个中、小场镇，据统计，有中医内、外科 81 人，其中内科 71 人，外科 10 人。而精通医理，医术精良者，仅有陶丕（外科），朱容焜（内科），肖铸廷（内科、外科、妇幼科），方子静（骨科），方体诚（骨科、眼科），余伯华（内科、外科），喻夕三（内科），紫龙山（内科、外科），郑国章（内科），陈吉堂（外科），廖自修（内科），张赞云（内科），汪翼（内科）等十余人。

中华人民共和国成立后，党和政府对医疗卫生事业十分重视，团结新老中西医，培训新人员，使医疗卫生队伍不断发展壮大，至 1982 年从事中医药人员共有 78 人（赤脚医生除外），其中按职称分类是：医师 3 人、医士 9 人，药剂士 2 人、初级人员 64 人。区、社两级卫生院有中医 53 人，其中具有一定技术水平者，内科 31 人，喉科 1 人，针灸 1 人，痔科 6 人。其余 25 人则散处民间，自由行医。

二、西医

民国时期，区境内医药事业，是以中药为主，西药为辅，故从事西医药人员极少，据调查：1948—1949 年，仅有西医内科 9 人，外科 1 人。其医术较精深者唯罗炳耀、盛季良 2 人。

1950 年以后，随着医药卫生事业的发展，西医日益被群众广泛重视和需要，经过不断培训充实，西医人员技术队伍逐年壮大；至 1982 年，全区共有西医药人员 115 人（不包括赤脚医生），按职称与科级分类是医师 5，医士 11 人，护士 12 人，助产士 10 人，药剂士 3 人，牙科 2 人，初级人员 72 人。此外尚有三岔、草池高中，党校设置医务室有初级医士 3 人。

第二节　流行疾病

民国期间流行疾病有天花、麻疹、痢疾、疟疾、霍乱、结核、钩虫病等。其他传染病，如流脑、乙脑、小儿麻痹症、狂犬病、伤寒、破伤风等亦有发生。

一、天花

中华人民共和国成立后，人民政府号召普遍种牛痘，医务人员深入农村，送药上门，男女老幼，人人种痘，遏止了天花的发生。1950 年，天花病者仅出现九例。此后，则无此一病例出现。

二、痢疾

民国十六年（1927 年）痢疾流行，仅兴隆乡一带，患者达三百余人，死亡率达百分之三十。辉楼沟富户汪云飞全家（包括雇工 40 余人），均染痢疾，腹泻便痢，脓血交加，秽闻满室，医药罔效，相继死亡 19 人。后延良医汪泽安诊治，除用药外，并嘱隔离居住，将排泄物以石灰、烧酒消毒。患者多进稀粥，饮萝卜汁，病情顿减。

三、麻疹

民国三十二年（1943 年）秋季，麻疹流行于三岔，在 7 个保范围内死亡约 190 人。老中医陈国祥回忆："我设馆于三岔附近，假期归家，沿途凄然，山山多婴儿之墓，望者兴叹；户户有哭子之声，闻者堕泪。当时医者，多记方之辈，师徒口授心传，预防无方，治法难脱伤寒架子，或用升麻、桔梗升提，致成实喘（肺炎）而死亡者不少，实可为医者之戒。"

四、疟疾

俗称"打摆子"。民国期间，贫富悬殊，不少农民夏天无蚊帐，白昼辛勤劳动，晚上被蚊叮咬，疟疾发生比较普遍。老医生回忆：每逢场日应诊一天，高峰可诊治疟疾十余例，年发病人数不下二、三千人。

五、霍乱

民国二十八年（1939 年）元月，三岔街上曾出现此症，俗名"鬼偷肉"。症状为突然腹泻频数、腹痛，数小时后，肌肉消失，眼珠凹陷。染此病者，一般在一天内死亡，数日之内三岔街上即死亡 8 人。

第三节　医疗机构

一、私营药店及行医方式

民国时期，区境内既无公办医院，亦无集体医疗机构。民国二十六年（1937 年）三岔坝成立"国医研究会"，系属学术团体。研究讨论《黄帝内经》《难经》《伤寒杂病论》等部分内容，后因主持人曾文彬卧病，活动年余而停止。

中华人民共和国成立后，医药保健一改旧貌。过去的私营药店逐步纳入集体或国营，医生亦组织联诊所进而为卫生院。病者经医生诊断处方，向院设药房取药，这是现时期医药结构的主导方面。但在社会上仍保留有私人药摊（包括草药）和个体医生于逢场日在街头场尾，为群众配方治病。此外，供销社和集体商业亦经营中西药店为患者按方配药。

二、卫生协会

1950 年春，人民政府开始整顿医药卫生工作，将原有行业医生组织起来成立"会诊所"。先在草池、三岔开办，其余乡镇亦相继组织，除统一收费标准，便利群众看病外，定期集中医务人员学习党的卫生方针、政策、业务技术等。1951 年春，正式成立"卫生协会"。十七区（三岔）选出尹泽生、冯礼茂负责；三区（草池）选出毛南助，叶孔修负责。"卫生协会"除组织医务人员学习政治、业务外，还宣传贯彻党的卫生工作方针，管理游医、药摊，组织在职医生轮训，宣传防疫，巡回医疗，抢险救灾。1951 年冬，卫生协会抽调医务人员 20 余人，组成土改卫生工作队，配合土改运动，深入农村，为群众防治疾病，宣传新法接生，清除巫医流毒，宣传科学，破除迷信。1955年合区并乡，区卫生协会改选，以毛南勋为主任，杨亚东副之，至1962年改选余孟津为主任，陈绍兰副之。公社化后各社成立了卫生小组。至1966年全区卫协会员发展到78人。

三、联合诊所

联合诊所是在卫生协会的基础上，经过人员甄选、资金筹集等工作成立起来的。1952年8月，三岔联诊所正式成立。同年11月，三区（草池）中西联合诊所成立。此后，全区各乡先后成立联诊所共12个。有的联诊所还培养了接生员，设立接生站。

联诊所的成立，促进了医务人员走集体化道路，并为以后成立公社医院打下基础。12个联合诊所的成立时间和负责人姓名分录如下：

三岔联诊所成立于1952年，负责人尹泽生。草池联诊所成立于1952年，负责人毛南勋。福田联诊所成立于1956年，负责人吴林虎。玉成联诊所成立于1956年，负责人叶必祥。金家店联诊所成立于1957年，负责人林锦阳。新民联诊所成立于1957年，负责人袁东林。兴隆联诊所成立于1958年，负责人周相如。柏树联诊所成立于1958年，负责人陈延炳。长河联诊所成立于1962年，负责人温江淮。回龙联诊所成立于1962年，负责人陈伯举。

四、卫生院

卫生院的前身是卫生所。1952年十一月，十七区（三岔）、三区（草池）成立卫生所，三岔所负责人杨鉴秋，草池所负责人陈全武。所内中西医内外科齐全，医药设备亦初具规模，除门诊业务外，还负责全区卫生行政工作。

1955 年合区并乡，至 1957 年始将三岔、草池卫生所合并为"草池卫生所"，负责人徐同春。1958 年全区成立了七个人民公社，将区卫生所和公社联诊所一律命名为卫生院。到 1962 年下半年又将各公社医院更名联诊所。

1972 年以后，县政府对联诊所实行行政领导，并给以经济补助，于是将公社联诊所改称公社医院。1965 年区卫生院随区迁三岔坝。1982 年以毛安淮为院长，余孟津应世澄副之。院内设门诊组，住院部（设病床 30 位）防疫组，后勤组，门诊组下设办公室，西医内、外科，中医内科，手术室，五官科，口腔科，妇产科，中、西药房，化验室，注射室，心电图，挂号室。职工总数 47 人，其中，中医师 1 人，西医师 4 人，中医士 5 人，西医士 7 人，西药士 1 人，护士 12 人，助产士 1 人，初级卫技人员 8 人，行政管理人员 4 人，工勤人员 4 人。11 个公社卫生院共有病床 42 张，职工总数 131 人，其中，卫生技术人员 129 人，行政管理人员 2 人。

五、医疗站及赤脚医生

农村公社化后，为了便利社员防疫治病，各生产大队于 1969 年陆续兴办"合作医疗站"。首批开办 77 个，取得成效全面推广，1974 年普及全区 97 个大队。办站方针是："三土、四自、一根针一把草"（注一）。资金来源：一是社队公益金，二是向社员筹集资金。据 1977 年的统计，97 个医疗站中免收挂号费的 11 个；免收 25%~50% 医药费的 85 个；免费治疗的 1 个（建国公社国宁大队）。这种以大队为主，生产队为辅，集资合办性质的医疗站，直到 1980 年全面推行农业生产责任制，医疗站的性质也相应改变。一般是大队承包给赤脚医生（注二）保本经营，并承担卫生防疫任务。1982 年年底，全区 97 个大队中，实有合作医疗站 92 个，赤脚医生 137 人。

赤脚医生的培训，是在合作医疗站成立同时开展的。从 1969 年至

1978 年共培训 10 期，合计 849 人。1977 年举办妇幼班一期，培训 46 人，基本达到每两个大队有一名会接生的赤脚医生。自医疗站开办以来，各种防疫工作、爱国卫生运动、建设卫生村、推广新法接生、宣传计划生育等，均由赤脚医生承担。实践证明，赤脚医生已成为农村卫生工作的一支重要队伍。

第四节　疾病防治

一、爱国卫生运动

1951 年，首先在十七区（三岔区）成立爱国卫生运动委员会，由区长李茂彬任主任，医生魏家寿任秘书，组织医务人员作宣传指导，在全区广泛开展。1953 年以后，运动更加深入，明确提出将"两管五改"（管水、管粪；改井、改厕所、改畜圈、改进个人卫生、改进环境卫生）、除"四害"（老鼠、麻雀、苍蝇、蚊子）作为运动的中心任务。长期以来，工作卓有成效，现已有由区、乡卫生机构组织的一支脱产或半脱产的卫生宣传队伍，具体监督和指导。每年"春节""元旦节""劳动节""建党节""国庆节"和每月 25 日作为定期的爱国卫生突击运动日，并组织检查评比。由于长期坚持，形成制度，目前场镇及农村，基本上能做到：厕所无蛆、便桶出门、禽畜有圈、水缸加盖、水井有沿、煤灶革新。这不仅防止了病疫的发生或蔓延，而且环境整洁、人们精神愉快。全区出现一批批"卫生村"，至 1982 年止全区已新建小型自来水厂 7 个，沼气池 16 716 口，其中，福田、玉成、兴隆、建国四个公社实现沼气化。改建无烟灶 907 眼，改建厕所 4 843 个，改造环境 4 679 处，改建畜圈 6 112 间，授誉为"卫生村"的有 14 个大队。

二、防疫工作

民国时期，三岔区境内既无防疫机构，亦无防疫措施，一遇时疫流行，则为害不浅。1917 年回龙场一带痢疾流行短期内死亡数百人。1927 年兴隆场一带痢疾蔓延，患者约 300 人，死亡率达 30%。1939 年三岔坝发生霍乱，短期内死亡八人。家富者可花钱抢救于万一，家贫者则卧床待毙。

中华人民共和国成立后，人民政府组织医务人员，开展卫生防疫宣传，组织巡回医疗队采取接种、注射疫苗等预防措施。1952 年以后，这项卫生防疫工作，由区卫生所以及各公社联合诊所执行。1979 年县卫生局任周盛君（区卫生院）为组长，各公社卫生院（包括大队医疗站）设有专职或兼职人员负责。建立各种防疫制度、疫情报告制度，广泛宣传防疫常识，形成全区防疫网。预防接种面积扩大，生物制品接种达 14 种，包括白日破、卡介苗、精白类、霍乱疫苗、破伤风、麻苗、糖丸、三联、乙脑、钩体、炭疽、白喉、流脑、牛痘等。消灭了天花、霍乱，其他传染病也相应减少，保证了人民健康。

三、地方病防治

钩虫病，民间叫"黄耙（pa）儿病"，区境内流传既久且广。据 1958 年以前的粪检（漂浮法），30~60 岁人口中占 70%~85%。1958—1959 年全区进行了一次普查、普治，治疗率占全区人口总数的百分之 70 以上。后又分公社采取成片治疗，教育社员加强粪便管理，建修沼气池，保持畜圈清洁，注意饮水卫生等措施，因此感染率有明显下降。1973 年在建国公社国宁大队对 1 133 人检查，感染钩虫者 199 人，占应检人数的百分之 18。1982 年幸福公社幸福大队对 349 人检查，感染钩虫者 35 人，占应检人数的 10%。通过三十多年的防治结合，过去流传的"得了钩虫病，吃得做不得，生产搞不好，一动歇三息"的钩虫病人已很少见了。

血吸虫病，系由血吸虫寄生在静脉系统内所引起的寄生虫病。由卵顺血流穿过肠壁随粪便排出，入水后孵化为毛蚴，侵入钉螺体内，发育繁殖成为尾蚴，尾蚴自螺体逸出后，钻入人体或畜体内发育成虫。急性期有发热、咳嗽、肝肿大和肝区疼痛；慢性有腹泻，肝脾肿大；脑型血吸虫病，有症状性癫痫病等；晚期有肝硬化。儿童得此病会严重影响身体发育，形成"侏儒症"。区境内查治工作始于 1965 年，1970 年采取领导、群众、技术人员三结合的方针，掀起了群众性的查灭钉螺运动。区境内地处山区的丹景和柏树两公社钉螺泛滥（其他公社尚未发现），钉螺分布地域在海拔800~900 米高程之间的梯田梯地内壁并呈级分布，林木与荒草地呈片状分布，而绝大部分是沿水系分布。具体灭螺措施，采取"三面光"，挖新沟填旧沟，喷射"五氯酚酯""血防 67"等杀虫剂和铲草除根堵缝泥糊，火焰灭螺等措施。经过十多年的努力不懈，至 1982 年止已完成无螺面积 10万平方米，占有螺面积 10.6 万平方米的 95%，其中柏树公社全面灭完，列入"消灭钉螺单位"，丹景公社列入"基本消灭钉螺单位"。至于因血吸虫病，医治无效死亡的，仅丹景公社李桂花一人。

疟疾，民间称为"打摆子"，其病来源于疟蚊叮咬传染。民国时期每年夏秋之间，患者甚众。中华人民共和国成立后，随着爱国卫生运动的开展，大量消灭蚊子孳生的场所，更由于医疗技术的提高，人民生活的改善，睡有床帐，因而疟疾逐年减少。1963 年 2 月全区调查三年内（1960—1962 年）仅有疟疾病例者 20 人，经周密护理观察，用"伯氨奎宁""乙胺嘧啶"医治，使 201 人痊愈，全区基本上消灭了疟疾。

据 1980—1982 年的疫情报告，新发生疟疾一人，据临床医生反映，为难见典型疟疾。

麻风病。在开展爱国卫生运动中，三岔区对麻风病进行两次普查：

1967年仅发现建国公社光荣大队胡汉如及其子正荣。父子2人于同年送入乐至县麻风病院治疗，历时五年，于1973年病愈出院后，胡正荣娶妻曾世兰，（曾亦系同住一院之麻风病愈者）婚后生一男孩，身体正常健康。1982年，按"普查麻风病10条线索"培训防疫员11人、赤脚医生97人，深入农村、发动群众，进行全面普查，结果各社队均无旧患、新发病者。

头癣，俗称"癞子"，素称"顽症""难治之症"。严重者，满头癞疤、不生发，成为"秃头"。党和政府对此极为重视，为根治这一恶症，于1980年抽派卫生院长、医生、检疫人员组成指导班子，进行全面普查，计查13.3万人（16岁以下5.81万人，16岁以上7.48万人）中，有头癣患者101人（其中男61人，女40人），患病率为7%，其中有黄癣45人、白癣51人、黑癣5人。乃于同年6月中旬培训社队防治人员，着手治疗，治愈88人，占患病人数的87.1%，未愈者13人，主要为多年重患典型黄癣。但对极少数未愈或新患者，皆及时予以治疗。

克山病。1973年7月，三岔区组织73名医疗技术人员在新民公社礼仪大队试点，由点到面进行普查。结果证实，区内尚无此病患者苗头。

第五节　妇幼保健

一、新法接生

民国时期，三岔区境内无专门接生机构，亦无妇幼保健人员，但有旧时代残存的"三姑六婆"之一的"稳婆"，俗称"取生婆"。乡村孕妇分娩皆由家人自理。但亦有请接生婆土法接生者。由于消毒不严，护理不周，新生胎儿死亡率较高，一遇难产，则更是灾祸降临，不是束手待毙，就是暴力取胎，造成母子性命不保者，时有所闻。

中华人民共和国成立后，党和人民政府把"妇幼保健"列入卫生工作任务之一。1956 年 8 月，三岔、草池两区卫生所组建了接生站，各场镇亦相继设站，人员由县统一培训。1952 年，在草池开办一所"妇幼保健站"由王纪碧负责，自此妇幼保健工作始有一条直线管理指导。1969 年，举办合作医疗站后，基本上每个大队都配备了一名赤脚助产员，至此全区形成一个新法接生网。仅据 1980—1982 年资料，1980 年出生 1 220 人，新法接生 1 195 人，占 98%；1981 年出生 1 677 人，新法接生 1 615 人，占 96%；1982 年出生 1 500 人，新法接生 1 356 人，占 90%。三年新法接生人数中住院生育者占 82%，产前检查者占 94%。新生婴儿死亡 12 人，占出生数2.7‰；产妇死亡者占出生数 1.1‰。

二、妇女保健

1953 年，农业互助合作兴起，每个农业社均设有妇女委员，对妇女劳动保护，实行"三调三不调"（即经期调干不调湿；哺乳期调近不调远；孕期调轻不调重）。生产队（组）专门设妇女调工牌，这一种制度一直执行较好（1959—1961 年有所偏废）。但在大跃进时期，实行农业大兵团作战，打乱了妇女劳动保护制度，妇女闭经较多，肿病患者多，人口出生显著减少。据统计，当时各公社用中药大锅汤剂和调经药酒等先后治疗闭经病患者达 4 411 人次。1962 年制度恢复，妇女保健日趋完善。全区开展子宫脱垂病普查，用无水酒精注射治疗三度宫脱病者 36 例，大部分治愈；对一、二度宫脱病者，安子宫托亦具有成效。在 1977—1976 年两次普查妇女37 512 人中，宫脱病者尚有 361 人，进行盘底修补 56 人，安子宫托 96 人，中药草治疗 159 人。

三、幼儿保健

民国时期，农村少医少药，加之灾荒仍频，农民缺食少穿，防病治病尤更困难。特别是生男育女，乡人称为：孕妇分娩难过"鬼门关"，幼儿成长难过"痘麻关"。多数婴儿出生后，生命夭折。故乡间又有"生一窝窝，埋一坡坡"之说。遇病则乞灵于神、佛、观音，测字、算命，求巫婆、端公，禳星步斗，结果得到的是欺骗，而失去的则是宝贵的生命。

中华人民共和国成立后，人民政府对儿童保健工作十分重视，除在各个时期举办相应的各式托儿组织外（见本志"幼儿教育"），还组织医疗人员及时进行防病治病、检疫注射、接种疫苗，遏制了儿童传染病的发生和流行，特别是小儿"四病"（即脊髓灰白质炎、麻疹、白喉、百日咳）等传染病的防治取得显著效果。1979 年对全区儿童体检数达应检 54 378 人的 70%；1982 年，22 036 名 0~7 岁的儿童建立了免疫表卡，做到按表卡进行预防接种疫苗。据 1980—1982 年资料，儿童死于白喉病者仅一例。

随着计划生育的深入贯彻执行，独生子女增多，为保证新生婴儿的成活率，新法接生更普遍为人们所重视，现已基本达到生一个、活一个，壮一个。

第六节　名医传略

一、刘政贤传略

刘政贤（1919—1996 年），名老中医，黄埔军校第十七期学员，于戊午年腊月二十九日诞生于兴隆原三大队八小队，于 1996 年农历七月初九仙逝，享年 78 岁。

1934 年暑期，华阳县特设暑期塾师训练班，以培养乡村教育人才。彼时，刘政贤正就读于华阳永兴场，闻讯后毅然报名受训。在训练期间，他凭借出色的口才与记忆力，赢得了语文教师车耀先的赞誉："好，口齿清楚，记诵不错。"（此次训练班由教育科长南希曾主持，语文教师为车耀先，地点设在成都市梨花街的华阳中学）。

1938 年上半年，刘政贤在华阳县永兴场执教，他用教书所得积蓄，前往成都永兴街文化补习学校进修高中课程。期间，他积极响应公民课教师游凤岐的号召，加入救亡团体群力社，并被编入城市宣传队，积极投身抗日救亡宣传活动。不久，有传闻称部分前往郫县宣传的学生被县政府捆绑押送至省府。群力社得知后，迅速召集全城救亡团体召开紧急大会，刘政贤毅然参会。会上，车耀先提议各校组织欢迎"爱国犯"的队伍，向政府请愿，刘政贤被选为先行代表队成员。次日，游凤岐老师率领包括刘政贤在内的三十余名学生代表前往督院街省府大厅，由省府秘书长王伯舆接见，并将所有在押学生交由代表带回。

1938—1943 年，刘政贤担任荣誉二师输送连连长。某深秋夜晚，团长张绪滋紧急召见刘政贤至师部，赋予重任，命其率领输送连全体人马在四十八小时内将弹药物资送达刘副团长处。受命后，刘政贤精选四个排的精壮战士，减轻负荷，昼夜兼程，提前完成任务，稳定了军心，赢得了赞誉。

1945 年，刘政贤升任副营长，并被送入军事委员会驻滇干训团深造。正值毕业之际，他主动请缨返回部队接受新任务。日本无条件投降后，他随荣誉二师赴越南接收胜利物资。后荣誉二师与荣誉一师整编为六十七师，由戴坚师长统率，迅速奔赴日本占领军驻地海防待航。在海滩椰林之中，官兵们学习日语、英语，朗诵不辍，间或唱着师歌，深感胜利者的荣耀，更明确了合作统一的重要性。当时，刘政贤曾即兴赋诗一首，以抒胸臆：

"中华近代受摧残，国势凌夷满制专。宁赠友邦为涂炭，勿忘家奴解倒悬。志士同谋图改变，国兴携手奋扬鞭。两次合作操胜算，三番统一永团圆。"

自部队返回后，刘政贤潜心钻研中医之道，行医至终老。他著有《论中医释微》等医学专著，以及《回忆车耀先烈士的两件事》（载于中国人民政治协商会议四川省委员会文史资料委员会编写的《四川文史资料选辑》第十一辑）、《回忆抗战胜利前夕的荣誉二师及戴坚师长》（载于政协四川省简阳县委员会文史资料研究组编写的《简阳文史资料选编》第十四辑）等回忆文章。

刘政贤为人正直不阿，心胸坦荡无私，与人为善而深居简出、寡言少语。他博览群书、兢兢业业、道德高尚、医术精湛，享誉乡里。其医术之高明，竟能将偏瘫病人于三月之内治愈至正常行走。

刘政贤对其唯一学生传授"七条十五戒"，以资勉励：

七条：孝善为首，尊师重道，济人立物，谨言慎行，坚恒勤笃，谨守国法，不食洋烟。

十五戒：邪淫、浪饮、贪利、杀牲、旷功、偷惰、江泄、自是、反复、妄想、戏谑、讪笑、冒渎、怨悔、破戒。

这些戒律不仅体现了刘政贤的道德观念与医学精神，更为后世留下了宝贵的精神财富。

二、陈绍兰传略

陈绍兰（1921—2003 年），出生于现丹景乡陈八老沟。1929 年起，他先后在家乡读私塾 11 年，随后在成都大成中学完成了 3 年的学业。

1942 年起，陈绍兰从知名中医方武敷、余敬亭学习中医内科 4 年。1946 年，他参加针灸专家承淡安的针灸学习班，学习 1 年。1947 年，他从师华阳太平镇李香山学习外科 2 年。

1949 年，陈绍兰在家乡和三岔会诊所开业行医。1952 年 8 月，他参与组建三岔联合诊所，成为创始人之一。1957 年，他担任三岔联合诊所所长，公社化后任院长。

1959 年 2 月，陈绍兰参加成都中医学院《内经》师资训练班学习，成绩优异，结业后被成都中医院附属医院留用。1962 年 2 月，因不忘乡情，意欲造福桑梓，他返回建国医院工作，同年 5 月任该院院长，并兼任卫协分会副主任。

1967 年 9 月，陈绍兰担任建国公社医院医生。20 世纪 70 年代后，他兼任建国公社五七校（现三岔镇初中、小学前身）、建国公社赤脚医生培训班、简阳卫校教师，培养了数百名学生。1980 年退休后，因医德高尚、医术精良，被单位留用。1980 年起，陈绍兰担任简阳县政协第五、六、七届委员。1989 年后晋升为主治医师。

陈绍兰读书 14 年，先后从名医学习 7 年，孜孜以求，勤奋不已，文化功底扎实深厚，深得名师真传，中医颇有建树。他学识渊博，医术精湛，辨证处方，尊古而不泥古，尊师而不泥师，神明变化于规矩之外，仍不离规矩之中。他的处方简洁明了（民间有"陈八味"之称，即处方通常仅含 8 味药），疗效极佳，因此求诊者络绎不绝，每日门诊量超过百人乃是常事。在三岔片区中医药事业中，他起到了承前启后、继往开来的先锋模范作用。1983 年 11 月，他荣获简阳县名老中医的称号。其座右铭"救死扶伤，造福桑梓，活人济世，便利工农"更是他一生的写照。

此外，陈绍兰不仅精通中医，还对诗词与对联造诣颇深。晚年时，他仍酷爱学习，孜孜不倦。"陋室列奇书，有方有药堪探讨；高龄珍晚节，无伪无私共保持"正是他晚年生活的真实写照。

陈绍兰热爱党、热爱社会主义，坚决执行党的政策。在生命的最后时刻，他亲笔写下遗嘱，要求死后火化、丧事从俭、不搞封建迷信活动，模范地践行了国家殡葬改革政策，在老年朋友中起到了示范作用。

2003 年 7 月 11 日，陈绍兰因病长期医治无效，在家中逝世，享年 83 岁。他的遗作《绍兰遗作》问世，其中包括"诗词篇""楹联篇""人文轶事篇""医学篇"，这些作品堪称中医药及传统文化的宝贵遗产。其中，《老年卫生保健琐谈》更是深受老年人的赞誉。

陈绍兰一生胸怀坦荡、为人正直、与人为善、严于律己、大公无私。他以救死扶伤、造福家乡为己任，不仅展现了学识的魅力，更体现了人格的魅力。他的事迹被赞为"医术医德医风，芳名传千里；用情用方用药，正气誉万家""救死扶伤，功同扁鹊；宽仁宽德，福拟陈抟"。

三、伍礼和传略

伍礼和（1910—1997 年），出生于四川省双流县三星乡伍家店。1917 年起，他进入家乡的私塾学习，持续了 8 年时间，打下了坚实的文化基础。

1924 年，年仅十四岁的伍礼和追随其父——著名中医伍兴涛，踏入了中医药学的殿堂。他孜孜不倦，勤钻苦学，一边系统学习中医药理论，一边积极参与临床实践，深得其父的精心指导和真传，造诣日益深厚。

自 1928 年起，伍礼和开始在三岔、兴隆场、董家埂等地独立行医，凭借精湛的医术和高尚的医德，赢得了患者的广泛赞誉，求诊者络绎不绝。

1952 年，他积极参与三岔联合诊所的创建工作，并成为其创始人之一。1957 年，他调至三岔联合诊所兴隆场分诊所工作，直至 1997 年退休。期间，他于 1958 年至 1962 年担任院长，带领团队为当地百姓提供优质的医疗服务。

在伍礼和的行医生涯中，他始终秉持"辨证处方，医术精湛"的原则，对待患者热情周到，为人真诚正直。他的医术不仅在本县享有盛誉，还吸引了周边地区众多患者前来求医。

伍礼和于 20 世纪 50 年代后期至 60 年代后期，连续三届当选为简阳县人民代表大会代表。他积极履行代表职责，为当地医疗卫生事业的发展建言献策。

伍礼和在带徒过程中，毫不保守，精心传授医德、医风和医术。他的弟子汪绍翔、伍朝容等深得其真传，成为知名医师。其中，伍朝容不仅继承了伍礼和的中医精髓，还精通西医，成为简阳市的名老中医，并担任兴隆场医院院长 20 余年，为当地医疗卫生事业做出了重要贡献。

1997 年，伍礼和因病医治无效去世，享年 88 岁。他的一生，是为医学事业不懈奋斗的一生，是为患者无私奉献的一生。

伍礼和行医 70 余年，他不仅医术精湛，更以高尚的医德和人格魅力赢得了人们的尊敬。他热爱党和社会主义，始终坚守在基层医疗一线，为无数患者带来了健康和希望。他的事迹在当地传为佳话，成为后人学习的榜样。

四、罗炳耀传略

罗炳耀（1900—1978 年），著名西医，1922 年毕业于四川陆军军医学校，随后投身于医疗事业，为国家的医疗卫生事业奉献了毕生精力。

毕业后，罗炳耀加入国民党部队，先后担任军医佐、二等医正、三等医正等职务。凭借其精湛的医术和敬业精神，他逐步晋升为 127 师、125 师医院院长，并曾担任 47 军军医处代处长。在军中任职期间，他积累了丰富的临床经验，为部队的医疗保障做出了重要贡献。

1949 年，罗炳耀随所在部队起义，投身于人民的怀抱。1950 年，他复员回到简阳，继续从事医疗工作。他曾在简阳城关诊所、成渝铁路修筑指挥部医务室工作，为当地群众和铁路建设工人提供医疗服务。

1950 年后，罗炳耀在三岔联合诊所工作了二十余年，期间他凭借精湛的医术和高尚的医德，赢得了患者的广泛赞誉。他不仅在医疗工作中表现出色，还积极参与社会事务，曾被推选为简阳县人民代表、政协委员，为当地医疗卫生事业的发展建言献策。

在动荡时期，罗炳耀受到了冲击，但他救死扶伤的信念丝毫未减。在工作之余，他依然坚持学习，不断钻研医学知识，力求技术精益求精。他的敬业精神和对医学的执着追求，赢得了同行和患者的尊重。

罗炳耀逝世后，仍有远道而来的重病患者前来求诊，得知他去世的消息后，无不深感惋惜。他的医术和医德在患者心中留下了深刻的印象，成为后人敬仰的楷模。

罗炳耀一生致力于医疗事业，无论是在军中任职，还是在地方工作，他都以精湛的医术和高尚的医德为患者服务。在艰难时期，他依然坚守岗位，不断追求医学进步，展现了医者的仁心仁术。他的事迹在当地传颂，成为医疗卫生事业的宝贵财富。

第八章 三岔民俗民风及传统文化

　　民俗，是来自民间的一种文化现象，是人民群众在生活中创造出来的一种精神领域的文化现象。民俗即民间风俗，是指一个国家或民族中广大民众所创造、享用和传承的一系列生活中的习俗。这一系列习俗经过传承便成了一种文化，所以民俗文化就是指民间民众的风俗生活文化的统称。同时也泛指一个国家、民族、地区中聚居的民众所创造、共享、传承的风俗生活习惯，是在普通人民群众（相对于官方）的生产生活过程中所形成的一系列物质的、精神的文化现象。它具有普遍性、传承性和变异性。

　　民俗文化作为民间传承的一种生活领域中的文化现象，它还是民族精神和民族凝聚力的象征，所以说，对于前人留下的丰富多彩的民俗文化，我们要认真地学习并加以保护。

　　在生活中，在我们身边的一些事物中都或多或少地包含着民俗活动。民俗既是社会意识形态，又是一种有着悠久历史的文化遗产。"千里不同风，百里不同俗""以观民风""观风俗，知得失"，国君通过这些民歌制定或调整国家的方针政策。

第一节　过年传统美食习俗

除夕之夜，无论相隔多远，工作有多忙，人们总希望回到自己家中，吃一顿团团圆圆的年夜饭。有时实在不能回家时，家人们也总是为他留一个位子，留一副碗筷，表示与他团聚。年夜饭也叫"合家欢"，是人们极为重视的家庭宴会。俗话说得好，打一千，骂一万，三十晚上吃顿饭。

按照我国民间的传统习惯，年夜饭的吃食很有讲究，通常有馄饨、饺子、长面、元宵、腊排、腊鸡、干鱼等等。

新年吃馄饨取其开初之意。传说盘古氏开天辟地，使"气之轻清上浮者为天，气之重浊下凝者为地"，结束了混沌状态，才有了宇宙四方。再则取"馄饨"与"浑囤"的谐音，意思是粮食满囤；饺子是我国的传统食品之一，也称作扁食或煮饽饽。古来只有馄饨而无饺子。后来将馄饨做成新月形就成饺子了。在唐代吃饺子的习惯已经传到我国的边远地区了。

除夕夜，十二点钟声一敲响，就开始吃饺子，因此时正是子时，取其新旧交替，子时来临之意。

长面，也叫长寿面，新年吃它，预祝寿长百年。古代的一切面食都叫作饼，所以汤面起初也叫汤饼，开始的面片不是擀成或压成的，而是将和好的面，用手往锅里撕成片片，和现在北方的做法差不多。到唐代以后开始用案板擀面，才逐渐有了长面、短面、干面、素面、荤面等。

不少地方在吃年饭的时候还搭配些副食品，有想讨个吉利的口彩。吃枣（春来早），吃柿饼（事如意），吃杏仁（幸福来），吃豆腐（全家福），吃三鲜菜（三阳开泰），吃长生果（长生不老），吃年糕（年糕年糕，一年比一年高）等。

当然，现在的年夜饭品种就更加丰富了，什么鸡鸭鱼肉、山珍海味，大约一年中能见到的最好的菜肴都摆上了餐桌。

第二节 节日

一、春节

春节，俗名"过年"。时为农历腊月三十（月小为二十九）称为"除夕"与正月初一称为"大年初一"。人们视家之有无，事先备办各种食物称"办年货"。三十日自作烹调，中午焚香敬祖先，献年饭，全家团聚进餐名叫"吃团年饭"。午后命青壮年持刀将庭前果树每株砍一刀口，灌以饭粒，名为"灌年饭"，并口念祝语："砍一刀，结一挑，砍一口，结一斗"，愿来年水果丰收，从井中汲水盛满后，于井边焚香化纸名叫"封井"。晚间于灶腔内燃一巨柴炭至次晨不熄名叫"接岁"。是夜，长辈聚谈，彻夜守护名叫"守岁"。凌晨，焚香敬神，名叫"烧子时香"。当晚观天空明暗，星宿多少（有光亮的），占来年棉粮作物的丰歉。正月初一晨早起，忌说"鬼"取开门大吉之意。争先向井中汲水，名叫"进银水"。以糯米粉作汤圆（状如乒乓，内馅以糖，又名"元宝"）为食，寓"招财进宝"。饭后择喜神方出游，寓"出门见喜"，在新的一年中百事顺遂，大吉大利。男女老幼各自游乐尽兴，从节日起按日序为各神生日（即一鸡，二犬、三猪、四羊、五牛、六马、七人、八谷）逐日焚香敬神，分别饲牲畜以佳食，祝愿人寿年丰，六畜兴旺。

二、元宵节

元宵节，名"上元节"，俗称"过大年"。时为正月十五日，中午于门前烧化纸帛，俗叫"火烧门前纸，各人寻生理"，意义是说，年已过了，农业备耕开始，家人父子从事士农工商者各尽其业，期以"抱财归家"。狮子、龙灯多在十五日前挨家朝贺。是日场镇上，日间舞狮，晚间舞龙，观者如堵，尽欢而散。

三、清明节

清明节是农历二十四节气之一。中国传统的清明节大约始于周代，距今已有二千五百多年的历史。《历书》："春分后十五日，斗指丁，为清明，时万物皆洁齐而清明，盖时当气清景明，万物皆显，因此得名。"清明一到，气温升高，正是春耕春种的大好时节，故有"清明前后，种瓜种豆"的农谚。

清明节是我国传统节日，也是最重要的祭祀节日，是祭祖和扫墓的日子。扫墓俗称上坟，是祭祀死者的一种活动。汉族和一些少数民族大多都是在清明节扫墓。

按照旧的习俗，扫墓时，人们要携带酒食果品、纸钱等物品到墓地，将食物供祭在亲人墓前，再将纸钱焚化，为坟墓培上新土，折几枝嫩绿的新枝插在坟上，然后叩头行礼祭拜，最后吃掉酒食回家。唐代诗人杜牧的诗《清明》曰："清明时节雨纷纷，路上行人欲断魂。借问酒家何处有？牧童遥指杏花村。"写出了清明节的特殊气氛。

清明节，又叫踏青节，按阳历来说，它是在每年的 4 月 4 日至 6 日之间，正是春光明媚草木吐绿的时节，也正是人们春游（古称踏青）的好时候，所以古人有清明踏青并开展一系列体育活动的习俗。在古时，还有一种说法，就是"三月节"。

除此之外，插柳和戴柳也是清明节的一个习俗，所以清明节在以前也称为插柳节。插柳和戴柳有多种形式，最为常见的就是将柳条插在门上。

208

据说，插柳的风俗，也是为了纪念"教民稼穑"的农事祖师神农氏的。有的地方，人们把柳枝插在屋檐下，以预报天气，古谚有"柳条青，雨蒙蒙，柳条干，晴了天"的说法。杨柳有强大的生命力，俗话说："有心栽花花不开，无心插柳柳成荫。"柳条插土就活，插到哪里，活到哪里，年年插柳，处处成荫。

清明插柳戴柳还有一种说法：原来中国人以清明、七月半和十月朔为三大鬼节，是百鬼出没讨索之时。人们为防止鬼的侵扰迫害而插柳戴柳。柳在人们的心目中有辟邪的功用。受佛教的影响，人们认为柳可以驱鬼，而称之为"鬼怖木"。清明节即是鬼节，值此柳条发芽时节，人们自然纷纷插柳戴柳以辟邪了。

三岔地区人民一般在清明节这天去上坟、祭祀先人、敬拜已逝父母。

三岔兴隆场，在每年农历三月初三这天还要举办"童子节"的。当地居民会以抢得木制童子雕像的方式，将其赠予期望添丁的家庭，既传递早生贵子的美好祝愿，亦遵循习俗向主家收取"喜钱"。此项活动常以热闹喜庆的氛围呈现，成为当地重要的民俗文化活动之一。

四、端午节

端午节，又称"端阳节"。时为五月初五日，相传为纪念我国爱国诗人屈原。民间以斑竹壳裹糯米团为菱形蒸熟拌糖吃，名叫"粽子"，或以馒头、包子为食。插苍蒲、陈艾于厅堂门左右，中午饮雄黄酒，称为可避疫病。妇女们剪彩布作猕猴、香包给小孩佩戴，琳琅别致，各具精巧。新婚夫妇照例相偕至岳父家送节礼，盛情款待后并回赠扇（俗名"芭蕉扇"）、雨伞等物。中药店铺或中医外科医生则于当日收买癞蛤蟆以取其蟾酥作药用。中医或乡民也多于此日采集野生中药材。

区境内草池堰场毗邻绛溪河，届时举行"划船会"（当时因无船只，便以农村打谷用的拌桶连接起来当作船），参赛者相互争速度抢鸭子，以获者为胜，观众沿河两岸人山人海。

除此之外，三岔古镇等地沿袭端午时节举办"水龙节"的传统，活动期间，当地居民会前往龙王庙、佛堂等场所举行祭祀仪式，并向邻里互致祝福，以祈愿风调雨顺、五谷丰登。仪式后，参与者常以泼水求福的方式传递吉祥，现场氛围热烈欢腾。

五、中秋节

中秋节，有一说法称"八月十五看月华"。另一说法是"八月十五杀鞑子"（存此供考）。民间有买月饼（质有精粗，价分贵贱）敬奉祖先、祭献月神、馈赠亲友的习俗。男女老幼围坐庭中等待观赏"月华"（即月亮周围出现的光环），若遇上阴天，则是大煞风景的扫兴事了。

六、重阳节

重阳节，即九月初九，是日以天清气爽为好。农谚有"九月九日晴，不如九日明"。文人学子喜作登高之游，富裕人家则酿制重阳菊酒，举宴赏菊。但劳动人民的情趣则与此大不一样，赏心悦目的是满山遍野金灿灿的野黄菊，妇女们随手摘一朵戴鬓角，孩子们却可一大束一大束地摘来玩赏。

七、冬至节

冬至是每年二十四节气之一。此日阳光几乎直射南回归线，北半球白昼最短。此后，阳光直射位置向北移动，白昼渐长叫做"冬至一阳生"。故农谚云："冬至至短，阳生春又来。"此日采集桑叶，置高处晾干，名叫"冬桑叶"，入药可祛风。民间惯例：必以羊肉拌萝卜炖食，据说可增体温御寒冷。富家则宰猪腌肉，为"年货"做准备。中华人民共和国成立后，随着生产建设的发展，人民物质生活水平的提高，杀猪过年的人家，到 20 世纪 70 年代，已比比皆是。

余如：正月初七称为"人日"；立春后第五个戊日称"春社"；立秋后第五个戊日称为"秋社"；清明前二日为"寒食"；二月十二为"花朝"；三月初三为"上已"；三岔有童子节；夏至后第三个庚日为"初伏"，第四个庚日叫"中伏"，立秋后第一个庚日叫"络伏"（末伏），总称为"三伏"；七月初七为"七夕"；七月十五为"中元"；十二月初八为"腊八"；等等。乡间除"寒食"清明""上已""中元"有祠会庙会活动外，其余节日，民间一般不举行活动。

八、三岔乡土节日文化

三岔地区自古以来就崇尚文明、寓教于乐、以节促商。以下节日均在古镇三岔各会馆、街道上举行，热闹非凡，老居民们回忆起来无不赞叹不已：

正月初一，过春节，数天夜晚焰火烟花不夜天。这也是辞旧迎新的日子。在此期间，每天各会馆都有相应活动，这种热闹氛围一直至正月十五夜。

正月十五，闹元宵，龙灯、焰火、烟花通宵达旦，舞龙结束还要将龙烧掉，以示庆祝的圆满结束。

二月初二，篾货会，本地农民和外地客商、货商将各类各式农具摆上街头交易，畅销省内外。

三月初三，童子节、清明节（又叫清教节），这是三岔坝最原始、最热闹的节日之一。

四月初八，真武宫抓油锅节，这一天通过特定的活动来彰显做人做事的诚实程度。

五月初五，端午节，耍水龙，进而泼水活动展开，热闹非凡。

七月初七，牛郎织女断桥会，是青年人友谊结交的节日。

七月十五，夜赏孤节，这一天晚上专门为孤魂野鬼烧纸祭祀的节日之时。

八月十五，中秋节，家家户户齐团圆，赏月过团圆节，也叫思乡节。

九月初九，重阳节，家家户户为老人准备过冬衣物和御寒食物等孝敬老人。

十月初一，牛过生戴花节。牛，是农耕的得力助手，是农民的宝贝。这一天专门举行耕牛过生戴花的活动，比赛谁家的牛养得好。

冬月，过冬至节，各家各户吃御寒食物，置办御寒衣物，迎接寒冬。

腊月初八，腊八节，标志着农历新年的开始。这一天，民间素有以八种谷物熬制腊八粥的习俗，既承载着辞旧迎新的美好寓意，亦象征着团圆与丰收的祈愿。

正是由于有上述节日，商贾云集，经济繁荣，民众兴高采烈。因此，三岔地区有着"小成都"之称。现在提起老三岔，健在的老人们回忆起那段时光，无不拍手叫好！

"童子节"的来龙去脉

旧时，在四川简阳县境内，凡供有送子娘娘的寺庙，在每年农历三月初三都会举行一次别具一格的"童子会"。在农耕时代，由于医学不发达，一些家庭在生育方面遭遇困难，加之当时"多子多福"的观念深入人心，这体现在民间习俗中，在简阳境内开始流行在三月三这一天祭祀神灵、求子求福的活动。为了求子祈福，人们这天会祭祀神灵、祷告许愿，还会演出川剧《仙姬送子》。人们深信，无嗣者若能抢到木雕或布制的童子，便能得到子嗣。因此，童子一经抛出，往往会引来数百人的激烈抢夺，故有

"三月三，堆人山"之说。

举办童子会的寺庙若名气大、童子"灵验"，便会吸引众多人来抢童子。通常童子只有三个，而来抢的人数却是其好几倍甚至十多倍，且大家的目标首先都集中在"头童"上。想要得到童子，就只有靠抢了。因此，抢童子活动自始至终都贯穿着一个"抢"字，从抢开始，到被抢走结束，故而得名"抢童子"。

其中，规模较大的活动地点有县城的白塔寺、东乡的普照寺、西乡的兴隆场以及贾家场附近的兴隆寺等处（见图8-1）。会务的主持人被称为会首，负责管理财物的人则称为官柜。童子会的灵物——童子，是用桐木雕成小娃娃的模样，分为"头童""二童"和"三童"。头童的长度大约为一尺一二寸，二童和三童则依次矮约一寸。雕刻完成后，童子会被涂上颜料，大都是黑衣绿裤（也有不涂颜色的），颈上还会系上一小幅红绸。会期临近时，由会首和官柜主持，邀请寺庙住持或掌堂师进行"开光"仪式。"开光"仪式颇为隆重，僧众会穿着法衣，敲动法器，请出木童，掌堂师会念诵《金光咒》。完成"开光"法事后，童子便被认为有了"灵气"，随后被供奉在娘娘殿里，等待到期时被"打"（即抛）出去。

图8-1 "童子节"活动

各地打算抢童子的团体，事前需进行周密的组织工作。一般由各码头（场镇）的"公口"（袍哥组织）管事出面，与本码头的头面人物中已届中年、尚无子嗣且盼子心切者进行游说疏通，就抢童子一事寻求支持。有的人一拍即合，慷慨应允承接童子；有的人虽然渴望生子，却舍不得花费钱财办招待，经过多次磋商，才勉强答应。这算是第一步。第二步是组织抢童子的队伍。以那些年轻力壮且乐于帮忙的人为核心，再召集一批未参加袍哥的年轻人，共同为某位舵把子或大爷效力。队伍还需进行明确分工，分别负责拼抢、保护、传递、堵截等任务，并准备好送童子的乐队（如川戏锣鼓）、马匹、吉服等物品。一切准备就绪后，只等三月初三抢到童子，便选一男童，穿上吉服，骑在马上，手捧童子，在乐队的吹吹打打中送到接童子的人家。接童子的夫妇会双双跪在门里，作揖磕头，将童子迎进堂屋，供奉在神龛上，让其享受香火。对于抢童子、送童子的一帮人，接童子的人家会大办招待，让他们酒足饭饱，有的人家还会散发用红纸封好的"利市"（赏钱）以表感谢。

兴隆场原名糍粑坳，位于草池堰和三岔坝两大镇之间，是一个仅有二三十间铺面的小集镇。场上仅有一座牛王庙，既无娘娘殿，也没有供奉送子娘娘的地方。然而，在民国10年前后，由舵把子汪治平极力推动，兴隆场成立了童子会，并自任会首。汪治平婚后多年无子，因此希望菩萨能保佑他早生贵子。本地有位名叫胡幺师的雕刻能手，汪治平便委托他雕刻了三个童子。这三个童子身段适中，双目有神，雕刻得惟妙惟肖，众人看了无不赞叹，心里都认为"这童子灵！"在第一次童子会上，接童子的便是汪治平夫妇，他们大办宴席，热情款待了众人。

事有凑巧，次年汪治平夫妇果然生下了一个儿子，举家欢腾，大肆庆祝。不久之后，他们又接连生了两个儿子，后来大儿子还当上了兴隆乡小学的校长。这一连串的喜事让兴隆场的"神"童子在西乡几十个镇中声名远扬，而且还衍生出了几桩类似的传说，进一步提高了兴隆乡"童子会"的声誉。

因此，不仅简阳西乡的镇如金桥、望水寺、雷家庙、芦葭桥、草池堰、毛家场、三岔坝等地，连龙泉山中的武庙沟、老君井，甚至川西坝上的龙泉驿、柏合寺等地的人们，都纷纷来到兴隆场抢童子。

兴隆场抢童子的热闹场景令人印象深刻。有一年，前来抢童子的团伙多达几十个，人数上千，童子"打"出后，争夺异常激烈。抢到童子的一伙人冲破重围，向三岔坝方向狂奔，而未抢到的则紧追不舍。两队人马一路狂奔直至麻石桥。此地有一条小溪，抢童子的双方在桥上展开了激烈的争夺，互不相让，从桥上翻滚到河沟里，又从上一道河堰滚到下一道河堰，一个个从头到脚沾满了泥浆，仿佛变成了泥鳅。三月初的天气尚寒，有的人实在忍受不住寒冷，纷纷上岸逃离，这场争夺战才告一段落。

然而，随着时代的变迁，旧时抢童子的民俗文化已渐渐淡出我们的视线，只有乡村里少数老人还熟知该活动的来龙去脉。尽管这一文化确实存在封建迷信的成分，但我们不妨将其视为一种美好的愿景，毕竟生活总要有不断走向美好的信念。

第三节　民谚方言

一、民谚

要打三班鼓，离不得五六人。

湖广到陕西，有口就有路。

要辨三岔路，须问过来人。

做到老、学到老，还有三分学不到。

吃不穷、穿不穷，不会计划一世穷。

家有千金，不如朝觐一文。

满罐水摇不响，半罐水响叮当。

好事说不坏，坏事说不好。

帮忙帮到头，杀鸡杀断喉。

饭后百步走，活到九十九。

大蒜是个宝，常吃身体好。

萝卜上市，太医没事。

衣烂早补，有病早医。

一根筷子容易断，十根筷子扳不弯。

兴家犹如针挑土，败家犹如水推沙。

人怕老来穷，谷怕午时风。

初生犊儿不怕虎。

三天不说口生，三天不做手生。

这山看到那山高，山山走遍没柴烧。

眼看千遍，不如亲做一遍。

睡前先洗脚，当得吃补药。

晚饭少吃口，活到九十九。

新三年、旧三年，缝缝补补又三年。

小时偷针，大时偷金。

学好千日不足，学坏一日有余。

吃了别人的嘴软，得了别人的手软。

人是桩桩，全靠衣裳。

出门看天色，进门看脸色。

早起三朝当一工。

勤人跑三遭，懒人压断腰。

没嫌癫子丑，没得癫子断支手。

二、乡音土语

乡音土语不仅是沟通的工具，更是这片土地文化脉络的生动体现。每一句方言、每一个俚语，都承载着三岔人民对这片家园的深厚感情，也记录着这片土地上的历史变迁与人文风貌（见表8-1）。

表8-1　三岔人民的乡音土语

普通话	本土方言	注音	普通话	本土方言	注音
一个人	一块人		鼻孔	鼻眼	
几个人	几块人		面庞	脸（登）	dēngr
什么	啥子		下腭	下扒	
怎么	陇块		嘴唇	嘴皮	
刚才	将才		这儿	（规）（哩）	guīr li
开初	起先		哪儿	哪（候）	hóur
最后	煞角		哪里去	哪（耳）既	ěr
别干	（嫑）干	biāo	哪里来	哪（候）来	hóur
别闹	（嫑）闹	同上	等一会	等一（哼）	
别笑	（嫑）笑	同上	玩一会	耍一（哼）	
何时	唥（哼）	hēngr	指拇	指（美）	měir
前面	前斗		父亲	爸爸/阿巴	
后面	后头		母亲	妈妈/阿娘	
上面	上头		舅父	秋牙	
下面	底下		舅母	秋娘	
头	脑壳		外公	秋公	
眉毛	眉卯		外婆	秋母	

表8-1(续)

普通话	本土方言	注音	普通话	本土方言	注音
祖母	奶奶		祖父	爷爷	
媳妇	媳(份)		阶沿	阶檐	
表兄弟	老表		石臼	碓窝	
外祖父	家公		雨笠	斗篷	
外祖母	家婆		伞	撑(花)	huār
小儿子	幺儿		眼镜	眼(劲)	jìngr
小女	幺女		被盖	铺盖	
小叔	幺爸		背心	钻钻	zuān zuan
稻谷	谷子		内裤	摇裤	
玉米	玉麦		天	天老爷	
麦	麦子		冰雹	雪弹子	
牛皮菜	飘儿菜		降霜冻	下(凌)	lǐng
樱桃	恩(头)		树子	书子	
柚子	棋柑		竹子	住子	
锄头	锄斗		怕	夹生	
犁头	犁抖		吃	欺	
粪池	茅厕	mǎo sī	看	瞄	
寝室	房圈		南瓜	胡瓜	
堂屋	桃屋		玉米	苞谷	
厨房	灶房		三娃	(参)	sānr
四娃	(事)	sìr			
五娃	(婉)	wǎnr			
六娃	(路)	liùr			
七娃	(庆)	qǐr			
九娃	(茧)	jiùr			

三、三岔土话难写字

蹉（cā）："蹉"在这里表示踩踏的动作，带有一些随意或不小心的意味。如，一脚蹉到水凼凼头；又一脚，蹉到牛粪上了。

跰（lián）："跰"同样表示踩踏，但可能含有更强烈的破坏或不经意的意味。如，你看你一脚跰到别个的瓢儿菜了；你看你一脚又跰倒一窝棉花。

瘖（yín）：在三岔方言中对扭伤的一种说法，类似于"岔气"。腰杆与脚杆，一旦扭伤，便称之为"瘖"了气。如，我昨天不小心，把腰杆整瘖气了，今天精痛。

摎（jiú）：形容弯曲不直的样子。"弯头摎拐"形象地描绘了弯曲、不规整的形态。如，你看那根树子长得弯头摎拐的。

刜（fú）：三岔方言中的动词，表示打耳光的动作。如，你把我惹恼了，定要刜你两记耳光，或叫刜你两巴掌。

挦（xián）：在三岔方言中，更多用于描述扯、拔等动作，用作夸张表达。如，你若把我激怒，我誓要把耳朵给你挦下来。

塍（chéng）：田埂，土埂。三岔方言叫田堰塍。

滥（lǎn）：三岔方言中的动词，表示用盐渍制食物的过程。以盐渍之，是为滥。如，滥腊肉、滥窝笋丝丝。

熰（qiū）：本义是强火烘烤，引申义为干燥。在三岔方言中作动词，表示烟熏的意思，如熰腊肉；熰过的腊肉要香得多。

斢（tiǎo）：调换、交换的意思。如，用 100 元币斢换 10 张 10 元的；用麦子斢挂面。

燲（xié）：在三岔方言中作动词，表示烘烤、烘干的意思。我昨晚衣服洗了未干，拿到炉子上燲一下，即烤一下或叫烘一下。

挣（chēng）：意为顶撞、抵触。如，你今天咋个了，说话有点挣呢？

揩（kāi）：意为擦、抹。如，揩桌子，揩眼泪水。

逗（dou）：在三岔方言中有多重含义。它可以表示与孩童玩耍，如"逗虫虫飞"；也可以表示四川长牌的一种打法，如"打逗十四"；还可以表示拉扯、拽的动作，如"逗耳朵"；此外，"逗硬"则意味着坚持原则，不妥协。

搣（miè）：意为掰开或折断。如，把馒头搣成两块，把一根木棒搣成两截。

捞（lǎo）：拿，扛的意思。如，你帮我捞把锄头来。

谙（ān）：指推测、估计、预料。如，我谙不到他会乱整。晚上吃火锅哈，你谙到时间来。

撨（xiāo）：意为推。如，你差点把我撨来绊倒。我在前面拉，你在后面帮我撨一下哈。

逄（páng）：碰、撞的意思。身体差，逄不得，逄到就要倒。

扳（bān）：大声吼，手舞足蹈。如，你横扳顺跳的，要不得。

谝（pián）：巧言。参见"谝言"。花言巧语之意。你今天又谝到了哈，你总爱吹牛，东谝西谝的。

汆（cuān）：本意为一种烹调方法。三岔方言中引申为烧汤之意。如，煮汆汤面，把肉片拿来汆汤。

憷（chù）：呆、不动之意。如，别在那儿憷起，接到挖地哈，不要憷起不动。

挼（ruá）：揉、搓、和之意，可以表示揉面、搓面团或把某物混合均匀，如挼面。把那张纸挼了。

滗（bì）：过滤之意，指将液体澄清后轻轻倾倒出的作用、方法或过程，如滗米汤。

扚（diā）：提、拉、拎之意。如扚包包；扚一块肉回去。

薅（hāo）：指用手拔掉，有收割之意。如今天上午去薅秧子哈。

齁（hōu）：指食物过咸导致人咳嗽或气喘，也表示对某种特定症状或人的昵称（含贬义）。如，齁子；吃盐多了，齁到了。

碓（duì）：指一种用原石打凿成的圆窝形工具，包括碓窝和碓臼，直径30~50厘米，深30~40厘米。在农耕时期，我国苏中人民一种常用的工具，用于加工大米、杂粮、米粉、面粉、汤圆馅等。碓窝棒，则是一种用木棒做成的工具，专门用于在碓窝内加工食材。舂（chōng）碓窝：指的是把东西放入碓窝内，然后用碓窝棒进行舂捣的加工过程。

敹（liáo）：一种缝补手法，针脚较稀。如，我衣服破了，给我敹几针；请把裤脚给我敹几针。

诖（guà）：在方言中有多种含义，可以表示错误、坏，还引申为"愚笨"，一般写为"瓜"。比如，"诖分分的"形容人看起来有些愚笨或憨厚；"诖娃子"则是指有些愚笨的人。

抔（pōu）：在三岔方言中作动词，表示用双手捧东西；或作量词，表示一把、一捧，如一抔黄土，一抔灰，一抔米。

康（kāng）：遮住、盖住。如把锅盖康起；三岔水库没康盖盖，你可别跳下去哈。

綮（zòu）：堵、塞。如，把嘴巴綮倒，少说话。把瓶口綮起，免得跑气味。把那涵洞綮起。

楍（kā）：插入、塞入缝隙。如修楼房时，在两块楼板之间要楍砖块再填灰砂。

膖（pāng）：形容恶臭，很臭。如，这鱼死了很久了，膖臭。

奓（zhā）：动词，张开。嘴巴奓开些。两脚杆奓开半蹲下，叫马步。

嘎嘎（gá ga）：在四川方言中，人们把肉叫做嘎嘎。

孬（nāo/piè）：在普通话中，'孬'表示不好或劣等，如'孬种'。而在四川方言里，'孬'读作 piè，也表示不好或劣质。比如这个字写得就很稀孬（即很糟糕）。我们过去很穷，吃得也很孬（即很差）。

茅厕（máo sī）：厕，普通话读 cè，三岔方言里读 sī。如，我去茅厕（茅斯）上了一趟。

奋涕（féntí）：喷嚏，三岔方言叫奋涕。"狗打喷嚏天要晴"，意思是狗打喷嚏预示着天气会变好。

搲（hā）咕叽：指向他人（一般孩童玩耍）腋下抠痒痒，使他笑个不停。

待诏（zhao）：待诏，是理发师的旧称呼。在清朝时期，剃头匠因为与朝廷的紧密联系而被称为待诏，他们甚至可能带着类似圣旨的凭证出行。

搲（wā）：搲水，表示用瓢或勺子等工具舀取水的动作，如搲一瓢水。

酘（tóu）：表示把衣服再酘一遍水，这样可以去除残留的肥皂泡泡。

以上列举的是以三岔地区为代表，在方圆大约 30 至 40 千米范围内的口头语言中，一些难以书写的汉字。

四、老人言

丈夫出门穿好衣，家中必有一贤妻。

中年夫妻老来伴，一时不见问三回。

少年夫妻一枝花，人在外面心在家。

宠子不是好父亲，宠妻才是好丈夫。

家屋不和邻里欺，夫妻不和六畜欺。

妻子才是家中宝，亲情再好不如妻。

糟糠之妻是个宝，请人再好喂不饱。

有钱有势把你追，一旦落魄马上飞。

要穿还是粗布衣，要疼还是结发妻。

亏妻，百财不入；亏孝，万事不顺。

一个人，最好的风水，便是你的家！

做一行、怨一行，到老不在行。

精三分、傻三分，留下三分给子孙。

不笑补、不笑破，只笑日子不会过。

先睡心、后睡人，睡觉睡出大美人。

照片不能烧，药罐不能借。

五树不入门，松柏梨槐桑。

男人忌摸头，女人忌摸腰。

早晨不吵架，亡者不穿黑。

吃鱼不说翻，吃饭不说要。

手不指佛像，与人不分梨。

床头挂葫芦，不能挂钟表。

一天省一把，三年能买马。

一天省一线，十年能织缎。

一天有一粥，一年两石谷。

万物土中生，人勤田不懒。

火越烧越旺，人越干越强。

技多不压身，生活不受贫。

蜘蛛家中吊，财运要来到。

院内有深坑，必伤儿丁身。

宅后有大坑，主凶难翻身。

家有堰塘在门前，代代富贵用不完。

人留后代草留根，后代防老根等春。

为人不孝非君子，猫睡屋脊辈辈轮。

屋檐水，点点滴，点点滴入那个坑。

乌鸦反哺十八天，羊羔吃奶跪娘亲。

当家方知柴米贵，养儿才知父母恩。

早睡早起，富贵到底；早睡迟起，拖棍讨米。

夫勤无荒地，妻勤无脏衣。

有菜半年粮，无菜半年慌。

树大树小都有稍，别把自己看太高。

老虎号称山中王，爬树不如黄鼠狼。

狂时黑狗恶如狼，败时老狼不如羊。

奸公做事精如猴，君子做人诚如牛。

行行出状元，处处有能人。

做官的儿子，不如讨饭的丈夫。

孝顺的儿女，不如半路的夫妻。

富贵门前有恶狗，久病床前无孝子。

穷在闹市无人问，富在深山有远亲。

路是人开的，树是人栽的。

问路不失礼，多走几十里。

骑马莫怕山，行船莫怕滩。

半夜不晒衣，三更不吹哨。

有钱难买年少，失落光阴无处寻。

七寸的筷子能勾魂，酒盅不深淹死人。

衣不如新，人不如故，药不治假病，酒不解真愁。

静坐常思己过，闲谈莫论人非。

莫作恶多行善，人在做天在看。

只能救苦、不能救毒；只能救急，不能救穷。

爹有娘有，不如自己有，儿有女有，决不能伸手。

邻居好，赛金宝。

远亲不如近邻，近邻不如对门。

脸上无肉，神仙难斗，脸上生横肉，凶狠心中藏。

宁娶从良女，不娶过强妻，嫁人不嫁低头汉，娶妻不娶仰头女。

娶妻先看娘，嫁夫要看爹，嫁错汉，毁一生，娶错女，毁三代。

积德无人见，行善天自知。

好狗不咬鸡，好汉不打妻。

汤没盐不如水，人没钱不如鬼。

人在人下没自尊，树在树下难扎根。

马瘦毛长无人骑，人穷说话没人听。

抬手不打无娘子，开口不骂外乡人。

童叟孤寡不能欺，身残之人不能戏。

不求金玉重重贵，但愿儿孙个个贤。

麻绳专挑细处断，小人专坑善良人。

鸟怕暗箭，人怕甜言，坑人害人伤天理。

麦高于禾，风必吹之，人高于群，众必推之。

人啊！切记：三穷三富不到老！有钱之时莫抛金。

积德行善补阴功，不怕虎生三只口，就怕人怀两样心。

以上系从小受父母教诲的一部分为人处世的经典语句和闲时碎语，是一代一代传下的家训家规的简单阐释。于闲暇之时将其记录下来，以供人们传颂与念叨。

第四节　民歌

一、石工号子

石工号子，作为一种传统的劳动歌谣，起源于中国古代的石匠们在劳作时为了协调动作、鼓舞士气而唱的歌谣。这些号子通常节奏鲜明、旋律简单，且歌词内容多与劳动场景、生活情感紧密相连。它们不仅是石匠们辛勤劳动的见证，更是中华民族传统文化的重要组成部分。

（1）此歌共十二段，每段四句，唱时由一人主唱，众帮腔。"——"号后即帮腔，各段同。全文如下：

正月（嘛）荷包（嘛）——喂喂，绣起头（嘛）——哟喂！

绣个青狮（嘛）——龙么姐，滚绣球（啊）——小郎冤家啥！

正月荷包绣起头，绣个青狮滚绣球，青狮落在黄河内，轧断黄河水倒流。

二月（嘛）荷包（嘛）——喂喂，绣白纱（嘛）——哟喂！

绣个美女别贪花，贪花之人刀上死（啊）——小郎冤家啥！

二月荷包绣白纱，绣个美女别贪花，贪花之人刀上死，阎王面前结冤家。

三月（嘛）荷包（嘛）——喂喂，绣桃红（嘛）——哟喂！

哥哥别嫌妹儿穷，哥也穷来妹也穷（啊）——小郎冤家啥！

三月荷包绣桃红，哥哥别嫌妹儿穷，哥也穷来妹也穷，桃花落地遍山红。

四月（嘛）荷包（嘛）——喂喂，四个星（嘛）——哟喂！

背起包包上北京，北京走了南京转（啊）——小郎冤家啥！

四月荷包四个星，背起包包上北京，北京走了南京转，想起荷包好伤心。

五月（嘛）荷包（嘛）——喂喂，绣起愁（嘛）——哟喂！

罗帕包好隔墙丢，叫声哥哥快捡倒（啊）——小郎冤家啥！

五月荷包绣起愁，罗帕包好隔墙丢，叫声哥哥快捡倒，生辰八字在里头。

六月（嘛）荷包（嘛）——喂喂，热难当（嘛）——哟喂！

哥哥带包好麝香，五月端阳擦身过（啊）——小郎冤家啥！

六月荷包热难当，哥哥带包好麝香，五月端阳擦身过，九月重阳还在香。

七月（嘛）荷包（嘛）——喂喂，绣双星（嘛）——哟喂！

七天七夜绣不清，白天绣花人看见（啊）——小郎冤家啥！

七月荷包绣双星，七天七夜绣不清，白天绣花人看见，晚上绣花灯不明。

八月（嘛）荷包（嘛）——喂喂，桂花馨（嘛）——哟喂！

八仙桥上吕洞宾，上面绣个张果老（啊）——小郎冤家啥！

八月荷包桂花馨，八仙桥上吕洞宾，上面绣个张果老，下面绣的郎君身。

九月（嘛）荷包（嘛）——喂喂，去登高（嘛）——哟喂！

九个仙女来踩桥，上面踩条人字路（啊）——小郎冤家啥！

九月荷包去登高，九个仙女来踩桥，上面踩条人字路，下面踩得水潮兴。

十月（嘛）荷包（嘛）——喂喂，莲子多（嘛）——哟喂！

绣个荷包送哥哥，哥哥别嫌荷包小（啊）——小郎冤家啥！

十月荷包莲子多，绣个荷包送哥哥，哥哥别嫌荷包小，小小荷包情意多。

冬月（嘛）荷包（嘛）——喂喂，须须长（嘛）——哟喂！

绣个荷包送干娘，干娘叫我回家转（啊）——小郎冤家啥！

冬月荷包须须长，绣个荷包送干娘，干娘叫我回家转，一心说给二爹娘。

腊月（嘛）荷包（嘛）——喂喂，绣得齐（嘛）——哟喂！

绣个青狮马一匹，不要别人银万两（啊）——小郎冤家啥！

腊月荷包绣得齐，绣个青狮马一匹，不要别人银万两，一心留给小郎骑。

（2）以下是一首典型的石工号子歌词，它描绘了一个生动的乡村生活场景，同时也融入了深沉的哀思与期盼：

斑鸠叫唤，谷姑古。洋雀叫唤，国国洋。

谷姑古来，国国洋。对面幺姑，死了郎。

伙到爹妈，去买纸。伙到哥嫂，去买羊。

花麻羊儿，买一对。黑毛猪儿，买一双。

上街去请，吹鼓手。下街找人，抬猪羊。

吹鼓手来，抬猪羊。又吹又打，到中堂。

一到中堂，香蜡点。声声喊的，好儿郎。

好儿郎来，死得惨。丢下奴来，受煎熬。

哭声阎君，放他转。放他回来，重团圆。

七月里来，飘扬沙。正打谷子，正捡花。

请个长年，不多大。当门的地，靠奴挖。

幺儿惊叫，无人管。烧锅两灶，靠奴家。

幺儿长到，十七八。依然出去，飘扬沙。

228

二、绛溪河船工号子

吆嗬、吆嗬、吆嗬——嘿咗、嘿咗、嘿咗——

大小船儿嘛水上游喂——嘿咗，

上至都江嘛宝瓶口哟——嘿咗。

大小船儿嘛水上走喂——嘿咗，

下到长江嘛回泸州哟——嘿咗，嘿咗，嘿咗咗……

兄弟们、一张船儿——嘿咗，

要装成都半城盐——嘿咗。

兄弟们、一摇桨儿——嘿咗，

要装成都半城糖——嘿咗……

三、榨油坊油匠号子

这首民歌通过生动的情节、丰富的衬词和韵律感强的语言，展现了三岔榨油坊民工的生活场景和情感世界，具有浓郁的三岔特色和地域风情。民歌如下：

你双脚跪在石板上哟——嘿咗！手拿棒棒捶衣裳——嘿咗。

清水洗啊米汤浆哟——嘿咗！哥子穿得好张扬哟——嘿咗！

不说白来就说白——嘿咗！油匠借伞是白色——哟嗬。

过府吊孝秦小姐哟——嘿咗！借尸还魂梅秋月哟——嘿咗。

榨油匠赶斋运气孬嘛——嘿咗！吃不上斋饭好造孽哟嗬——嘿咗！

重金下聘张三姐哟——嘿咗！

结果嫁给杨八爷哟——哟嗬——嘿咗！

油匠接不到婆娘嘛——哟——哟——嘿咗！

好造孽哟——哟嗬——嗬——嘿咗！

等我榨出油来嘛哟——哟——嘿咗！

我才去求李家妹哟——哟——嘿咗！

第五节　诗书画代表人物

诗书画是书法和绘画的统称，它涵盖了文学（诗）、艺术（书）和视觉艺术（画）的三个领域。这一概念强调了文学与艺术的紧密结合。在中国传统文化中，诗与画常常相互融合，形成一种独特的艺术形式，其中，诗为道、书为器、画为技。这种"三位一体"的审美特征体现了文人在创作中的情感表达的追求。

诗，作为文学的一种形式，通过文字表达情感和思想，具有丰富的意象和深远的意境。书，即书法，是文字的艺术表现，通过笔墨的运用展现文字的美感和艺术性。画，作为视觉艺术，通过色彩和线条表现视觉形象，传达艺术家的情感和思想。

这些艺术形式不仅在中国传统文化中占据重要地位，而且在世界文化中也有其独特的位置，它体现了人类对美的追求和对情感的表达，是文化传承和艺术创作的重要载体。

在三岔这个拥有千年人文历史、传统文化底蕴深厚的地方，民风淳朴，具有浓厚的邹鲁之风。这里的人们崇尚文明，致力于文化的创新与传承，教化民众，培养了一代又一代的文化名人。除了古代的李淳风、许奕之外，还有如刘松老这样的杰出人物。刘松老是唐代平泉县令刘海的裔孙，擅长书画，其书法风格依循苏东坡，绘画则学习米元章，是北宋时期的书画大家，只可惜其作品如今已难以寻觅。同时，还有清代的三岔坝人汪希圣，他精通书画篆隶，擅长描绘花卉人物，尤其擅长山水画的创作。他的山水画中楼台亭阁布局得当，所绘梅花更是古朴绝伦，令人叹为观止。还有刘存厚，曾任川陕两省善后督办，擅长行楷书法，他曾自书《庚辰新年忆雪晴夫人感怀》诗八首并刻石留念。此外，汪猛省、毛秋吾等人也都是书法高手。在当今的三岔，王体明以其工行草楷的书法技艺参加了省县级的书法展览。而彭钟汉、孙伯楼、文书清、陈绍兰等人则擅长古体诗填词，他们的作品同样深受人们的喜爱和赞誉。其中，孙伯楼、彭钟汉、文书清共同著有《百岛咏》，该书为三岔湖113个岛屿各创作了一首古体诗，共计339首诗作，以赞美这些岛屿的美景。

一、彭钟汉：医与诗的双重人生

彭钟汉，1934年生人，是成都东部新区三岔镇一位健在的老中医。他不仅是医术高超的医者，还是一位热爱传统文学的三岔诗人，同时也是简阳市、内江市、四川省诗词学会的会员。他曾先后在三岔镇医院和成都市东部新区第三人民医院担任中医主治医师，如今虽已退休，但身体康健，仍受人敬仰。

彭钟汉先生自幼便对读书、种地和行医产生了浓厚的兴趣。他咬文嚼字，写诗词成为了他生活中的一大乐趣，尽管他自嘲这些诗作多为"逢场作戏"，推敲不足，浅俗无奇，但他依然坚持创作，希望这些作品能给人带来一些启示和愉悦。

在医术上，彭钟汉先生虽然自称医术不高，但他始终尽心尽力地为病患治疗，希望他们都能健康长寿。在诗学上，他同样尽兴而吟，留下了许多珍贵的诗作。他常与诗友相聚，好作逢场戏，多为附和音，以此陶冶性情，醒脑经。

他留下的文字，既是对自己的记录，也是对他人的启示。对于别人的品评，无论是称赞为佳品还是批评为乱弹琴，他都坦然接受，笑对人生。彭钟汉先生用他的医术和诗情，书写了一段独特而精彩的人生篇章。

二、林兰英：草根诗人

林兰英，1965 年出生于三岔街道国宁一社（现为三岔街社区）。她是一位才华横溢的草根诗人，同时也是四川省作家协会会员、成都市作家协会会员以及简阳市作家协会副主席。

林兰英的作品广泛见于《星星诗刊》《山东文学》《四川文学》《青年作家》等著名诗刊杂志，至今已发表诗歌上百首。2008 年，她与简阳的其他诗人合作，共同出版了《简阳新诗十一家》。2009 年，她推出了个人诗集《穿紫衣的女人》，2016 年又出版了个人诗集《蝴蝶苑》。这些作品不仅展现了她深厚的文学功底，也赢得了广泛的赞誉。

林兰英的作品还被《2010 年网络诗选》《2011 年中国诗歌年选》《百年新诗 2017 精品选读》等重要选集收录，进一步证明了她在文学界的地位。

她的获奖作品更是数不胜数，其中包括：①诗歌《探望》在第二届炎黄杯国际诗书画艺术大赛中荣获金奖；②诗歌《我的美》荣获首届红高粱诗会银奖；③《失眠的白水湖》在第三届当代文学精品选全国诗文大赛中荣获一等奖；④《穿紫衣的女人》荣获简阳市周克芹文艺创作奖一等奖。

林兰英以她独特的文学才华和对诗歌的执着追求，在文学领域取得了令人瞩目的成就，成为三岔街道乃至四川省文学界的一颗璀璨之星。

三、邓启宽：书画艺术名家

邓启宽，笔名望湖人，1952 年出生于简阳养马平窝乡，曾任简阳市三岔湖水库管理局旅游局办公室主任，同时担任文秘档案助馆及简阳市第十届政协委员。邓启宽自 1970 年起参与龙泉山引水工程建设，1976 年招工至三岔水库管理局，默默奉献 32 载至退休。他对水利事业充满热爱，工作认真负责，勤奋努力，连续多年荣获先进或优秀称号。

自幼酷爱文学艺术的邓启宽，在工作之余仍笔耕不辍。他喜爱诗词、楹联、散文，精通棋艺、琴艺、书法、绘画及装裱艺术，对石刻木刻等技艺也颇为精通。他的作品曾在省内多处馆、堂、寺、园展出，曾为多位历史名人的题词进行木刻并馆藏。

作为书法界的佼佼者，邓启宽现为中国硬协 A 级会员、四川省硬协理事、川夫炎黄书画院院士、内江市书法家协会会员等。他的作品被多部典籍收录，并荣获多项国内外书法大奖。他的艺术成就得到了国内外多个民间艺术团体的认可，被授予"世界书画艺术名家"等称号。他的作品和词条也被文化部市场发展中心国际网和国内互联网收录。

邓启宽不仅为水利建设和管理作出了较大贡献，更致力于弘扬和发展水文化为三岔湖主坝北端"都江堰龙泉山灌区水利工程纪念碑"撰并书刻《三岔湖记》，供游客浏览。2024 年 3 月 1 日至 31 日，在简阳人民公园举办的"邓启宽水文化书画篆刻系列展"正是他几十年辛勤耕耘的硕果。此次展览吸引了中国书法家协会副秘书长陈杰从北京亲临展室题字留念，成为他艺术生涯中的一个重要里程碑。邓启宽的事迹激励着每一位水利战士热爱并献身水利事业，为弘扬和发展水文化做出更大的贡献。

四、闵客耳：指墨与舌画艺术大师

闵客耳（1913—2000 年），原名闵宪骞，回族，籍贯四川平武。他早年毕业于成都艺专，生前是中国老年书画研究会四川分会会员、四川省内江市美术家协会会员及内江画院画师，同时也是一位杰出的指墨与舌画艺术大师。

闵客耳的艺术生涯丰富多彩，他的作品多次参加各类展览并获奖。1986 年 11 月，他的作品《苦瓜》和《稻花香里唱丰年》参加了贵阳市和内江市群众艺术馆主办的美术书法作品联展。次年 10 月，他荣获首届内江市群众文化艺术节比赛丰收奖。1990 年 9 月，他参加了四川省第二届青少年运动会内江美术书法展览，并有多幅花鸟画作品参加内江市与甘肃省酒泉地区的美术书法联展，以及内江画院的书画展览。同年，他的花鸟作品还参加了内江市与广东台山县联合举办的美术书法展览。

1991 年 7 月，闵客耳的作品参加了庆祝中国共产党成立 70 周年四川省老年书法篆刻绘画作品展览。同年 4 月，他的舌画技艺荣获太阳神"新奇乐"技艺川南电视大奖赛一等奖，这一绝技在艺术界引起了广泛关注。1994 年 11 月，他的一幅作品被内江市人大常委会收藏。

闵客耳的艺术成就不仅得到了艺术界的认可，还引起了媒体的广泛关注。1998 年 7 月 24 日，他的作品《石榴》在《四川日报》的作品欣赏栏目上发表。同年 10 月 4 日，他的舌画代表作品《牡丹》（见图 8-2）又刊载于《华西都市报》。此外，四川电视台的"社会·家庭·女人"栏目还对他的艺术生涯进行了电视报道。

图 8-2　闵客耳作品《牡丹》

闵客耳以其精湛的舌画和指墨画技艺，为中国的书画艺术增添了独特的魅力。他的作品被广泛收藏，成为了艺术界的一颗璀璨明珠。

五、汪一德：非遗传人

汪一德，又名汪忆德、汪曦，1956年出生于四川省简阳市三岔坝。他是中国美术家协会会员、简阳市美术家协会副主席，曾担任四川省水彩画研究会副会长。汪一德自幼对艺术充满热爱，年少时便拜闵客耳先生为师学习舌画，开启了他与艺术相伴的人生旅程。

在2006年，指墨与舌画被资阳市人民政府公布为第一批市级非物质文化遗产项目。2016年，舌画入选第五批成都市非物质文化遗产代表性项目名录，见图8-3。汪一德也成为"非遗"的唯一传人，被称作"一个人的画派"。

图8-3 舌画入选成都市非遗名录

汪一德的艺术生涯始于20世纪70年代。他的作品多次入选全国及省级重大展览，并在重要报刊杂志上发表，深受艺术界和观众的认可与赞誉。他的绘画风格独特，既继承了传统绘画的精髓，又融入了现代艺术的创新元素，展现了深厚的艺术功底和对美的独特追求。

汪一德在艺术道路上不断探索与进取，曾结业于俄罗斯油画班，进一步提升了他的绘画技艺和艺术视野。他的作品不仅在国内受到广泛关注，也在国际艺术交流中展现了中国当代美术的魅力。众多媒体曾对他进行专访报道，深入探讨他的艺术创作理念和风格演变，使他成为简阳乃至四川美术界的代表性人物。

汪一德的艺术成就不仅体现在他个人的创作上，他还积极参与美术教育和推广工作，为培养新一代美术人才倾注了大量心血。作为简阳市美术家协会副主席，他积极推动当地美术事业的发展，通过举办展览、讲座和培训活动，激发了更多人对艺术的兴趣和热爱，为简阳的文化建设做出了重要贡献。

汪一德的艺术之路还在继续，他以画笔为媒，用色彩和线条描绘着生活的美好与时代的变迁，成为三岔坝这片土地上不可多得的艺术瑰宝。

作为一位执着于艺术探索的艺术家，汪一德用色彩和线条描绘着生活的美好与时代的变迁。他的作品不仅展现了他对艺术的热爱与追求，更传递着一种积极向上的精神力量，激励着更多人为艺术而努力奋斗。

六、方之怡：花鸟传情

方之怡（1921—2022 年）是三岔古镇的一位杰出人物。他曾任简阳中学的退休教师，为教育事业奉献了自己的青春与智慧。同时，他也是四川省美术家协会会员，一位在艺术领域有着深厚造诣的艺术家。

自幼年起，方之怡便对音律和绘画产生了浓厚的兴趣。他精通音律，能够熟练地演奏多种乐器，用音乐表达内心的情感与追求。同时，他也喜欢绘画，尤其擅长花鸟画，通过画笔描绘出大自然的美丽与和谐。

方之怡的花鸟画作品，以其细腻入微的笔触和生动传神的表现力而著称，见图8-4。他善于捕捉花鸟的神态与韵味，通过巧妙的构图和色彩运用，将大自然的生机与活力展现得淋漓尽致。他的作品不仅具有极高的艺术价值，更传递着一种积极向上的生活态度和审美情趣。

图8-4　方之怡代表作品《翠羽》

作为四川省美术家协会会员，方之怡的艺术成就得到了广泛的认可与赞誉。他的作品多次参加省级及以上展览，并获得了多项荣誉。他的艺术成就不仅为三岔古镇增添了光彩，更为中国的艺术事业做出了积极的贡献。

方之怡的一生，是艺术与教育相结合的一生。他用自己的才华与智慧，为后人树立了榜样，激励着更多人在艺术领域不断探索与追求。他的花鸟画作品，将永远成为艺术宝库中的瑰宝，为后人所铭记与传承。

七、汪明旭：翰墨飘香

汪明旭，男，1932年出生于四川省简阳市三岔镇清庙村。在解放简阳之前，他便毅然投身于革命工作，成为一名中共党员。曾任简阳市（县）委组织部副部长，政协常委兼老干部局局长，老年大学校长等要职。他的革命生涯充满了光辉与奉献，为党和人民的事业做出了重要贡献。

退休后，汪明旭并未停下脚步，而是将热爱转向了书画艺术。在老年大学、书画研究会等地，他得到了老师们的悉心辅导和名师的指点。凭借勤学努力，他在书画领域取得了一定的成就。美术作品在全国海内外多次参加展览，并屡获殊荣。

1998年，汪明旭荣获华蓥山游击队武装起义50周年美术作品展特等奖。在1999年庆祝建国50周年迎澳门回归全国作品展等大展中，他更是荣获金奖、银奖、三等奖、优秀奖等30余个奖项，被授予证书、金牌、金杯等荣誉。2000年至2001年，他的参赛作品再次荣获特别金奖、金奖、银奖、优秀奖等40余个奖项。

他的作品被编入全国大型书画集、辞典等20余部，部分作品还被国内外美术馆、博物馆组委会等收藏。他的作品入编了《红岩杯全国书画摄影精品集》《中国书画艺术精品荟萃》等多部权威作品集。

现为中国老年书画研究会会员、四川省老年书画研究会会员等。同时，他还是内江市老年书画研究会常务理事、简阳市老年书画研究会常务副会长等职务。此外，他还是资阳、简阳市美协会员，中原书画研究会会员，并被评为高级画师。

汪明旭的艺术人生，如同一幅绚丽多彩的画卷，充满了奋斗与追求。他的翰墨飘香，不仅为艺术界增添了光彩，更为后人树立了榜样。

第六节　曲艺代表人物

曲艺，作为中华民族"说唱艺术"的统称，历经民间口头文学与歌唱艺术的长期交融演变，铸就了一种独具特色的艺术形式。据不完全统计，当前活跃在中国民间的曲艺曲种有 400 种左右。而在三岔地区，文艺与曲艺等深受人民群众喜爱的文娱活动多达数十种，它们如同璀璨繁星，点缀着这片土地的文化天空。

一、汪子文：民间艺术传人

近年来，三岔地区的曲艺代表人物及其活动备受瞩目，其中，汪子文先生（1949 年生于四川省简阳市三岔坝）便是其中的佼佼者。作为三岔街道的退休干部及中共党员，汪子文先生自幼酷爱文娱活动，擅长制作龙灯、花轿、腰鼓等舞蹈道具。他不仅是一位才艺出众的创作者，更是一位热心于传承与弘扬传统文化的实践者。

自 2015 年起，汪子文先生扎制了两条龙灯，每逢年节或客户之需，他便带领团队进行舞龙等精彩表演（见图 8-5），为群众带去欢乐与祝福。2016 年，他的团队更是受邀前往石板、永宁、雷家等乡镇区进行耍龙灯表演，向民众拜年，传递着节日的喜悦与祥和。此外，他还曾担任成都市郫都区、新都区消防队的教练，传授舞龙技艺，为传统文化的传承贡献力量。

图 8-5 舞龙表演

在花轿制作与表演方面，汪子文先生同样技艺精湛。2011 年，他带领团队在简阳花轿比赛中荣获第一名，2013 年更是自制花轿进行表演，并受邀前往双流、贾家、施家等地表演，深受观众好评。他们的腰鼓队同样在三岔及周边地区享有盛名，2016 年在简阳比赛中并列第一，此后更是频繁受邀前往成都、简阳等地表演或培训队伍，传授技艺。

除了汪子文先生及其团队外，三岔地区还有几支由群众自发组织的文娱队伍。他们自购腰鼓、大鼓等道具，进行文娱表演，成为了三岔地区一道亮丽的风景线。这些队伍常年活跃在三岔街头及附近场镇、乡村，极大地丰富了群众的文化生活，传承了中华优秀传统文化。

三岔地区的曲艺与文娱活动犹如一幅生动的画卷，展现了中华民族丰富多彩的文化底蕴与独特的艺术魅力。未来，我们期待更多的曲艺爱好者能够加入到这一行列中来，共同为传承与弘扬中华优秀传统文化贡献力量。

曲艺节目之一《农耕记忆》，是一部沉浸式情景剧，由三岔街道的退休干部、老党员汪子文、徐廷昭、汪思会等人带领一群中老年文娱爱好者自编自导自演。它真实地展现了三岔人民在打通龙泉山、引水灌溉良田后，积极投入劳作、精细管理农田，并在获得丰收后不忘国家，主动上交公粮的精神风貌和爱国热忱。这是多年来罕见的将农民生产劳作过程生动呈现于舞台的节目，见图 8-6。

图 8-6 《农耕记忆》舞台表演

在 2024 年，成都东部新区根据成都市宣传部门组织的"乡当潮"活动安排中，《农耕记忆》在海选中荣获第一名，并在龙泉驿等区县进行了巡回演出。此外，在世界博览园的"全民迎世园，高手在民间"等活动中，该剧也深受观众喜爱和好评。

二、汪明辉：曲艺名家

汪明辉（1963 年生于四川省简阳市三岔坝），现为三岔街道兴隆场九义校退休教师，其身兼多职，是中国曲艺家协会会员、中国曲艺家协会谐剧专业委员会委员、四川省曲艺家协会理事、成都市曲艺家协会副秘书长，同时也是简阳市曲艺家协会的名誉主席。他师承著名表演艺术家沈伐，艺术造诣深厚。

在他的艺术生涯中，荣誉满载。2019 年，他成功入选"四川省百家推优工程"，进一步肯定了他在曲艺界的贡献。2021 年，他又参加了中国文联举办的"全国曲艺名家培训"，并顺利结业，展现了其不断进取的学习精神。

在作品创作方面，汪明辉同样成果丰硕。2012 年，他编导并主演的谐剧《打平伙》荣获"第三届全国新农村文化展演"金奖；2013 年，小品《打平伙》再次发力，夺得"四川省第十四届小品（小戏）比赛"的最佳表演奖、编剧奖和导演奖。此外，他还编导了多部获奖作品，如儿童谐剧《留守之家》和音舞情景剧《仁者门巴》，分别在中国曲艺家协会的"第六届全国少儿曲艺大赛"和全国卫计系统展演中获得一等奖。2019 年，他编导的儿童谐剧《起跑线》再次摘得中国曲艺家协会"第八届全国少儿曲艺大赛"一等奖的桂冠。

从 2011 年至 2022 年，他的作品如小品《打平伙》《小神羊》《熊大熊二》等数十部作品，在省市级比赛中屡获大奖，展现了其深厚的创作实力和广泛的艺术影响力。同时，他还编导了四川电视台 12 集公益喜剧《幸福蜜蜜甜》和成都电视台 40 集乡村喜剧《杏福花开》，这两部作品均创下了收视佳绩，深受观众喜爱。

第七节　三岔谱牒文化及家谱选

古三岔民众崇文习武守礼，耕读传家的传统源于各氏族均受家谱文化的教育和约束，这一传统促进了民风的淳朴和社会的安宁。国有史，方有志，家有谱。谱牒文化是中国传统文化的重要组成部分。家谱，又称宗谱、世谱、族谱、家乘、祖谱、谱牒等，是一种以表谱形式记载一个家族世系繁衍及重要人物事迹的书籍。

家谱作为一种特殊的文献，寻根问祖是中国人传统的文化传承方式。它最早起源于先秦时期，是中华文明中具有平民特色的重要文献，与国史、地志并称为中华民族的三大文献之一，属于珍贵的人文资料。对于历史学、民俗学、人口学、社会管理学和经济学的深入研究，家谱都具有不可估量的价值。

新中国的领导人们从未否定家谱和家族在中国社会中的重要性。1958年，毛泽东在成都召开的中共中央政治局扩大会议上指出，收集家谱、族谱，加以研究，可以知道人类社会发展的规律性，也可以为人文地理、聚落地理提供宝贵的资料。他强调，为国尽忠，为父母尽孝，是做人的根本。家庭和宗室是人生的两个支撑点，有家才有族，有族才有人类的共同体和国家。

家谱中的家训、家规、家法均基于国学文化，涵盖了国学精要，符合时代社会经济人文发展的治理理念，成为时代发展法制的重要补充。三岔地区的各氏族基本都有谱牒，尊崇族（家）谱文化，家训、家规、家法明确。由于篇幅原因，这里仅列举以下几个氏族的族谱及其家训、家规、家法的严格性，以展示其对族人的约束管理以及对社会发展、人类进步的益处。各氏族族人遵循家训、家规、家法，并与不同时代的国家法规、法律相结合，在社会治理中产生优势互补、相得益彰的效果。

一、刘氏宗谱

《刘氏宗谱》（见图 8-7）中明文记载：汉高祖刘邦将近三千年的"耕战型"社会引领至"耕读型"社会形态。汉刘文化的精髓是"诚信、感恩、责任"六字箴言。家训包括：孝悌为百训之首；睦宗族乃万年所同；

和乡邻同井而居，礼让为处世之道；耕读为传家之宝；业精于勤荒于嬉；师道为教化之原；赌博非人生之正业；淫为万恶之源；尊长敬老乃人之本性；家法与国法相等，族人须敬之遵之。

图 8-7　《刘氏宗谱》

二、汪氏宗谱

《汪氏宗谱》（见图 8-8）中明确规定：

图 8-8　《汪氏宗谱》

孝悌是为人之本，立志明师授受乃为人之道，存其心养其性，世间好事忠和孝；天下良图读与耕；工商技艺勿害理；谨言慎行戒口养心；言忠信，行笃敬；修身齐家各行其能；睦族同宗，患难相扶；公平处世，守望相助；勤俭持家业精勤；长幼有序莫违反；家规家法当尊崇，若有违反族堂治；重者送官重究治。

三、陈氏族谱

《陈氏族谱》（见图8-9）明确告诫族人：

图8-9 《陈氏族谱》

当知家法与国法相等，教育族人，事亲必孝，待长必敬；兄友弟恭，夫义妇顺；冠婚丧祭，秉礼必慎；学文必功，习武必勤；治国必忠，治家必严；居功毋骄，见恩必谢；士农工商，择术必正；毋听妇言，而伤同气。毋作非法，而犯典刑；毋以众而暴寡；毋以富而欺贫；毋以赌博而荡产业；毋以谣辟而坠家声。制行唯严以律己，处世当宽以绳人，苟能行之于久久，当必报之以冥冥。兹训词实系废兴，诵之再三，尔其敬听。

四、徐氏宗谱

《徐氏宗谱》（见图8-10）中，更是以千字文的形式，明确教育族人必须遵守，切记于心，时刻不忘：

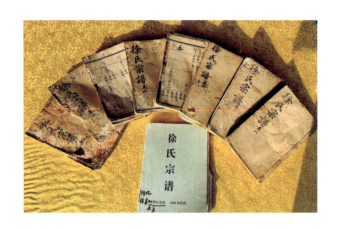

图 8-10　《徐氏宗谱》

中华民族，龙的传人。中华儿女，美德长存。

治家有道，家业振兴。开源节流，自力更生。

勤奋创业，志者事成。切莫懒惰，早起勤耕。

同舟共济，团结一心。全家和睦，众志成城。

家庭成员，一律平等。衣着生活，力求公平。

筹办家事，商量讨论。意见统一，方可实行。

合理分工，职责到人。家长督促，及时调停。

步调一致，万事可成。宴请宾客，量力而行。

客人到家，笑脸相迎。区别对待，闲话产生。

铺张浪费，化整为零。你若贫困，客不登门。

图操体面，美容死人。强行留客，并不开明。

作客干脆，速去速行。贪杯流连，不受欢迎。

人家富裕，筑建楼庭。嫉妒眼红，好胜赌拼。

八方借款，债务满身。表面阔气，无油之灯。

亲朋指责，邻里不亲。逼账要债，鸡犬不宁。

亲朋好友，都伤感情。寒酸潦倒，办事无成。

抹喉上吊，无人可怜。遵守诺言，借物守信。

待人诚恳，言必有信。精打细算，克俭克勤。

替人办事，一诺千金。结草衔环，别人记恩。

若遇困境，枯木逢春。办事果断，身体力行。

光说不做，效果为零。为人处世，心术要正。

整人害人，终害己身。作恶多端，岂无报应。

修身养性，礼貌待人。乐善好施，助残扶贫。

帮助别人，不图报恩。受人恩惠，铭记在心。

不卑不亢，正派做人。见义勇为，行为堪称。

众人歌颂，名誉永存。饮酒过量，误事丢人。

五谷杂粮，营养丰富。瓜果蔬菜，长寿健身。

家训的普遍要旨如下：

孝：善事父母为孝。孝者，天之经也，地之义也，民之行也，居处不庄非孝，疏于职守非孝，为政不廉非孝，为国不忠非孝，父友不慎非孝，弟兄不睦非孝。

悌：善事兄长曰悌。悌者，所以事长也，兄则友，弟则恭，惟孝友于兄弟。休戚相关，患难与共。

忠：中心为忠。内尽其心而不欺是也。事上竭诚不二，为下克出：危身奉上，险不辞难，忠也！为国为民甘洒热血，出也！

信：言语其实，为人实在曰信，交朋纳友，以信为本，人而无信，车无轮也。

礼：规规矩矩之态度曰礼。国无礼，无以立；人无礼，无以示敬爱、讲尊卑，别亲疏，孔子曰，非礼勿视，非礼勿听，非礼勿言，非礼勿动。

义：正正当当之行为乃义。见义不为无勇也。见人危难，挺身而出，一往无前，义无反顾，慷慨解囊，义也！

廉：清清白白之辨别为廉。公生明，廉生威守已安分，一芥不可取于人。从政不廉族人共讨之。

耻：切切实实之觉悟为耻。知耻近乎勇，知耻则德高，明耻以修身。

勤：努力尽职为勤。不惮烦劳，不畏艰辛，勤也。一勤无难事也。

俭：不奢侈、浪费为俭。勤能致富，俭以养廉。

学：学文化、学科学、学技术，是人类济世安邦、谋生致富之道。学先辈的光荣传统、学祖宗之齐家楷模，不学无术就会愚昧无知、骄横滋生，鱼肉乡里为人所不齿也。

言：言、语言也，语言为"四美"之一，为人生之必修课。在人生语言交流中注意语音、语义、语法。讲求文字、修辞。要言而有理、言而有序、言而有信、勿吐污言秽语，勿失格、失言。

第九章　三岔千年之变正扬帆

第一节　新时代以来，四川迎来了新定位

新时代以来，中央一直高度重视四川的地位和发展，因而四川迎来了新的定位，明确如下：四川历来是国家的战略腹地，同时也是人口大省、科教大省、经济大省。

四川定位之一是战略腹地。四川自古便是"统一天下"的重要战略板块，"天下未乱蜀先乱，天下已治蜀后治"更是四川历史地位的真实写照。早在先秦时期，名将司马错以超前的战略眼光帮助秦国拿下巴蜀之地，整合了关中与巴蜀两大地理板块，才有了后来秦之一国与关东六国分庭抗礼的实力，最终"奋六世之余烈"，由秦始皇首次完成了中国的统一。到东汉末年的三国时代，蜀国凭借巴蜀之地而与魏吴三足鼎立。再到不可一世的蒙古大汗魂断钓鱼城和抗日战争日本无奈止步于四川门外，都让四川的战略地位充分展现。再到今天四川被明确定位为战略腹地，是从全国大局

把握四川战略地位和战略使命的战略选择。

四川定位之二是人口大省。四川与重庆未分家之前，四川曾是全国第一人口大省，更是全国最早人口过亿的省份。四川与重庆分家后，四川仍然是全国人口大省，尤其是近年来成都的高速发展，让成都成为西部发展高地，吸引了众多西部人口甚至是中东部人口落户成都，成都及四川的人口吸引力及承载力进一步增强，也为四川的发展提供了源源不断的发展动力。

四川定位之三是科教大省。四川虽然是西部省份，但科教人才资源丰富，拥有全部41个工业门类。四川省会成都曾是西南大区中心城市，无数科教资源汇聚成都，让成都及四川成为短暂大区制度的最大受益省市之一。尤其是三线建设时期，无数战略科技、工业企业响应国家号召迁往四川，为四川科技及工业的发展打下了坚实的基础。发布会明确指出：目前在川高校137所、科研机构369家，近年来国家又布局了一批战略科技力量，国家级科技创新平台达到205个。丰富的高校资源、科研院所依然是四川未来高质量发展的最大底气。

四川定位之四是经济大省。近年来，四川紧抓共建"一带一路"倡议、西部大开发及成渝地区双城经济圈建设的历史机遇，大力发展科技创新产业及新质生产力，人口及各种资源要素源源不断汇聚四川，终于在2023年超越中部大省河南，成为全国第五经济大省，更是中西部第一经济大省。至2023年，四川经济总量超过6万亿元，增长6%，在前十经济大省中并列第一；经济增长势头依然强劲，经济大省实至名归。

其实，四川不仅仅是国家重要的战略腹地、人口大省、科教大省与经济大省，更是粮食大省、能源大省和生态资源大省。2023年四川粮食产量718.8亿斤，创26年来新高。四川是全国水电第一大省，西电东送中全国每100度水电有30度来自四川；天然气（页岩气）资源量、年产量均居全国第一位，西气东输中全国每 100 立方米天然气有 24 立方米产自四川。

从古至今，四川在中国的战略地位举足轻重，牵一发而动全身。从秦整合关中与巴蜀而建立了统一天下的"基本盘"，到"三足鼎立"中的重要一极，再到蒙古铁骑在钓鱼城折戟沉沙，以及不可一世的日军被挡在四川盆地门之外，四川的区位优势及战略地位体现得淋漓尽致。从都江堰的横空出世，四川成为著名的"天府之国"，再到"扬一益二"的富甲天下，四川完成了从"巴山楚水凄凉地"向"花重锦官城"的华丽转身！

进入新时代，四川被明确为国家重要战略腹地省份，这个定位可谓举足轻重。这是综合历史、地理、资源以及四川在全国发展大局中的地位做出的战略选择，同时也是大国棋局中四川的战略使命。未来的四川，作为经济大省、人口大省和科教大省，或将在成渝地区双城经济圈上升为国家战略后，支持成都东进联手重庆，唱响双城记，打造全国第四经济增长极，谱写新时代"治蜀兴川"的崭新篇章！

成都是成都东部新区的代管城市，同时，成都市也是四川省省会、副省级市、超大城市、国家中心城市。它是中国首批国家历史文化名城之一，是古蜀文明的重要发源地，被誉为"天府之国"的中心，有着世界罕见的 3 000 年城址未迁、2 500 年城名不改的历史特征。1921 年，始设市政筹备处，1928 年，正式设市。

成都市是重要的电子信息产业基地、成渝地区双城经济圈核心城市、区域经济中心、科技中心、世界文化名城和国际门户枢纽，西南地区的科技中心、商贸中心、金融中心和交通、通信枢纽，是第 31 届世界大学生夏季运动会的举办地。

自 2016 年 5 月，简阳划成都市代管，又恰遇成都向东发展战略的实施，中央明确提出建设成渝地区双城经济圈的战略目标，并随之设立了成都东部新区。三岔片区正是该新区空港新城的主战场。

第二节　古今三岔

　　三岔片区从古至今都是一块宝地，人杰地灵、物产丰富、历史文化底蕴深厚。从古代到近代，我们的先人们在这一块沃土上给我们留下了无数多的灿烂文化，"邻于会府而有江山之胜，处于高仰而有鱼稻之饶"的西乡之三岔古镇，曾有"小成都"之称，乃至中华人民共和国成立后，在建设时期，我们的前辈仍不辞劳苦、辛勤耕耘，为国家建设积累资金、为国家建设提供粮食、为改善生产生活条件，修公路、建学校，为摆脱千年旱灾的困扰修了多座小Ⅰ、Ⅱ型水库，乃至成功修建"东灌"工程，为了子孙后代过上水旱从人、旱涝保收的日子，迎来了走上小康大道的幸福时光。

　　在党的十一届三中全会后，又迎来了改革开放的新时期，特别是进入党的十八大后的新时代，党中央带领全国各族人民，向着"两个一百年"奋斗目标，为实现中国梦而努力拼搏。遍观三岔，喜看今朝，我们三岔发生着日新月异的变化，肩负着战略腹地东大门的神圣使命。

第三节　新时代三岔建置沿革

　　成都天府机场于 2016 年 5 月 7 日正式开工建设，2021 年 6 月 27 日正式通航。简阳市自 2016 年 5 月 16 日正式划归成都代管，这是简阳人民政治生活中梦寐以求的大事件。

　　2017 年 3 月 31 日，简阳市三岔镇、草池镇、玉成乡、丹景乡、新民乡、福田乡、董家埂乡、芦葭镇、清风乡、坛罐乡、海螺乡、石板凳镇12个乡镇委托成都高新区管理，行使党的建设、经济、行政和社会事务管理。这是成都市委为加快成都空港新城建设，推动成都高新区和简阳市协同发展而做出的决定。这使三岔登上了迅速发展的快车道。

2017年4月15号，成都市第十三次党代会，首次提出跨越龙泉山，"东进"，推动城市空间格局，"两山夹一城"向"一山连两翼"转变。这使三岔进一步发展又迎来了新机遇。

2020年1月3日，习近平总书记主持召开中央财经委员会第六次会议，作出推动成渝地区双城经济圈建设，打造高质量发展重要增长极的重大决策部署，为未来一段时期成渝地区发展提供了根本遵循和重要指引。这使三岔能高速发展的保障，上升到了国家层面。

2020年4月28日，经四川省人民政府批准，设立成都东部新区。同年5月6日，中共四川省委员会、四川省人民政府为成都东部新区授牌并公布了《成都东部新区总体方案》。成都东部新区管委会驻三岔街道公园大街2055号。这将进一步从区划规定上，使三岔能在高速发展轨道上得到保障。

2022年9月，成都东部新区进行了区划调整。撤并了一些镇街和村社，将成都东部新区托管简阳市所属的24个乡镇，调整合并为9个街道，6个镇。分别是三岔街道、玉成街道、丹景街道、草池街道、福田街道、贾家街道、石盘街道、养马街道、石板凳街道和高明镇、武庙镇、壮溪镇、海螺镇、董家埂镇、芦葭镇。

第四节　成都高新区三年

基础设施建设方面，为了加快构建城市基础承载力，空港新城共开工重点建设项目 53 个，总投资达到 816 亿元。其中包括基础设施项目 23 个，总投资 327 亿元；人才公寓等产业配套项目 6 个，总投资 224 亿元；公共服务配套项目 16 个，总投资 170 亿元；绿化景观项目 8 个，总投资 95 亿元。

产业配套项目方面，空港新城已开工的产业化项目包括中国电信西部创新基地、普洛斯国际航空智慧物联港、成都体育学院等 9 个项目，总投资约 496 亿元。同时，已签约及注册项目 71 个，协议总投资 1 760 亿元；拟签约项目 12 个，协议总投资 452 亿元。

产业引导机制方面，为了进一步优化产业招引和布局，空港新城建立起了"白皮书+黑名单+评分表"的产业引导机制，并修改完善了《产业发展指导目录》《产业引导约束目录》《成都高新区关于促进临空产业聚集的若干政策》。

人才公寓建设方面，以蓝绸带社区为例，该项目总建筑面积超过 200 万平方米，总投资 152 亿元，主要服务于天府国际机场运营后带来的大规模人流量。建成后，社区住宅约 7 000 套，可容纳 2 万人居住，是成都高新区开工建设的人才公寓项目中体量最大的一个。

第五节　成都东部新区四年

空港新城：总建设用地面积 120 平方千米。空港新城依托天府国际机场，集聚航空经济、国际金融、国际商贸、国际消费、科技创新、国际教育和文化交往功能，建设成为引领航空枢纽经济的强大引擎、支撑内陆开放的高端平台、汇聚全球创新人才的价值高地。

空港新城定位为引领航空枢纽经济的新极核，支撑国家内陆开放的新枢纽，汇聚全球创新人才的新家园。

空港新城依托天府国际机场形成"一轴、一湖、一心、一港"的空间结构。一轴即沿绛溪河作为串联各大产业园区的发展主轴——绛溪绿轴；一湖即三岔湖；一心即围绕三岔 TOD 片区形成的空港新城核心区——绛溪南 CBD；一港即成都天府国际机场。

空港新城以打造国际消费中心和国际交往中心目标，高标准建设先进基础设施和公服设施，主要发展航空制造业、临空现代服务业和临空新经济产业。航空制造业主要布局航空维修和航空研发制造产业。临空服务业主要布局航空保障、航空物流、商务商贸、文体旅游产业。临空新经济业主要布局数字经济和智能经济产业。

天府奥体公园：总面积 86 平方千米，布局水上运动区、山地运动区、核心区三大功能板块，将具备举办国际顶级单项赛事、承办奥运会、亚运会等大型国际综合赛事的能力。

水上运动区总面积 40 平方千米，将建设水上运动中心及沙滩排球场等，并规划了公路自行车赛道，以及 42 千米的环湖国际马拉松赛道。

山地运动区位于龙泉山区域，总面积 33 平方千米，将打造山地自行车赛道、国家级健身步道等。

核心区位于三岔湖西侧，总面积 12 平方千米，规划国际会都岛、天府奥体公园核心场馆区、三岔文化港、城市活力轴、三岔 TOD、蓝绸带社区等重点项目，布局体育赛事、国际交往和高端服务等功能。

国际会都岛位于核心区西侧，紧邻成都体育学院，规划面积 1 800 亩。项目对标北京雁栖湖，定位为四川和成都的主场外交平台，是集会议会展、高端酒店、滨湖休闲、文化旅游于一体的会展经济区。

天府奥体公园核心场馆区位于公园大街以南，占地面积约 1 700 亩。区域内布局主体育场、热身赛场、曲棍球馆、射击馆、自行车馆、生态公园、门户公园等，将打造成为体育产业聚集地、体育经济会客厅、国际合作示范区，展示成都建设世界赛事名城的决心和信心。

核心区南侧为三岔文创港，也是城市活力轴的起点，占地面积约 75 公顷，将打造文创艺术社区和市民水上休闲空间。

紧邻三岔文创港的是长约 2.5 千米的城市活力轴，连接三岔湖和空港新城城市中心区，布局国际音乐厅、美术馆、博物馆等场馆，打造集生态体验、艺术文创、观光游览、购物休闲等多功能于一体的特色商业街。

核心区东侧为三岔 TOD，以轨道交通是地铁 18 号线与未来地铁 24 号线换乘站点，与天府国际机场仅两站之隔，布局商业、商务、办公、酒店、住宅等建筑群。

蓝绸带社区位于空港新城绛溪南片区，占地面积约 1 500 亩，其中人才公寓占地约 807 亩，已提供住宅 7 200 余套，满足 2 万余人的居住生活需求，进一步服务产业发展、聚集高端人才。

截至 2022 年 9 月，天府奥体公园区域项目总投资达 794 亿元，涉及项目 35 个。其中基础设施项目 8 个，公共服务项目 27 个。

成都世界博览园：2024 年成都世界园艺博览会（以下简称"成都世园

会"）是经国际园艺生产者协会（AIPH）批准，由国家林业和草原局、中国花卉协会主办，四川省人民政府、成都市人民政府承办的世界性园艺展会，是继成都大运会后的又一重大国际性盛会，是向全球展示美丽中国新画卷、公园城市新成就的重要契机。

成都世园会将于 2024 年 4 月 26 日开幕，10 月 28 日闭幕，在春末至初秋的 186 天里集中展示来自世界各地城市的特色花卉植物以及园林园艺精品，助力全世界花卉园艺科技进步、促进人与自然和谐共生。本届世园会秉承"绿色低碳、节约持续、共享包容"的办会理念，设置成都东部新区主会场和温江、郫都、新津、邛崃 4 个分会场。

成都世园会主场馆位置在成都东部新区三岔街道公园大街左侧，原板桥村、清庙村部分村社往北绛溪河岸边。绛溪河对岸涉及玉成街道，原袁家坝村、龙王庙村、松林村、回龙村等村社。

成都世园会主会场占地面积 3 633 亩，总展览面积约 18.04 万平方米，规划布局"七区、六馆、百园"，总体空间结构为"一带一环三轴"。设置了综合服务馆、主展馆、锦云楼、天府人居馆、植物馆、国际友谊馆 6 大核心场馆和 113 个主题展园，其中国际展园 39 个，国内展园 74 个，汇聚中国自然山水园林、意大利台地式园林、法国宫廷式花园、英国自然风致式园林等四大世界造园流派园艺。

其中，摩天轮（见图 9-1）位于成都世园会主会场园区东北侧，紧邻绛溪河和植物馆，是世园会园区世界园艺之轴的重要节点。这座 88 米高的摩天轮是园区的制高点，与锦云楼相互呼应，是游客游览成都世园会的重要参观点之一。除此之外，博览会园区内的瀑布酒店（见图 9-2）位于世园会绛霞湖瀑布北岸，依水而建。它围绕"山水之间，城市之中，人与自然和谐共生"的主题进行设计，希望在彰显成都文化与生活态度的同时，让酒店筑景融情、情景交融。

图 9-1　成都世园会主会场摩天轮

（由彭家贵供图）

图 9-2　瀑布酒店

（由成都东部新区宣传部门供图）

一、交通运输

1. 航空

成都天府国际机场（见图 9-3）位于成都东部新区草池街道、三岔街道、芦葭镇，是国际最高等级的机场，是全国第二、世界第四大的国际机场。2023 年，它荣获国内第四家、西南首家五星级机场的称号。该机场可以起降任何型号的飞机，是四川历年来投资最大的单体项目。机场远期目标将建设 6 条跑道，以满足年旅客吞吐量 9 000 万人次的需求。一期项目将建设"两纵一横"3条跑道，设计旅客吞吐量为4 000万人次/年，并配套建设航站楼和空港经济区，于2021年投入运营。

图 9-3　成都天府国际机场

（由成都东部新区宣传部门供图）

成都东部新区将依托天府国际机场和成都东部新区铁路枢纽站打造航空港和铁路港，强化双港对外开放门户功能。天府国际航空枢纽港集聚航空经济、国际交往、国际消费等功能，建设国家级综合交通枢纽、临空现代物流门户、国际商贸门户、国际旅游门户。成都东部新区铁路枢纽港集聚总部办公、现代金融、商贸服务等功能，建设成渝地区双城经济圈的商贸金融、区域交流集聚区。

在航空线网布局方面，成都东部新区将织密航空网，形成覆盖欧、美、澳、非、亚五大洲的国际航线网络，2035年实现通航城市国际150个、国内220个，打造空中丝绸之路。

2. 轨道交通

成都东部新区已正式通行两条轨道交通，即18号、19号，还有处于规划中的S13线等，使三岔人不仅就近能坐飞机遨游世界，还可坐地铁和公交轻松逛成都大街小巷。

3. 道路

西一线道路工程项目位于成都东部新区，与公园大街、北一线共同构成了空港新城的一条环线，该项目是空港新城连接"绛溪北组团—绛溪南组团"的重要骨干道路，为组团间提供运输与交流的支持。同时也是串接新城内部核心产业组团、文旅节点、绿色基础设施、景观展示等的廊道。该项目北起北一线，南止于公园大道，全线长 3.6 千米，宽 45 米。建设标准为城市主干路，主线双向 6 车道。包括道路工程、排水工程、电力工程、通信工程、绿化工程、交通工程、照明工程等。现已全线竣工并通车。

在空港新城范围内，环湖路（见图 9-4）、公园大街、北一线、绛三线、绛四线及若干横线等道路相互交织，形成了四通八达的道路交通网，交通十分便利。此外，空港新城已建成成渝城市群特大综合交通枢纽，是成都主枢纽之一。

图 9-4 三岔湖的环湖路

（由彭家贵供图）

二、教育医疗

1. 教育

成都东部新区的空港新城，在三岔片区内引进了成都体育学院、包含四川大学华西东部医院等医、教、研机构的未来医学城、电子科技大学绛溪园区、西南交通大学城市轨道交通学院等，现已有在校学生 4.5 万人，未来还将突破 10 万人。

特别值得三岔人民们引以为自豪的是，除上述大专院校外，还有创办于 1977 年的三岔湖高级中学，目前已成功通过四川省二级示范性普通高中验收。到 2026 年，力争把学校建成为成都东部新区第一所四川省一级示范性普通高中。还有创办于 1950 年的，2022 年又整体迁入新校区的三岔湖初级中学，是成都东部新区一所高起点、高标准、高规格的公办初中；还有兴隆九年一贯制学校，目前正迁新校址重建；有成都东部新区与成都七中合作打造的一所高起点、高定位、高品质的 12 年一贯制公办学校；有 2018 年才投入使用的标准化三岔湖小学校，是由原历史悠久的三岔镇中心校迁入的学校；有成都市实验小学东部新区蓝绸带公办小学校；有成都东部新区蓝绸带浅山幼儿园；有迁入八角楼新校区的三岔湖幼儿园；有成都东部新区民办快乐宝贝幼儿园；还有成都东部新区英品幼儿园等。

2. 医疗

成都东部新区第三人民医院：新区投入资金 2 亿元，新建住院大楼，新增 300 张床位；未来医学城：未来医学探索与创新前沿，医教研产结合与转化典范；主导先进医疗技术，高性能医疗器械，健康管理与高端医疗消费等。将建成天府锦城实验室 13.41 万平方米，为临床医学研究提供实验室验证；先进医疗成果转化中心 37 万平方米；为研发成果快速转化提供便利；国家医学中心 25 万平方米，解决卫生健康"卡脖子"技术难题，四川大学华西东部医院 50 万平方米，整合华西优质医疗资源，提供 2 050 张床位；四川大学华西医学中心（东部）为片区发展提供技术支持。

三、生态环境

成都东部新区拥有特色丘陵谷底和河湖水系，蓝绿空间占比达到72%，全球最大的城市公园——龙泉山城市森林公园以及汇流公园，世界博览园，生态涵养地——三岔湖。具备优良生态本底，在构建成都"两山、两网、两环"生态格局中发挥着重要作用，为建设公园中的城市打下了坚实的基础。人们享受着公园城市、低碳低噪的优美环境生活。

四、营商环境

商业设施：成都东部新区多中心布点，将形成 3 大城市商业中心、9 个特色商业街区和 88 个社区商业中心。现已落地三岔 TOD 商业中心、林栖活力城、绛溪里湖滨天地、天府未来临空国际购物公园等商业体。

成都东部新区空港新城规划范围，具有相当好的营商环境，从规划发展方面看，是宜居、宜商的公园城市，是中央高层首肯的公园城市示范区，规划于 2035 年达到城市人口 80 万，届时，城市建设、教育医疗、交通基建都将呈现出崭新的面貌。营商环境将呈现出前途无量的景象。

天然环境有"天府明珠"三岔湖、有临近湖边的场镇——三岔街区、有 3 600 多亩的世界博览园和已建成的汇流公园，使得居民和游客有休闲、游乐的天然环境。

五、旅游业态

天府明珠——三岔湖是四川省第二大人工湖泊，为大（二）型水利工程，于 1975 年开建、1977 年建成，水域面积 27 平方千米，库岸线长 240 千米，库内独岛 113 个，半岛 165 个，正常蓄水位 462.5 米，库容 2.287 亿立方米，有效灌溉面积 55.5 万亩，年供水 1.7 亿立方米，是成都东部区域生态涵养地。持续抓实抓细三岔湖水环境综合治理，创新生态产品价值转换方式，让市民亲近自然、感受山水，不断提升群众参与感、体验感、幸福感。四川省第十二次党代会指出："筑牢长江黄河，上游生态屏障，有力推动生态环境保护修复。"成都市第十四次党代会要求："坚定不移推动绿色低碳发展，不断提升城市可持续发展能力。"用 3 至 5 年时间，将三岔湖打造为成都独具特色的城市名。依托三岔湖"山水相连、湖岛相依"的独特生态资源，按照"保护优先，分期开发"的原则，强化生态保护与修复，通过划定部分水域适宜的湖区，投入清洁能源的船只，开通水上旅游线路，丰富新区文化旅游场景，打造湖岛诗意旅居新空间。加快推动创建三岔湖国家旅游度假区，打造满足群众需求的旅游项目。

当前已开通试运行三岔湖马鞍山码头，是三岔湖首个对外开放的码头。漂浮码头（见图 9-5、图 9-6）位于三岔湖北侧，马鞍山观景台南侧沿湖半岛。它采用的是目前最环保便捷的施工方式，主体是超强韧超高分子高密度聚乙烯（HMWHDPE）模块式浮筒，每平方米的浮力可达到350kg，安全使用期为 20 年，采用可调节式锚定，可随水面高度变化自由调节锚固深度，确保停靠船只时不受潮涨潮落的影响。漂浮码头分为 1 号码头和 2 号码头共计 12 个泊位，能停放 24 艘船，总面积 974 平方米。

图9-5　漂浮码头

（图由成都园艺博览运营发展有限公司提供）

图9-6　漂浮码头泊位

（图由成都园艺博览运营发展有限公司提供）

现阶段三岔湖马鞍山码头总共投入9艘清洁能源船只（见图9-7），其中五艘为电动船、四艘为LPG船只。航线方面，以三岔湖马鞍山码头为中心，充分挖掘三岔湖景点特色，在北半湖区域开了一条长度约 7 千米，乘坐时长约 40 分钟的航线，沿路经过白虎崖、同心岛、鸟岛、钓鱼岛、李子岛、石榴岛、睡美人观察点等多个特色景点。日均游客接待能力超过两千五百人次。

图 9-7　清洁能源船只

（图由成都园艺博览运营发展有限公司提供）

通过抖音、小红书、微博等新媒体平台以及户外广告等多种渠道宣传，三岔湖马鞍山码头游船项目已成为成都周边游的热门项目之一。为更好地满足游客旅游需求，下一步，三岔湖马鞍头码头将打造夜游项目，开发红房子码头、白虎崖码头区域，增加快艇项目，皮划艇、桨板及帆船等水上运动项目。

六、人民生活

进入新时代，特别是划入成都高新区和设立成都东部新区以来，三岔人民的生活福祉发生了翻天覆地的变化。

2018 年以来，对约 4 万亩^①土地上的人口进行了搬迁，已安置人口已 2.8 万余人，支付各项拆迁资金 25 亿元，为 16 000 余人失地农民办理了参保，80 岁以上老年人和部分村社男 60 岁、女 50 岁以上都领取了社保。对于没有失地农民社保的人员，也有老农保和独生子女户奖励金。如今，有人已住进较高标准的、设施齐全的且配备电梯的安置房。

生病住院时，个人只承担少量费用，一般国家报销都在 80% ~ 90%，基本不会再出现因病致贫的情况。65 岁以上老年人出行都能坐上免费公交车。许多原本出远门打工的青壮年，不再远走他乡，而是选择就地打工，每月也能挣上 2 000 多元。

现在，三岔的人民个个笑逐颜开、喜上眉梢。大家感慨道："我们做梦都没梦到过，会过上如此幸福的生活！还是共产党好，社会主义制度好！是简阳划成都代管，设立成都东部新区，给我们带来的幸福生活。我们有理由相信，我们的明天、我们的未来，一定会更加美好！"

七、成都东部新区未来展望

成都在龙泉山以东区域大力开发，现在已经初具规模。成都跨越龙泉山发展主要有三个新城：简州新城、空港新城、淮州新城。在这个三座新城中，属于成都东部新区的简州新城、空港新城呈现出突飞猛进的态势，在空港新城中的三岔片区，简直是日新月异地飞速发展。

成都向东发展，就是以优化城市空间结构，重塑产业经济地理，以破解大城市病而开辟的第二主战场。成都市近十年人口呈现爆炸式增长，中心城区承载能力有限，这不利于城市可持续健康发展，因此成都需要新的城市格局。

---

① 1 亩约等于 666.67 平方米。

　　成都东部新区，构建"双城一园、一轴一带"空间布局，近几年区域产业发展、基础设施、公共服务等不断完善，已经连续四年成为成都市经济增长最快的区域。东部新区建设对成都来说具有重要意义。作为西部超大城市以及国家中心城市西部发展战略的新区，在成渝地区双城经济圈战略的加持下，成都东部新区成为助力成都与重庆相向发展以及成德眉资同城化发展的桥头堡，也是引领区域发展的新兴增长极和动力源。

　　成都东部新区依托成渝地区双城经济圈的优势，定位产业发展方向，布局国际空港经济区、成都未来医学城、简州新城先进制造业集聚区、天府奥体公园、未来科技城五大重点片区。经过4年的建设，成都东部新区已从基础设施建设转向城市核心功能提升，从规划设计转向落地见效阶段，其增长极和动力源的作用已经逐渐显现。

　　2023年成都东部新区实现地区生产总值302.8亿元，年增量达到100亿元，在成都区县中是名义增长最快的区。预计到2025年，新区常住人口达到80万人，地区生产总值达到480亿元。预计到2035年，新区总人口达到160万人，地区生产总值突破3 000亿元。从规划目标来看，四川省成都市对东部新区期望很大，近两年一直在推进区域产业、基础设施、公共服务等方面的完善落实。成都东部新区未来可期，我们三岔片区人民的幸福指数在飞速提高，未来可期。

编后记

《成都东部新区三岔人文历史概况》一书，历时十个月精心编纂，最终完稿于党的二十届三中全会闭幕之际。本书在三岔街道党工委和街道办的直接领导下编写而成。笔者怀揣夙愿，秉持着对成都东部新区建设发展负责的情怀，介绍三岔，推动三岔经济、社会发展的责任心和使命感，奋笔书写，终于编成书稿，不负各方殷切希望。

地方人文历史是一个地区的精神财富和文化底蕴的集中体现，是中华民族5 000多年来人类共同进步、社会发展的一个局部缩影。随着成都东部新区空港新城建设飞速发展，三岔作为空港新城核心区，其历史与文化的重要性愈发凸显。在采访、收集、编纂过程中，我们抢救性地深入挖掘了当地的历史脉络，梳理了文化发展的轨迹、社会前进步伐、人们的精神风貌，以期能够尽量全面、真实地呈现该地区的文化特色和人文魅力。

通过采编、考察、走访，加之生长、生活在三岔这个地方，我们深知三岔拥有丰富的历史遗产和独特的文化传统。从古至今，这里人民勤劳智慧、物产丰富，不断涌现出历史文化名人和灿烂的文明成果。无论是古代的建筑艺术、文学艺术，还是现代的科技进步、文化传承、教育发展，都体现了这一地区深厚的文化底蕴和不断进取的精神风貌。凭借天时、地利、人和的条件，该地区堪称"小成都"，兼具"邹鲁之风"之实。

在采编过程中，我们也遇到了一些困难和挑战。由于历史久远，存史资料断档，口碑传说也多有失传，即便访寻耄耋老人，也寥寥无几且其记忆模糊；加之近代以来，因文档收录不全不齐或停顿，亦无从考核。此外，作为采编者，我们资历尚浅，学识有限，无力向纵深探索。尽管如此，我们仍努力确保内容的正确性，但限于时间和精力，仍可能存在不足之处，恳请读者指正。

本书史料源自《舆地纪胜》《简阳县志》《简阳县三岔区志》《简阳市三岔镇志》《东灌志》和简阳政协文史委的部分资料，以及公开出版的相关书籍和本地采访资料，在核对无误后，秉笔直书，未加任何评论和笔者个人观点。

回顾整个编纂过程，我们深感责任重大，使命光荣。我们希望通过这本书，以及后续计划推出的《三岔历史故事诗文》《三岔书画集》等作品，能够进一步向读者介绍三岔地区的人文历史和特色文化，增进人们对这个地区的了解和认识，推进三岔的特色旅游文化，传承和弘扬三岔人的精神文化，为建设空港新城，促进成渝地区双城经济圈建设，尊重人民主体地位和首创精神，在新的起点上，推进文化创新及其他各种创新，推进中国式现代化做出应有的、积极的贡献。

最后，我们衷心感谢所有参与采编工作，关心和支持这项工作的各界朋友和成都东部新区美德社会工作服务中心。特别感谢四川大学历史学院博导陈廷湘教授、李杰老师，西南财经大学的三岔籍人汪孝德教授，以及西南财经大学出版社李晓嵩老师的精心把关；感谢简阳市人大常委会原副主任蒋向东、原文化局长黄红武的倾心指导；感谢三岔街道彭家贵、毛家容、施俊峰、汪子文、汪一德等同志的辛勤付出。在此，向他们致以崇高的敬意！

刘承鑫　张明聪

搁笔于天府明珠三岔湖畔

2024 年 7 月 18 日